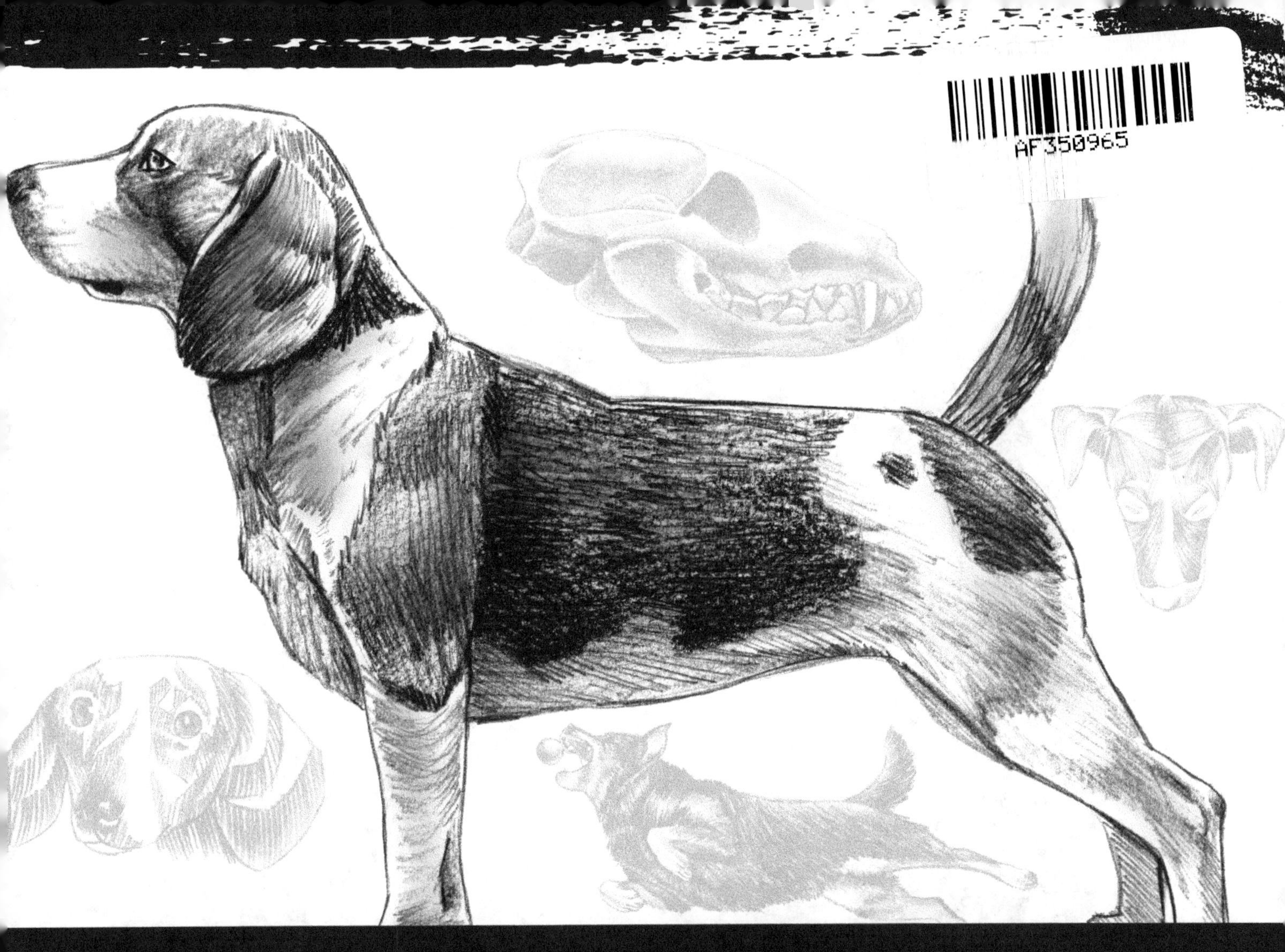

Guia Curso Básico de
DESENHO
Cachorros

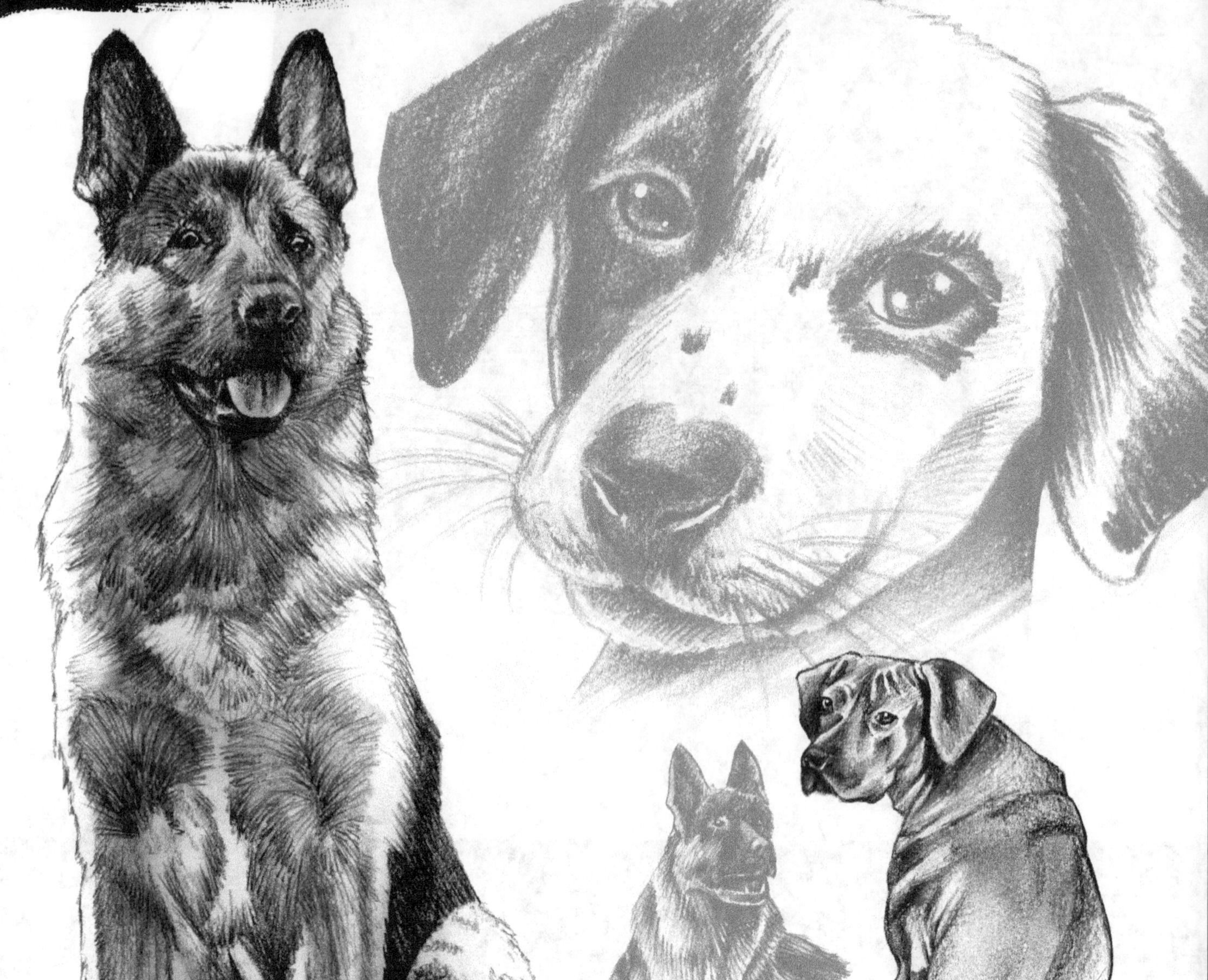

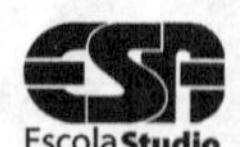

PRESIDENTE: Paulo Roberto Houch • ASSISTENTE DA PRESIDÊNCIA: Adriana Lima • VICE-PRESIDENTE EDITORIAL: Andrea Calmon (redacao@editoraonline.com.br) • JORNALISTA RESPONSÁVEL: Andrea Calmon (MTB 47714) • EDITORA: Priscilla Sipans • COORDENADOR DE ARTE: Rubens Martim • GERENTE COMERCIAL: Elaine Houch (elainehouch@editoraonline.com.br) • SUPERVISOR DE MARKETING: Marcelo Rodrigues • ASSISTENTE DE MARKETING: Nathalia Lima • DIRETORA ADMINISTRATIVA: Jacy Regina Dalle Lucca • COLABORARAM NESTA EDIÇÃO: PRODUÇÃO: Esa Studio de Artes • DIRETOR EDITORIAL: João Costa • DESENHOS: Leandro Sales • DIAGRAMAÇÃO: Fausto Lopes • TEXTOS: Fernanda Buzzo • EDIÇÃO: Mara Luongo • Impresso na PAÍS • Distribuição no Brasil por DINAP • GUIA CURSO BÁSICO DE DESENHO - CACHORROS é uma publicação do IBC Instituto Brasileiro de Cultura Ltda. – Caixa Postal 61085 – CEP 05001-970 – São Paulo – SP – Tel.: (0**11) 3393-7777 • A reprodução total ou parcial desta obra é proibida sem a prévia autorização do editor. Para adquirir com o IBC: www.revistaonline.com.br • VENDAS AOS DISTRIBUIDORES: Tel.: (0**11) 3393-7728 (vendas@editoraonline.com.br).

CIP-BRASIL. CATALOGAÇÃO NA PUBLICAÇÃO
SINDICATO NACIONAL DOS EDITORES DE LIVROS, RJ

G971

Guia curso básico de desenho : cachorros / -- 1. ed. - São Paulo : On Line, 2016.
    : il.

ISBN 978-85-432-0547-2

1. Desenhos - Técnica. 2. Cães - Arte.
16-35141   CDD: 743.6975
                  CDU: 743

02/08/2016   03/08/2016

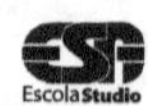

Índice

Pastor-alemão

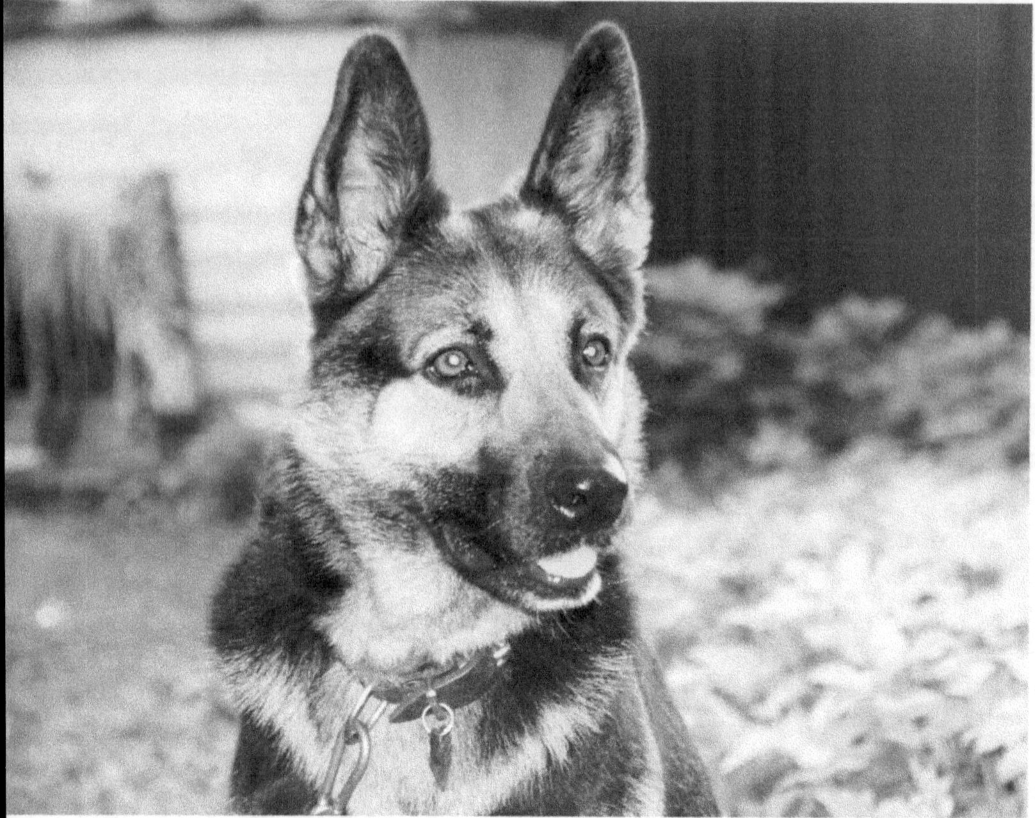

Divulgação: pixabay / Kasya

Entre os séculos 19 e 20, comunidades locais na Alemanha e em outras regiões da Europa começaram a realizar o cruzamento entre cães que acreditavam ter características favoráveis ao pastoreio de ovelhas, como velocidade, força, inteligência e faro aguçado a fim de preservá-las e criar cães capazes de realizar efetivamente este trabalho. E assim nasceu o pastor-alemão. O ex-capitão da cavalaria, Max Von Stephanitz, realmente acreditava que estes cães deveriam ser criados para o trabalho e, durante uma apresentação de pastores-alemães, mostraram a ele um cachorro que cumpria todos os requisitos que ele julgava necessário para um cão de trabalho. Ele comprou o animal, que foi declarado oficialmente o primeiro cão da raça pastor-alemão.

Dálmata

A origem do dálmata ainda é discutida, pois há registros, em vários lugares, da existência do animal, o que leva a diversas hipóteses sobre sua história. Uma delas é de que seu surgimento tenha ocorrido na Dinamarca, devido à grande popularidade da raça no país até hoje, mas foram encontradas ilustrações na Grécia e no Oriente, além de vestígios arqueológicos no Egito de cães semelhantes ao dálmata de hoje. Ao longo da sua história, os dálmatas exerceram diversas funções como cães de caça e cães pastores, mas seu maior destaque foi como cães de carruagem, na Inglaterra. Nos Estados Unidos, eles continuaram como cães de carruagem, mas em carros de bombeiro, que também eram puxados por cavalos. Por isso, ficaram conhecidos como "cães dos bombeiros".

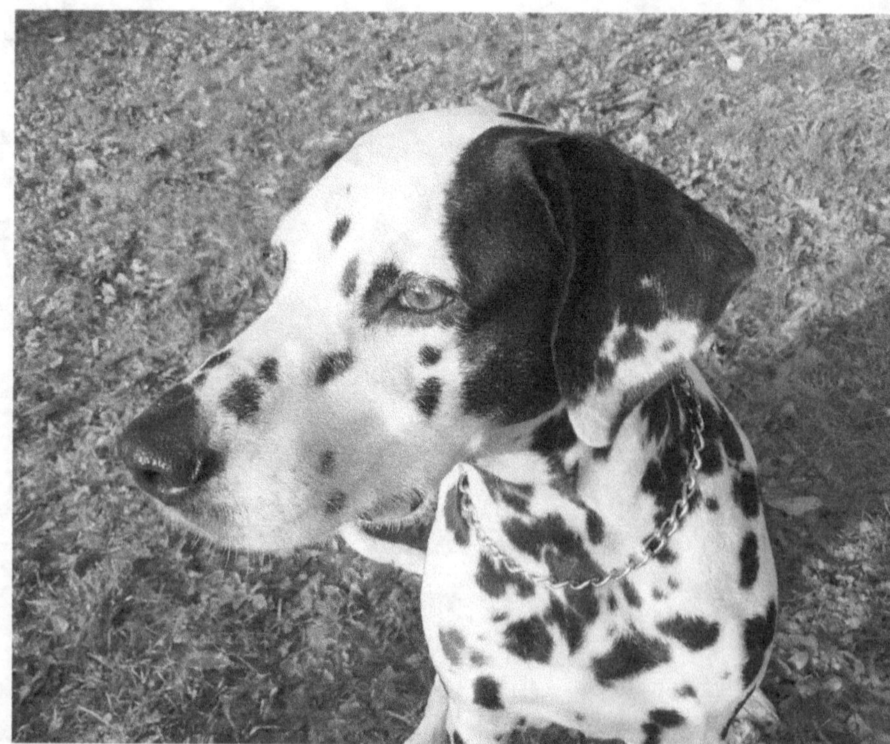

Divulgação: pixabay / Heroyt

Rottweiler

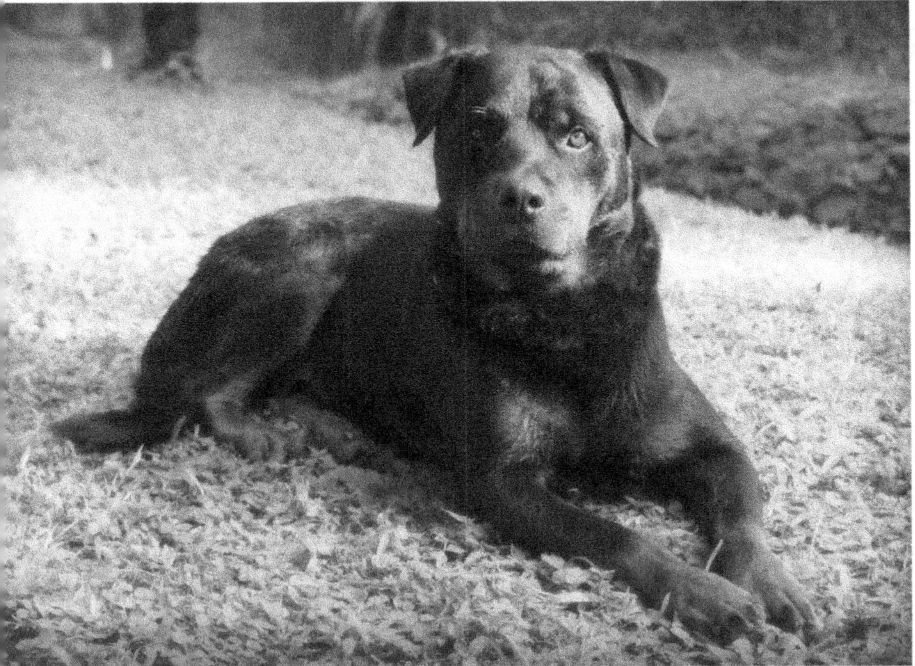
Divulgação: pixabay / ligiera

A raça rottweiler é resultado da criação seletiva realizada durante muitos anos. Originou-se em Roma, onde utilizavam cães bastante resistentes para conduzir e proteger os gados, que serviriam de alimento para os soldados do exército que seguiam a fim de ocupar uma região do Sul da Alemanha, conhecida hoje como Rottweil. Provavelmente, após a ocupação, os açougueiros da região realizaram cruzamentos entre eles e os cães locais, criando-os por pura exibição. Estes cães ficaram conhecidos como cães dos açougueiros de Rottweil. Anos depois, graças à polícia alemã, que precisava reforçar a segurança e se interessou pelas características do rottweiler, eles foram oficialmente reconhecidos como cães policiais.

Beagle

A história do beagle é incerta, pois acredita-se que a raça tenha origem inglesa, mas há registros de cães muito semelhantes a ele desde a Grécia Antiga. O que se sabe é que, independentemente da época em que surgiu, o beagle foi criado com a finalidade de caçar coelhos e lebres devido à sua agilidade e ao seu excelente olfato. O beagle ficou bastante popular no período do reinado de Elizabeth I. Conta-se que ela tinha uma enorme matilha da raça, em versão tão reduzida, que cabiam no bolso de um casaco e que entretinham seus convidados, deixando-os correrem pela mesa real. Mas estes "beagles de bolso" não existem mais. Com o tempo, o tamanho dos beagles foi aumentando e foi se definindo um padrão da raça, com as características conhecidas hoje. E o que ajudou a propagar a imagem da raça para o mundo foi o Snoopy, um beagle, personagem de histórias em quadrinhos, que surgiu em 1950 e virou desenho animado.

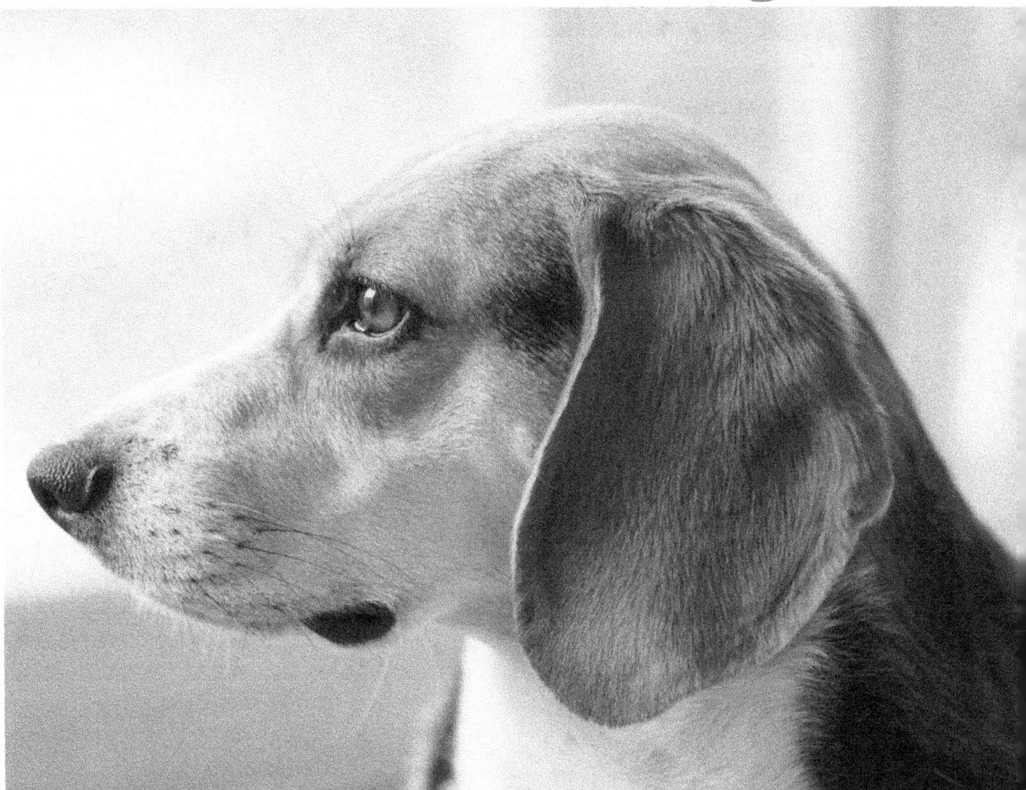
Divulgação: pixabay / skeeze

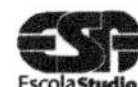

Material de desenho

Papel é o material mais comum utilizado pelos desenhistas, principalmente os de tamanho A4, mas há quem utilize os de tamanho A3 ou até maiores. Além disso, dependendo do objetivo de quem está desenhando, utiliza-se papéis com gramatura e textura diferenciadas. Para o estudo inicial da estrutura e da anatomia dos cachorros, recomenda-se o papel sulfite A4 de 75g/m2

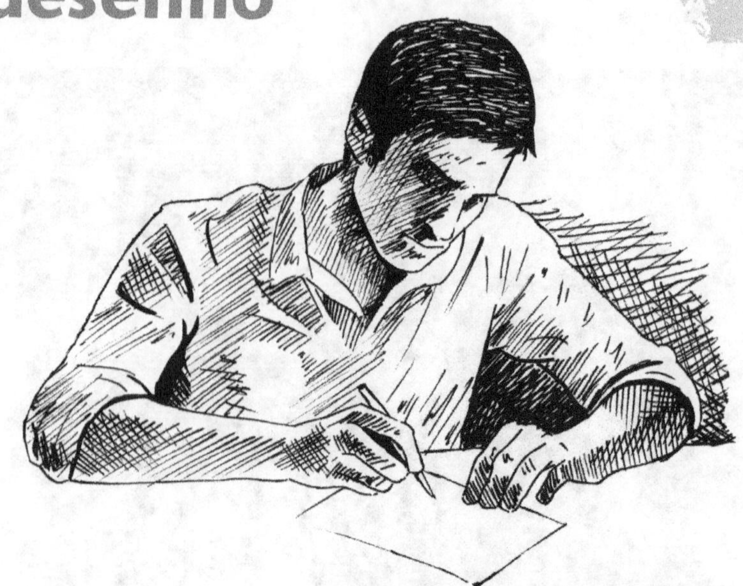

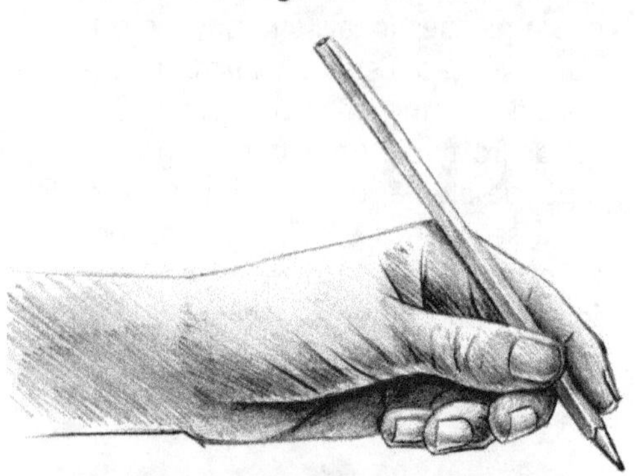

Lápis e mão

Assim como o papel, o lápis também é o instrumento mais utilizado para o desenho. Os lápis variam entre H, B, 2B a 9B, sendo o 2B muito comum para esboços e o 6B, para o acabamento. Não há regras quanto à maneira de segurar o lápis ao desenhar, mas perceba que, quanto mais próximo da ponta, mais preciso será o traço.

A melhor ponta

Para apontar ou afinar a ponta do lápis, os desenhistas usam apontadores ou estilete. A vantagem do estilete é que, com ele, é possível determinar o tipo de ponta que se adapta à sua forma de desenhar. Já o apontador, faz as pontas sempre com a mesma espessura.

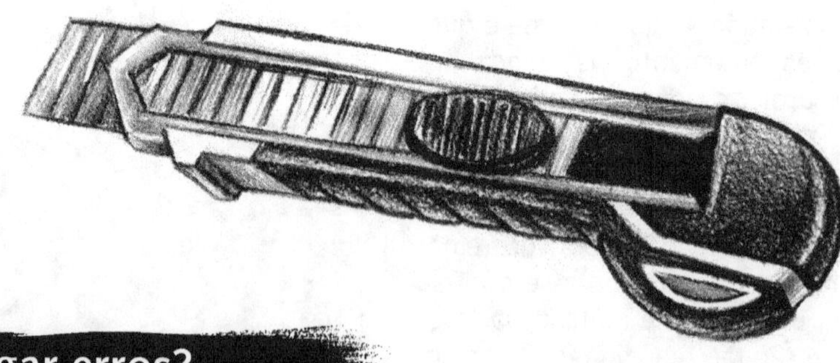

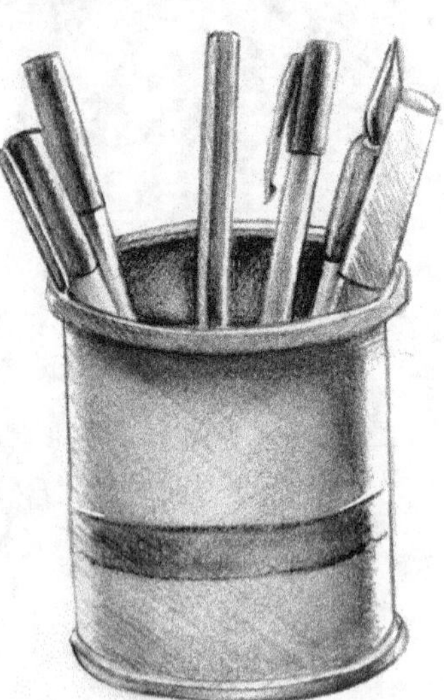

Apagar erros?

A borracha, ao contrário do que muitos pensam, não serve apenas para corrigir erros, mas é muito utilizada para dar efeitos de brilho e contra-luz no desenho. Para isso, as melhores borrachas são as brancas macias ou as maleáveis, que podem ser moldadas de acordo com a necessidade do desenhista.

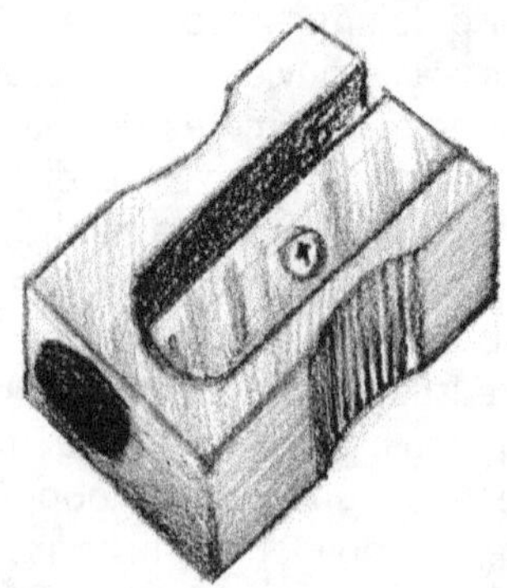

Exercícios de linhas

O objetivo deste exercício é melhorar a coordenação motora das mãos, deixando o traço mais firme e limpo. Para realizá-lo, utilize lápis 2B e 6B, movimentando todo o braço, e não somente o punho. Isso ajuda a manter as linhas constantes. Faça linhas retas paralelas e em várias direções, e procure manter a mesma distância entre elas.

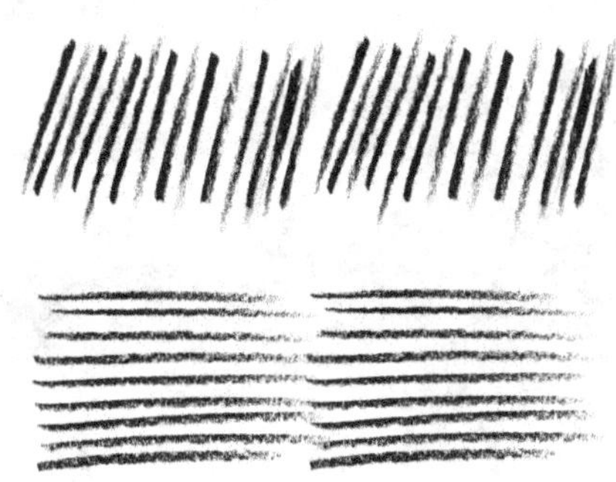

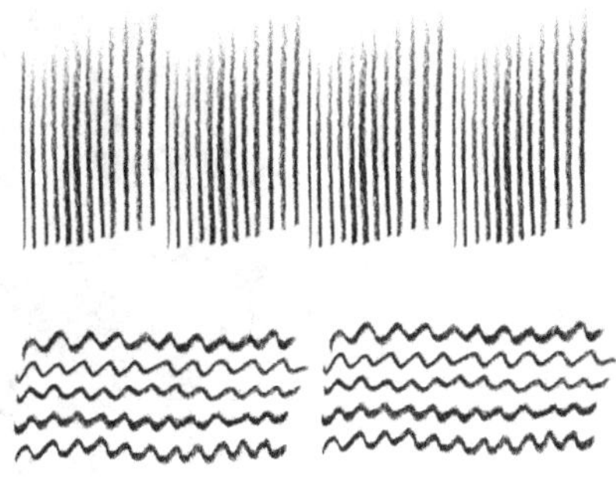

Tente variar o ponto de início do traço, ou seja, ora trace linhas de cima para baixo, ora de baixo para cima. Depois, faça o mesmo com linhas curvas.

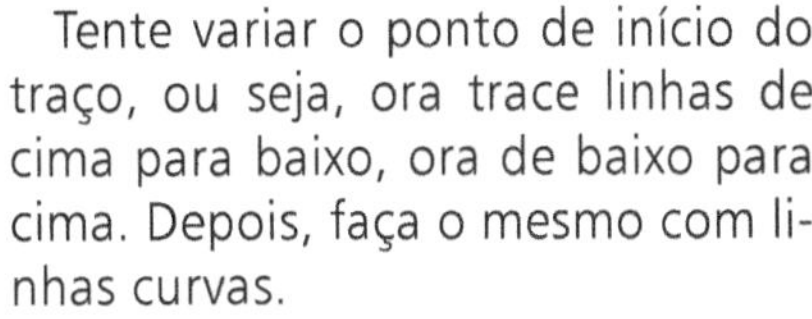

Explore as tonalidades

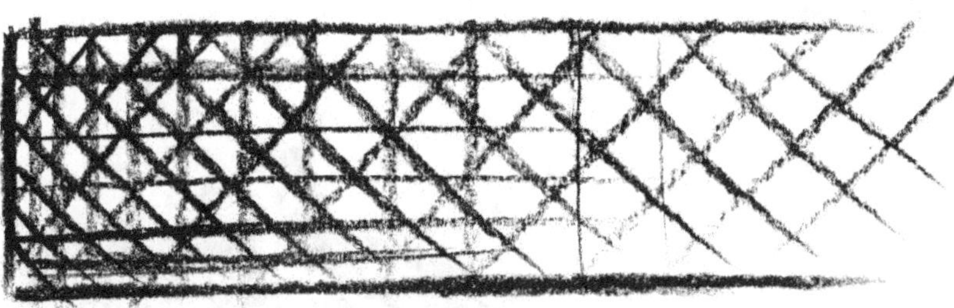

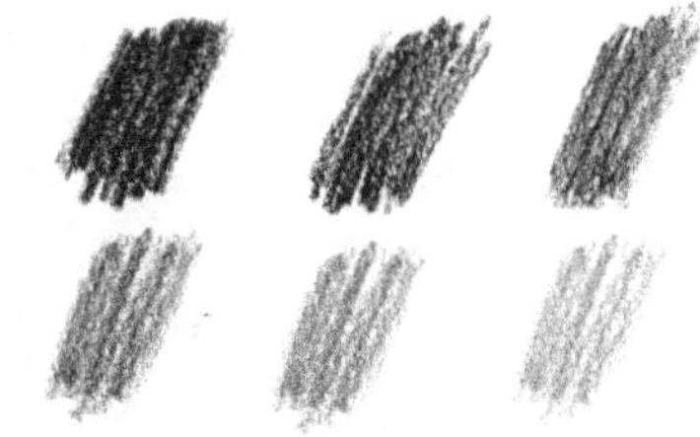

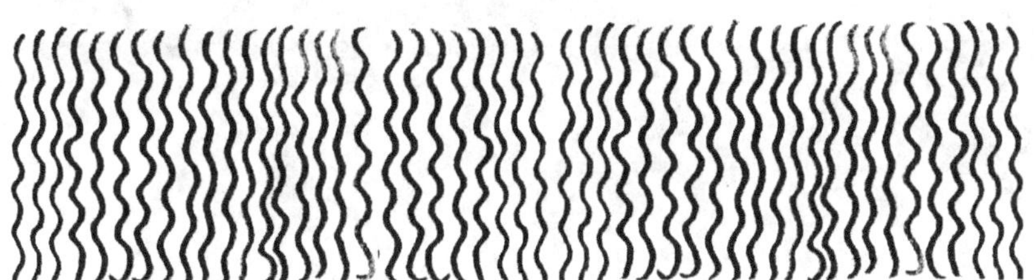

Desenvolva diferentes efeitos pela variação de traços

Sem tirar o lápis do papel, faça vários círculos sobrepostos. Esta é uma maneira simples de treinar o traço para fazer círculos perfeitos.

Agora, faça o mesmo com elipses, mas, aos poucos, vá deslocando-as para baixo e diminuindo seu tamanho, para obter formas como mostra a figura ao lado.

Exercícios como estes permitem conhecer e explorar diferentes traços e possibilidades para o desenho. Quanto mais treino, maior a liberdade de movimentos na hora de desenhar e, consequentemente, contornos mais expressivos e seguros.

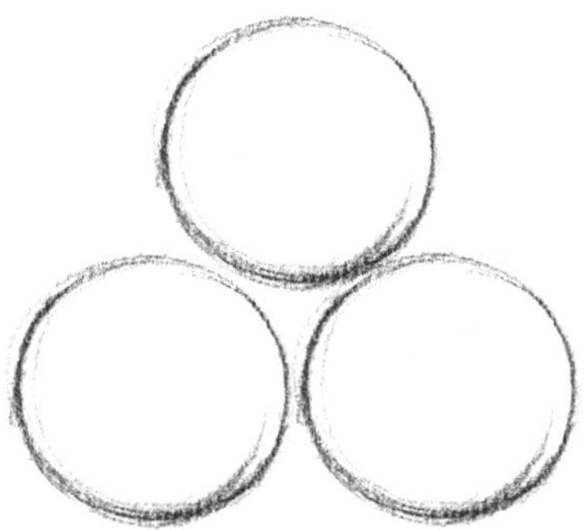

Compreenda o que é um cão

Você pode ver formas?

Para realizar o desenho de um cachorro, independentemente da raça, é necessário compreender a geometrização que forma o seu corpo. Observa-se, por exemplo, que formas simples, como círculos e elipses, formam, respectivamente, a cabeça e o peitoral dos cães, enquanto eixos em diversas direções determinam a posição das patas.

Desenhos | Cachorros

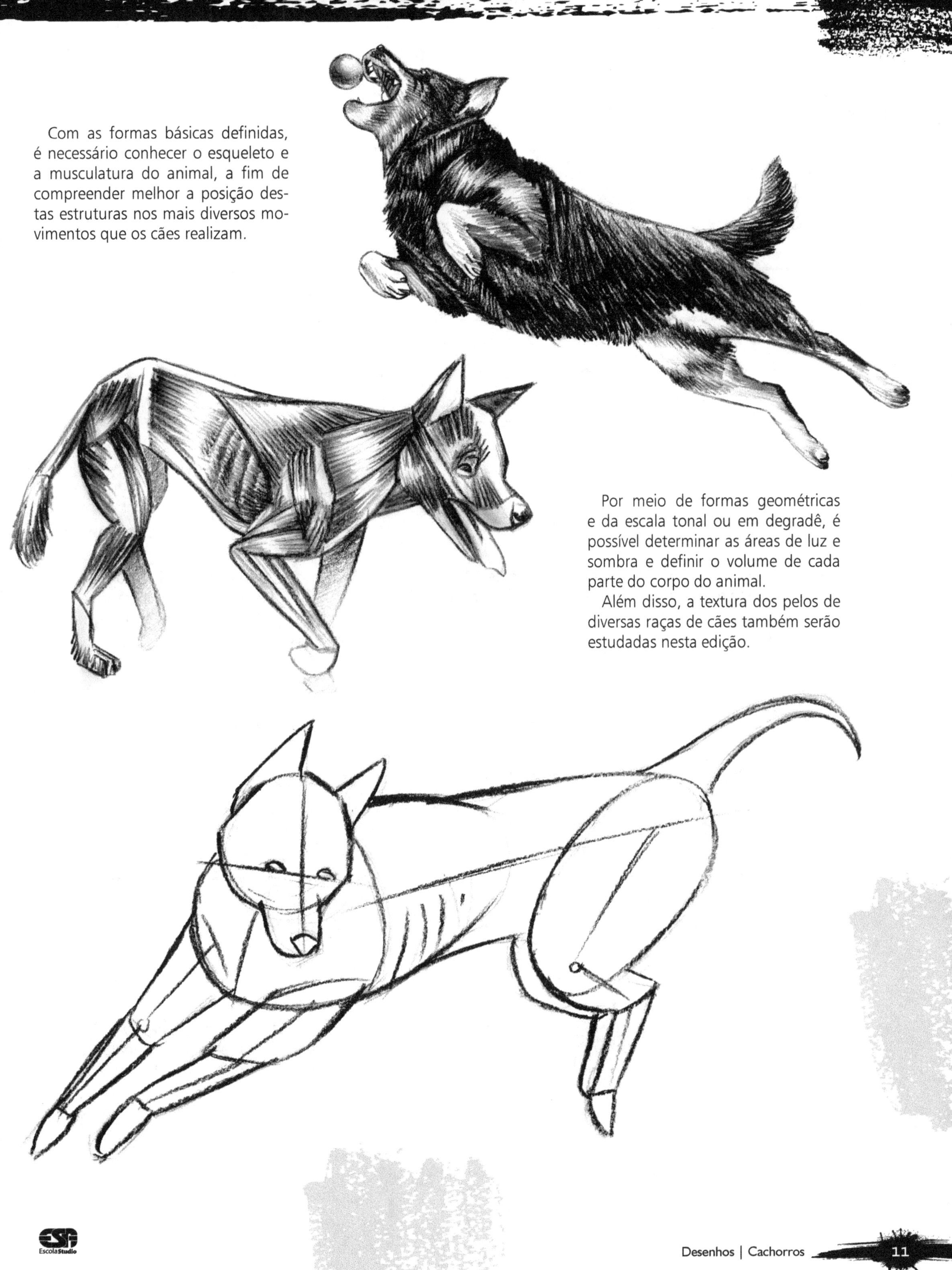

Com as formas básicas definidas, é necessário conhecer o esqueleto e a musculatura do animal, a fim de compreender melhor a posição destas estruturas nos mais diversos movimentos que os cães realizam.

Por meio de formas geométricas e da escala tonal ou em degradê, é possível determinar as áreas de luz e sombra e definir o volume de cada parte do corpo do animal.

Além disso, a textura dos pelos de diversas raças de cães também serão estudadas nesta edição.

Proporções

Para realizar um desenho proporcional, é necessário utilizar uma medida de comparação. No caso dos cães, a unidade de medida utilizada para construir a figura tanto na altura quanto no comprimento, é a cabeça.

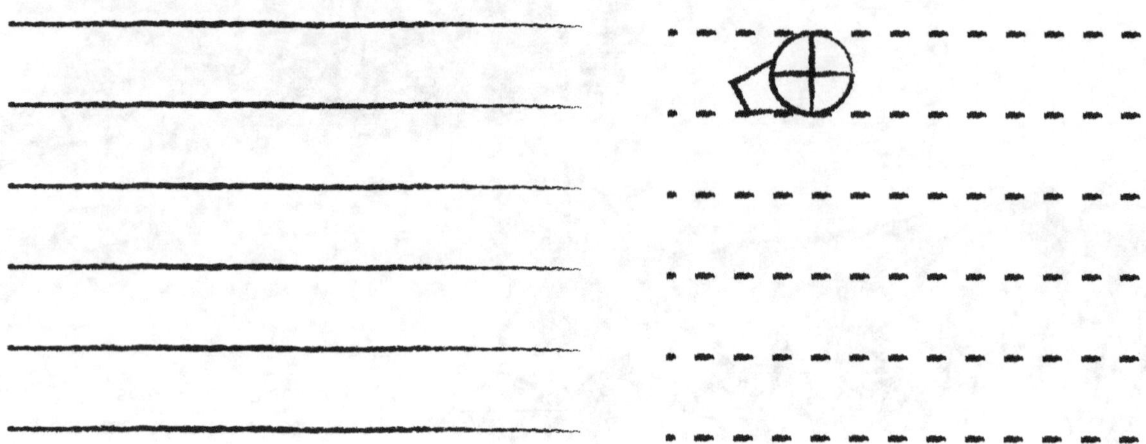

1º passo - Comece o desenho com seis linhas de referência, de forma que o espaço entre elas seja o mesmo. A cabeça do cachorro ocupará um destes espaços e servirá de referência para as demais medidas.

2º passo - Um círculo formará a cabeça do cachorro. Utilize um eixo horizontal e um vertical para desenhá-lo corretamente. Em seguida, posicione um trapézio junto ao círculo para fazer o focinho.

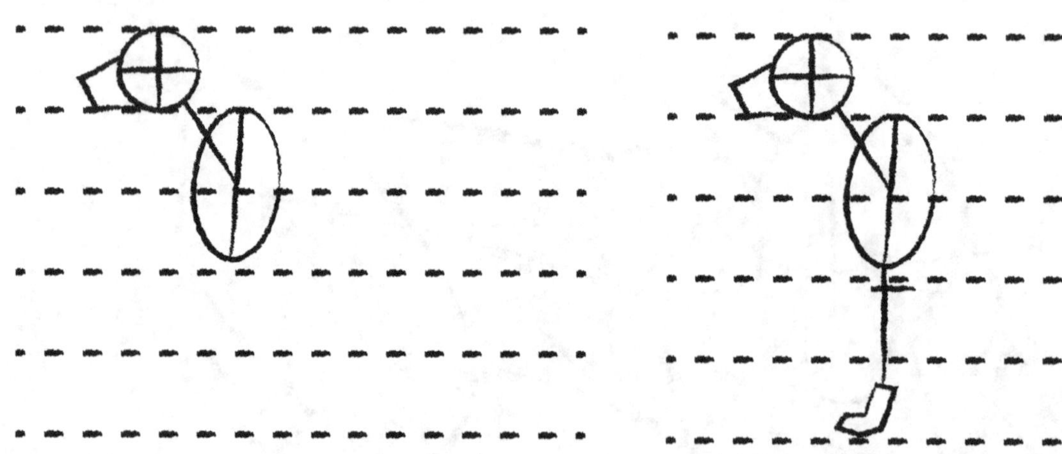

3º passo - Faça uma elipse, utilizando a medida de duas cabeças para o peitoral do cachorro, e marque o eixo do pescoço.

4º passo - Prolongue o eixo vertical da elipse para baixo, no tamanho de duas cabeças, para as patas dianteiras, e com uma forma irregular, marque o pé.

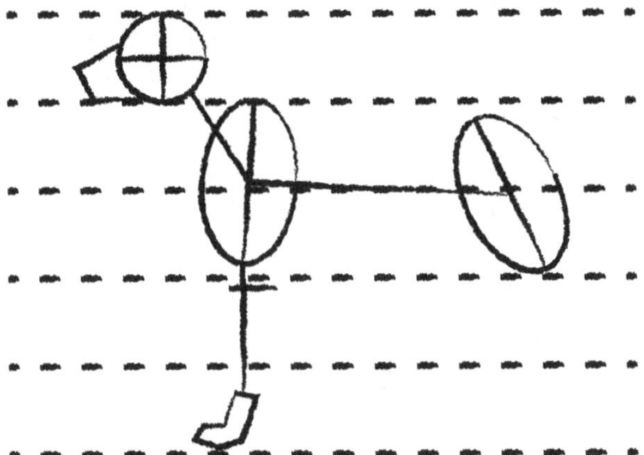

5º passo - Utilizando a medida de duas cabeças, prolongue o eixo horizontal da elipse e, na extremidade,
trace um eixo diagonal, também com medida de duas
cabeças. Utilize-o para fazer uma elipse, formando o
traseiro do cachorro.

6º passo - O membro traseiro segue o eixo da elipse
até a metade e termina em um eixo vertical. Um losango marca a pata traseira. Com linhas curvas, faça o
formato do rabo.

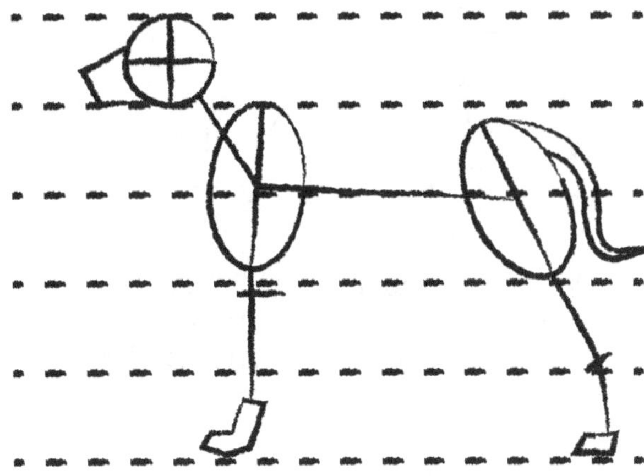

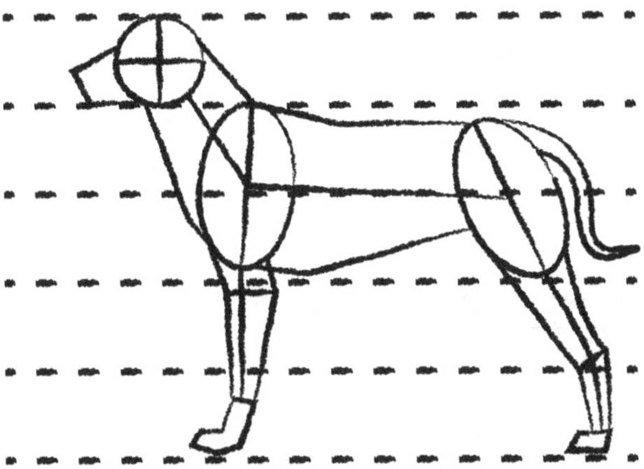

7º passo - Com linhas diagonais, una as formas
geométricas, dando forma ao animal. Note que a barriga está em um ponto mais alto que o tórax, e que os
membros são feitos com formas triangulares.

Esqueleto aramado

Após iniciar o desenho do cachorro, determinando as proporções do seu corpo, passamos a utilizar linhas e formas simplificadas para estudar a sua anatomia, marcando as principais articulações de maneira padronizada e prática. Este recurso é denominado "esqueleto aramado", e o primeiro passo é fazer o desenho da estrutura frontal. Em seguida, mantendo o mesmo padrão de construção e as mesmas medidas de altura e de comprimento, passe a desenvolver o desenho do cachorro em diferentes posições.

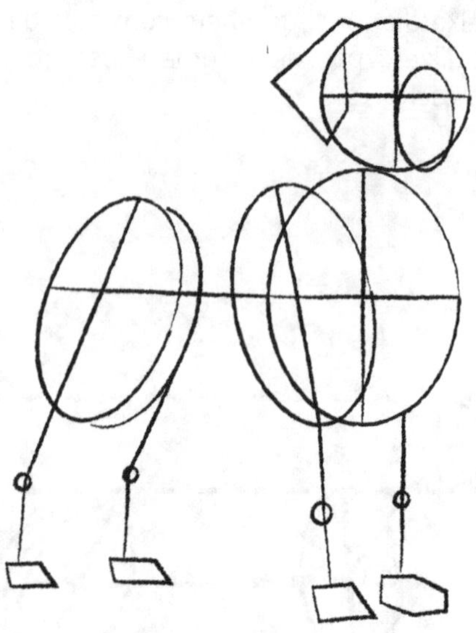

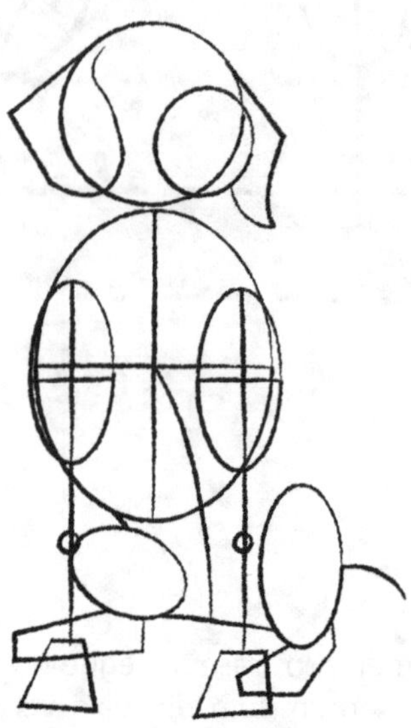

1º - Inicie o esqueleto aramado do cachorro, desenhando o eixo central, pois é ele que vai determinar a posição do animal. Sobre o eixo central, desenhe a cabeça e, com base nela, determine as proporções do corpo.

3º - É possível desenhar o cachorro em qualquer posição. Para isso, mude a direção do eixo central e, seguindo sua orientação, todo o posicionamento do animal será alterado.

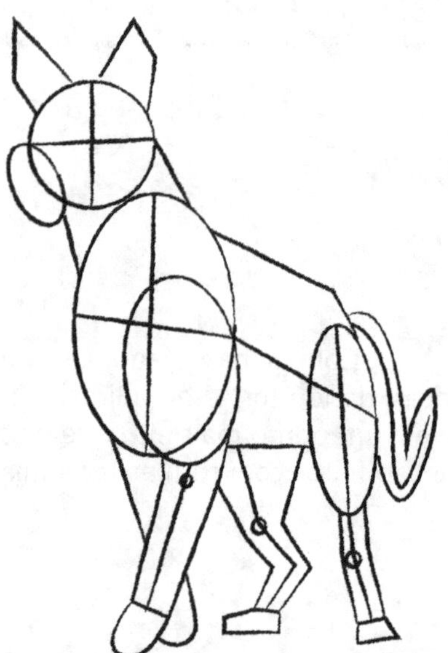

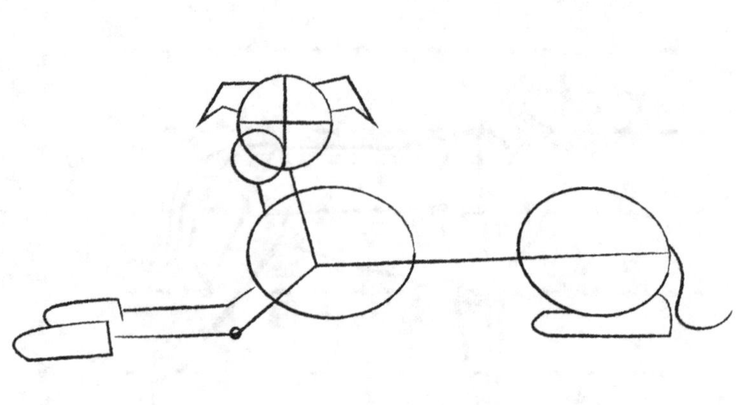

2º - Deste modo, os cães podem ser desenhados em posição frontal, perfil e de três quartos.

4º - Além disso, formas simples como elipses, marcam os principais músculos do cachorro, e linhas direcionam as patas.

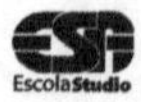

Como a maioria dos animais, cada movimento do cachorro modifica a posição da sua estrutura. Portanto, antes de desenhá-lo, são necessários o estudo e a observação de todo esse posicionamento.

Sendo assim, o esquema aramado facilita a compreensão dos movimentos corporais. Para cada posição do cachorro, há modificações na direção dos eixos e das formas. Ao desenhá-lo em pé, sentado, dei-tado ou caminhando, observa-se o movimento de flexão e de extensão das patas que, por meio das articulações, permite o agachamento e o alongamento de áreas específicas ou do corpo inteiro.

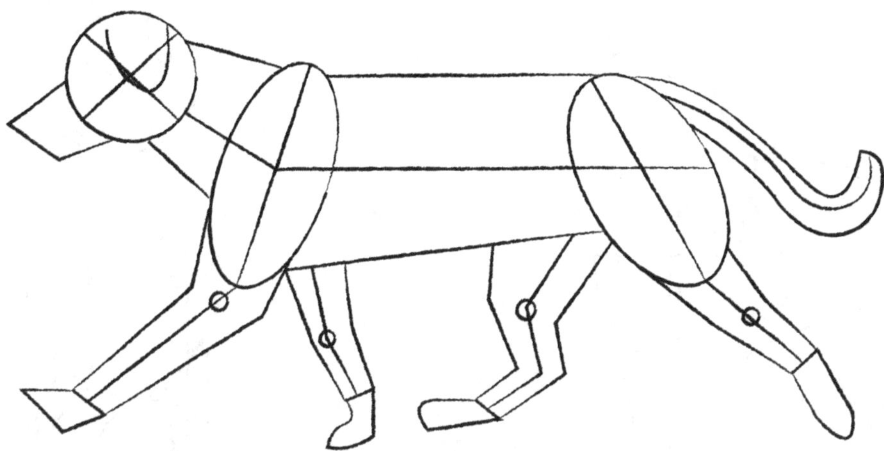

Os movimentos de rotação permitem girar parte do corpo para dentro ou para fora.

Note que a linha representada pelo eixo do corpo simula a coluna vertebral, permitindo, assim, o desenvolvimento dos movimentos. É a linha de ação da coluna vertebral que promove a curvatura do corpo do animal.

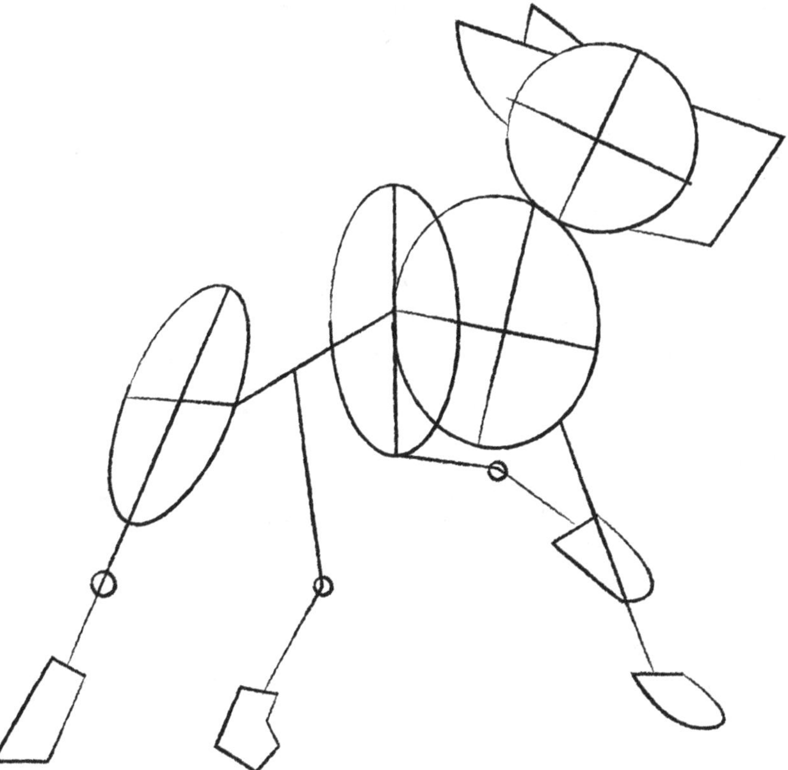

Aramado e preenchimento

Refere-se à forma linear do desenho. Após determinar os eixos e as formas simplificadas, iniciamos o preenchimento do esqueleto aramado a fim de dar volume ao cachorro. Para isso, é necessário completar as formas, ligando as figuras geométricas entre si, obtendo, então, os contornos principais do animal.

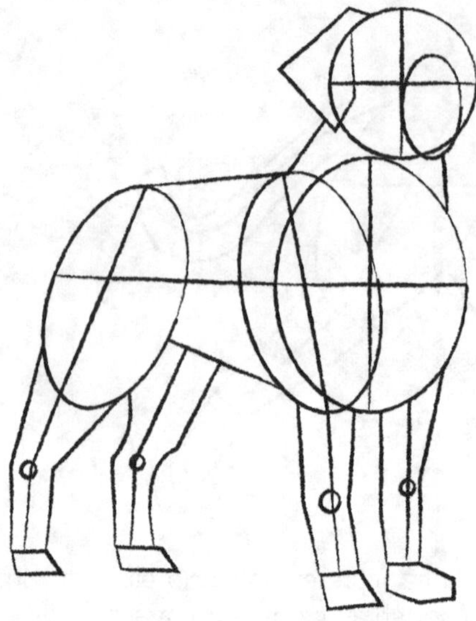

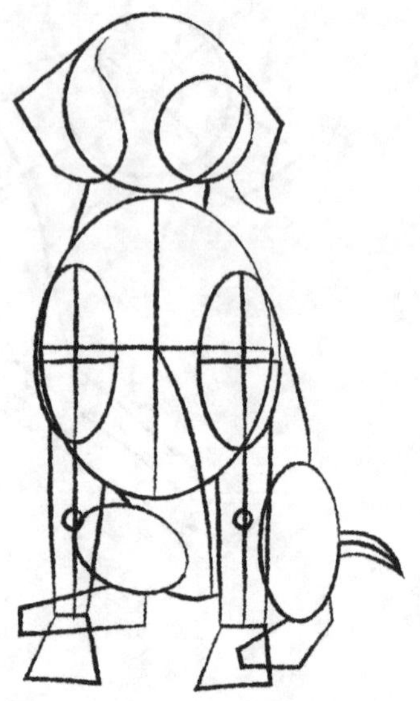

A construção do desenho com figuras simplificadas, ovais e cilíndricas, por exemplo, permite o preenchimento do volume do cachorro em qualquer posição.

O preenchimento do esquema aramado de um cachorro sentado permite visualizar de maneira correta a mudança na posição dos membros pélvicos, mesmo com os membros torácicos à frente.

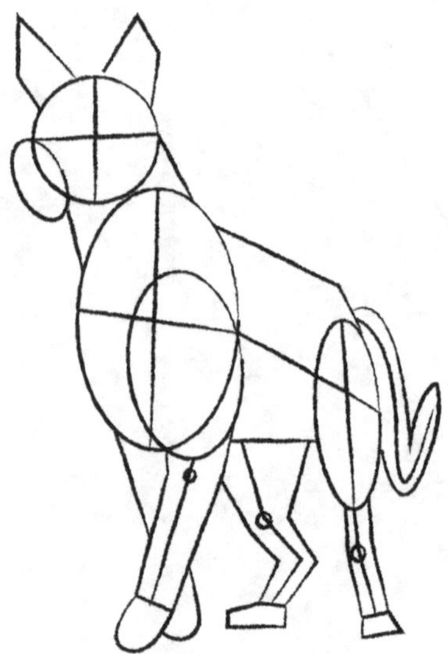

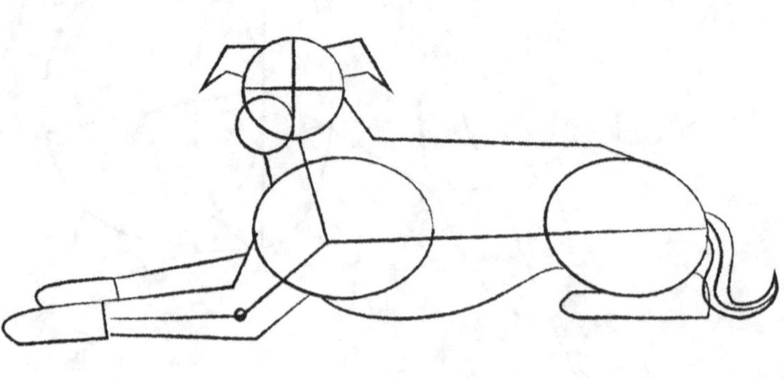

O preenchimento do corpo dos cães na posição de 3/4 deixa alguns volumes mais evidentes, como o peitoral e os membros dianteiros.

O corpo do cachorro visto de perfil, deitado ou em pé, exibe sua estrutura alongada e por inteiro.

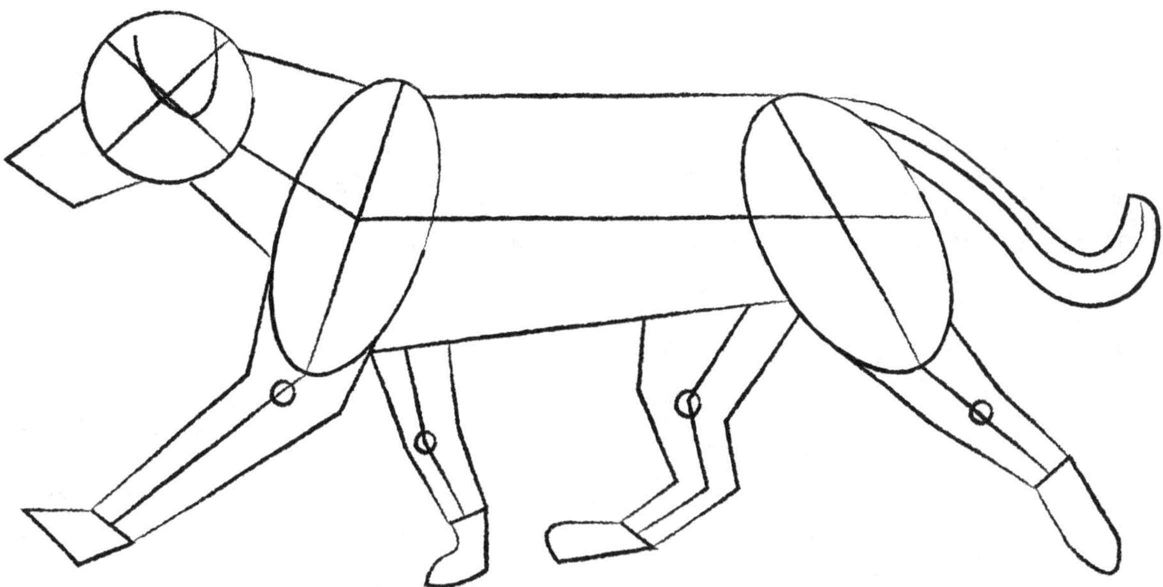

Ao desenhá-lo em movimento, visto de perfil, o preenchimento das formas demonstra toda a angulação dos membros.

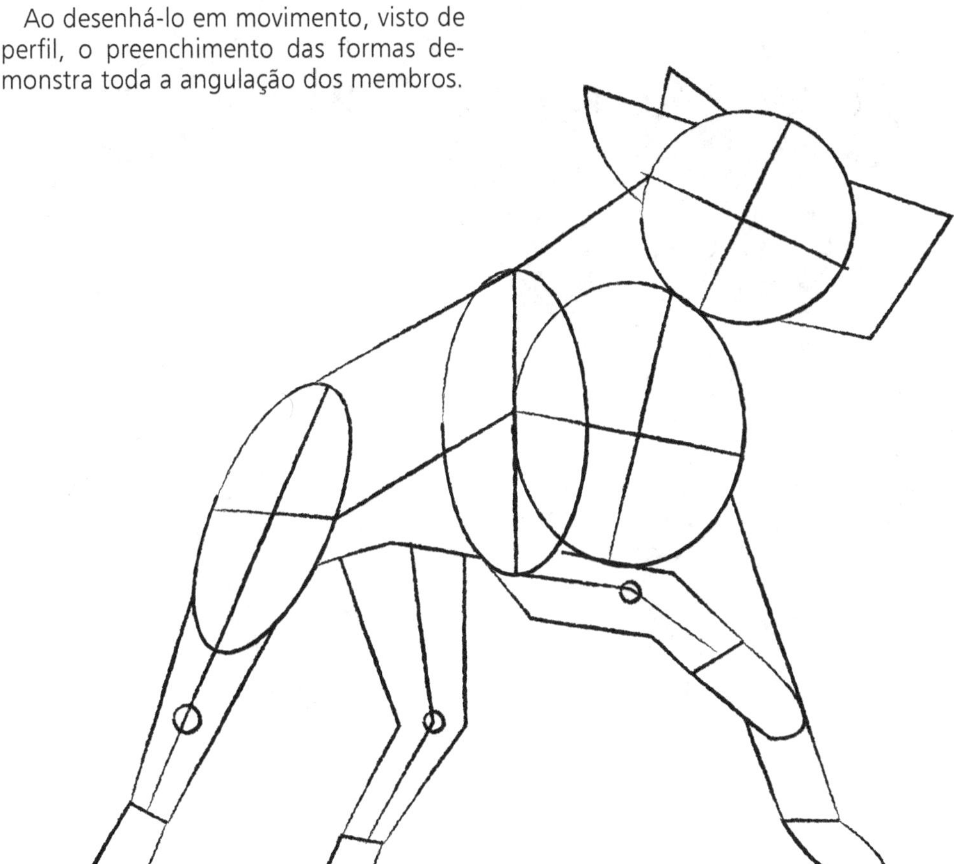

Ao trabalhar o preenchimento do esqueleto aramado dos cães em movimento, observe quais estruturas são mais evidentes e demonstre o esforço exercido pelo animal em cada posição.

Esqueleto

Para desenhar um cachorro, é preciso ter em mente que muito do que se observa da parte externa do seu corpo (formas e movimentos, por exemplo) resulta de sua estrutura interna. Por isso, é extremamente importante, para o desenhista, estudar estas estruturas e conhecer quais delas se modificam de acordo com a posição e o movimento do animal.

Assim como qualquer animal vertebrado, o esqueleto dos cães é interno e muito parecido com os demais mamíferos, e sua função é a mesma: proteger e suportar os tecidos moles do animal.

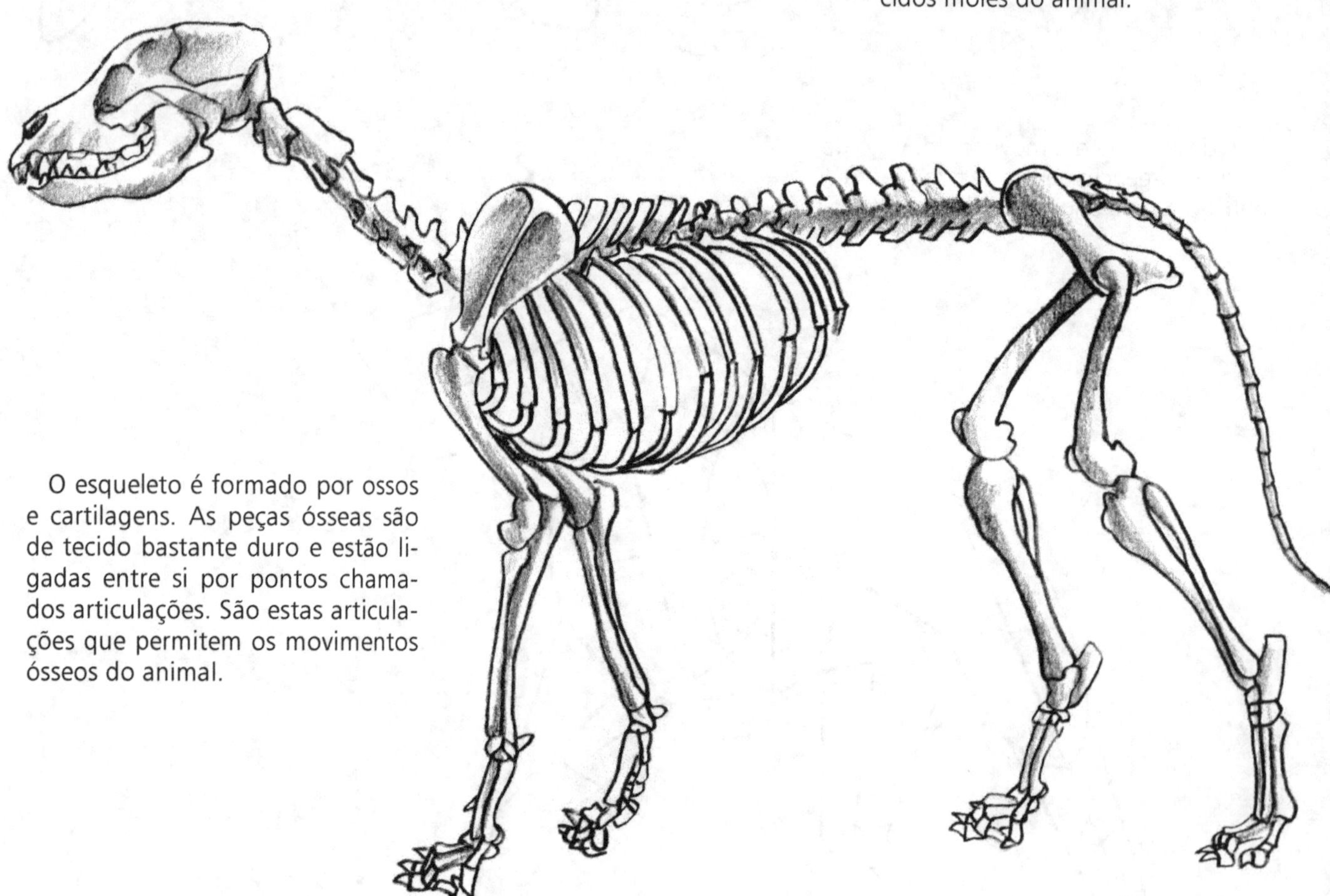

O esqueleto é formado por ossos e cartilagens. As peças ósseas são de tecido bastante duro e estão ligadas entre si por pontos chamados articulações. São estas articulações que permitem os movimentos ósseos do animal.

As articulações dos membros, chamadas de articulações móveis, são aquelas que permitem que os cães se movimentem de maneira ampla, por exemplo, a articulação dos ombros, dos cotovelos, das coxas e dos joelhos. Já a mobilidade da coluna vertebral é limitada. Ela se estende do crânio até o final da cauda do cachorro, e é o eixo de estruturação do seu corpo.

Estude cada detalhe com atenção para não correr o risco de errar as proporções e deformar o desenho do corpo do animal.

Crânio

Os ossos da cabeça dos cães são divididos em duas partes: ossos craniais e ossos faciais (focinho). Sua função principal é proteger o encéfalo e os órgãos do sentido. É importante observar que a cabeça dos cães se difere entre as diversas raças – isso se deve às diferenças estruturais que existem tanto nos ossos do crânio quanto nos da face.

Alguns cães, por exemplo, possuem a o crânio mais estreito; outros, mais largos, mais curtos ou mais longos. Há os que possuem a mandíbula mais longa que o maxilar superior; outros, mais curta. Existem outras inúmeras variações conforme a raça.

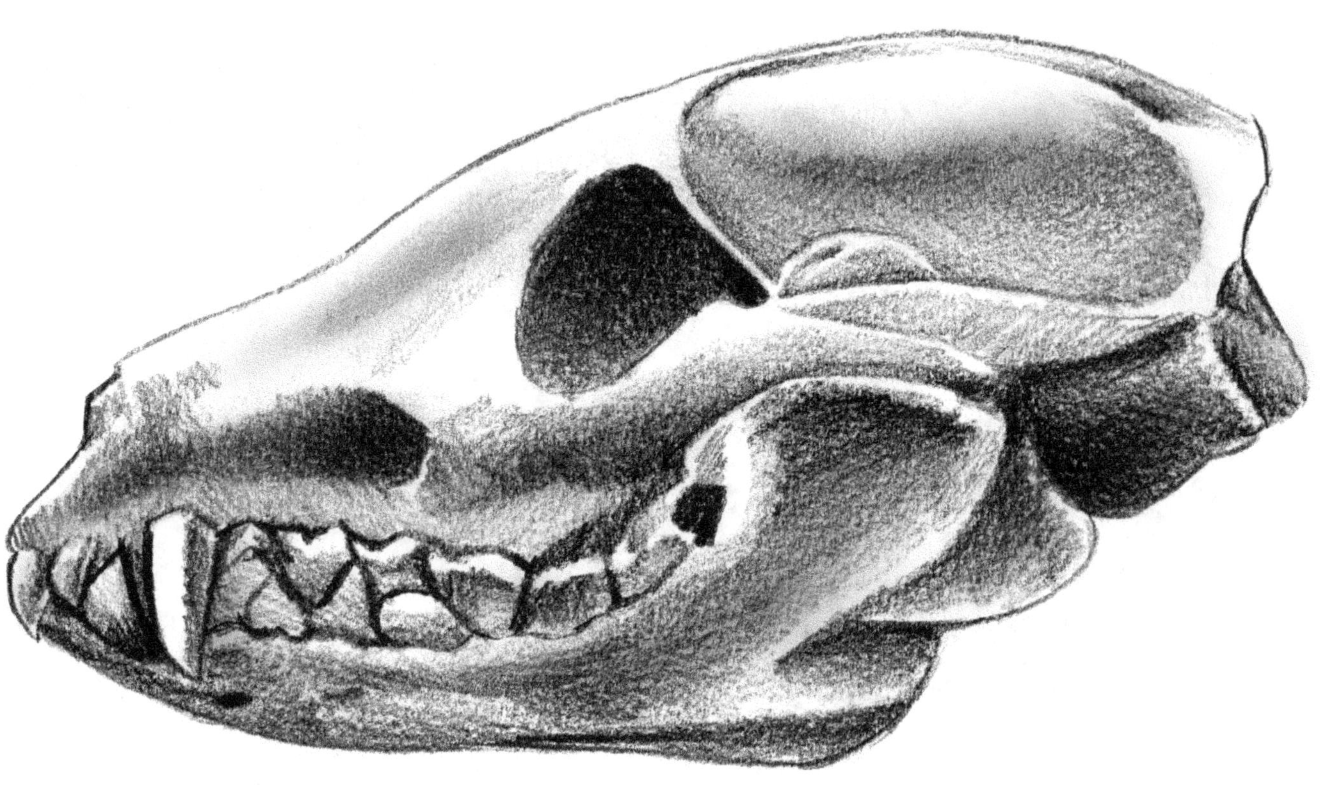

Nos ossos da face estão localizados os dentes dos cães. Eles possuem 42 dentes no total, sendo 20 na arcada superior, constituída pelo maxilar, e 22 na arcada inferior, constituída pela mandíbula. E assim como os humanos, os cães possuem dentes incisivos, caninos, pré-molares e molares; no entanto, em quantidades diferentes. Na hora de desenhar os dentes de um cachorro, é importante notar a diferença na forma de cada um deles.

Estrutura óssea

O esqueleto axial dos cachorros é composto pelos ossos da cabeça, da coluna e da caixa torácica. A coluna vertebral é dividida em cinco partes: cervical, torácica, lombar, sacral e coccígea (ossos da cauda). As quatro primeiras regiões são proporcionais entre si. Já a quantidade de vértebras da região coccígea é diferente, dependendo da raça (20 a 23 vertebras), o que resulta em cães com caudas mais curtas ou mais longas.

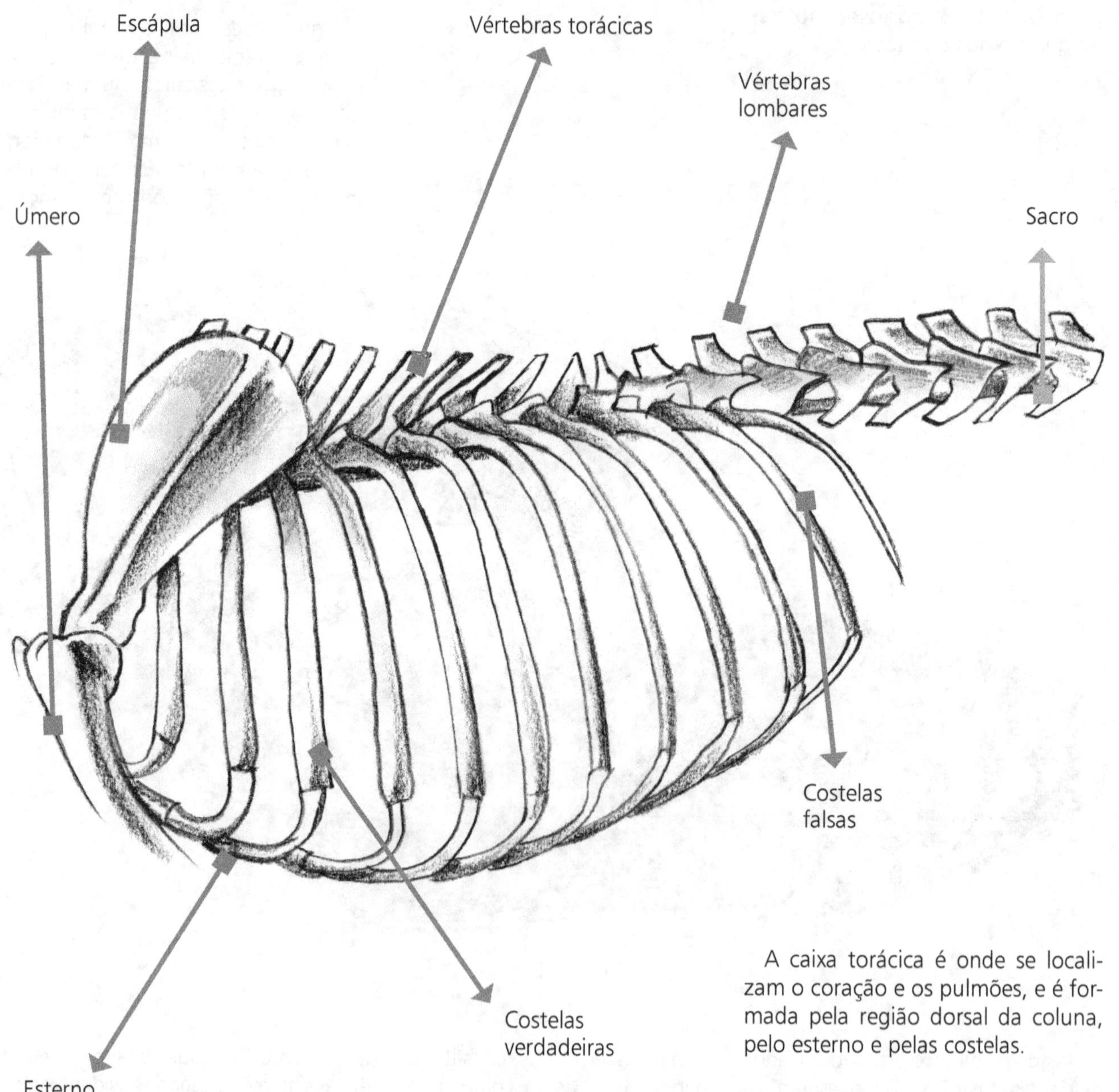

A caixa torácica é onde se localizam o coração e os pulmões, e é formada pela região dorsal da coluna, pelo esterno e pelas costelas.

As costelas são ossos longos e cur-
vados com a extremidade cartilagino-
sa. Com exceção dos quatro últimos
pares (costelas falsas e flutuantes), as
costelas possuem suas extremidades
articuladas com o esterno.

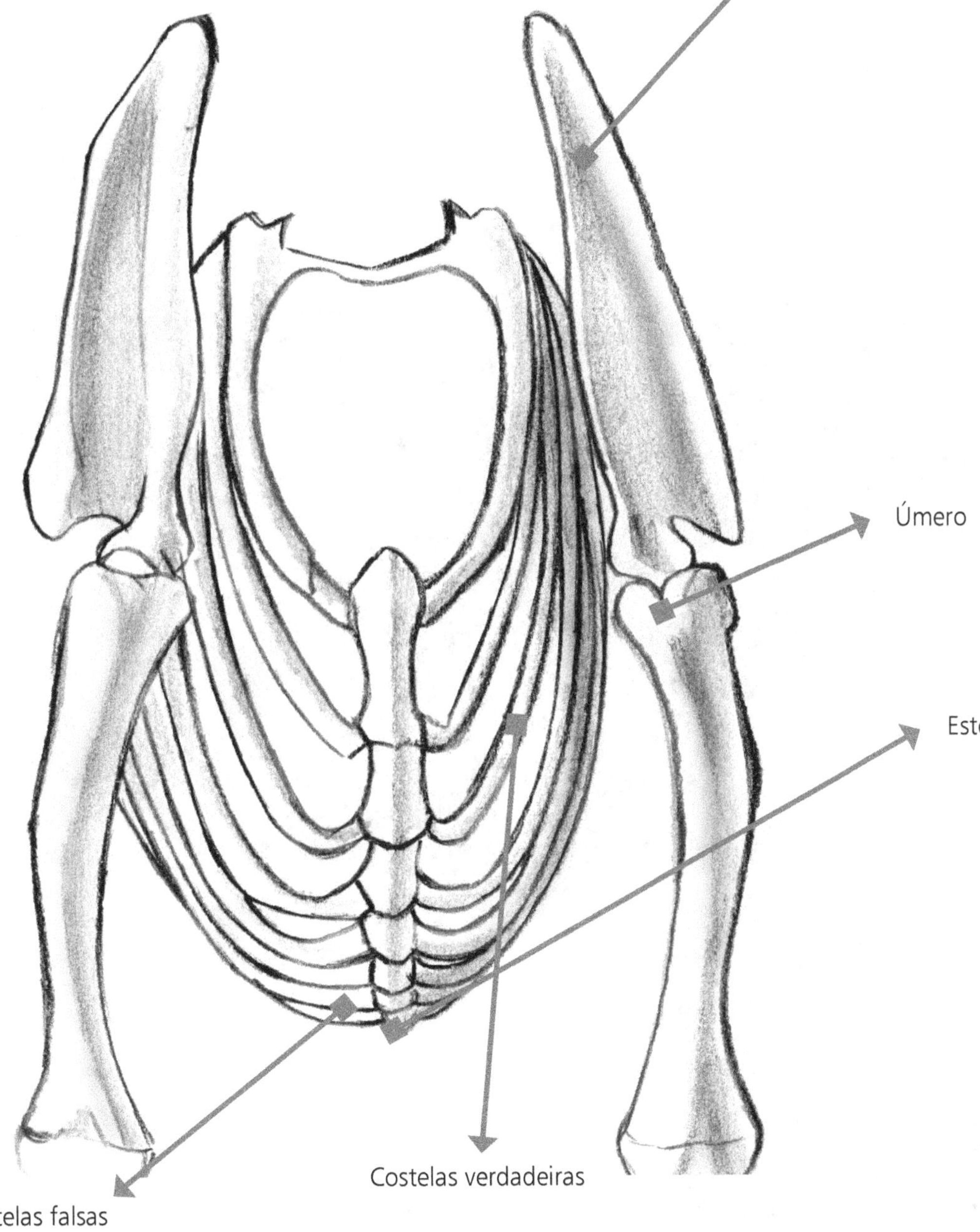

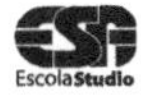

O ombro dos cães é formado por apenas um osso, a escápula, cujo tamanho pode variar entre as raças ou de animal para animal. A parte superior da escápula corresponde à cernelha, ponto onde termina o pescoço do animal e inicia a linha superior do seu corpo.

Músculos do torso

O estudo da musculatura dos cães é fundamental para compreender melhor as formas e o volume do animal.

Além disso, conhecer os músculos permite entender os principais movimentos dos cachorros, pois eles estão inseridos em diferentes ossos e, por meio de contrações e distensões, os movimentam toda vez que o animal se desloca ou muda de posição.

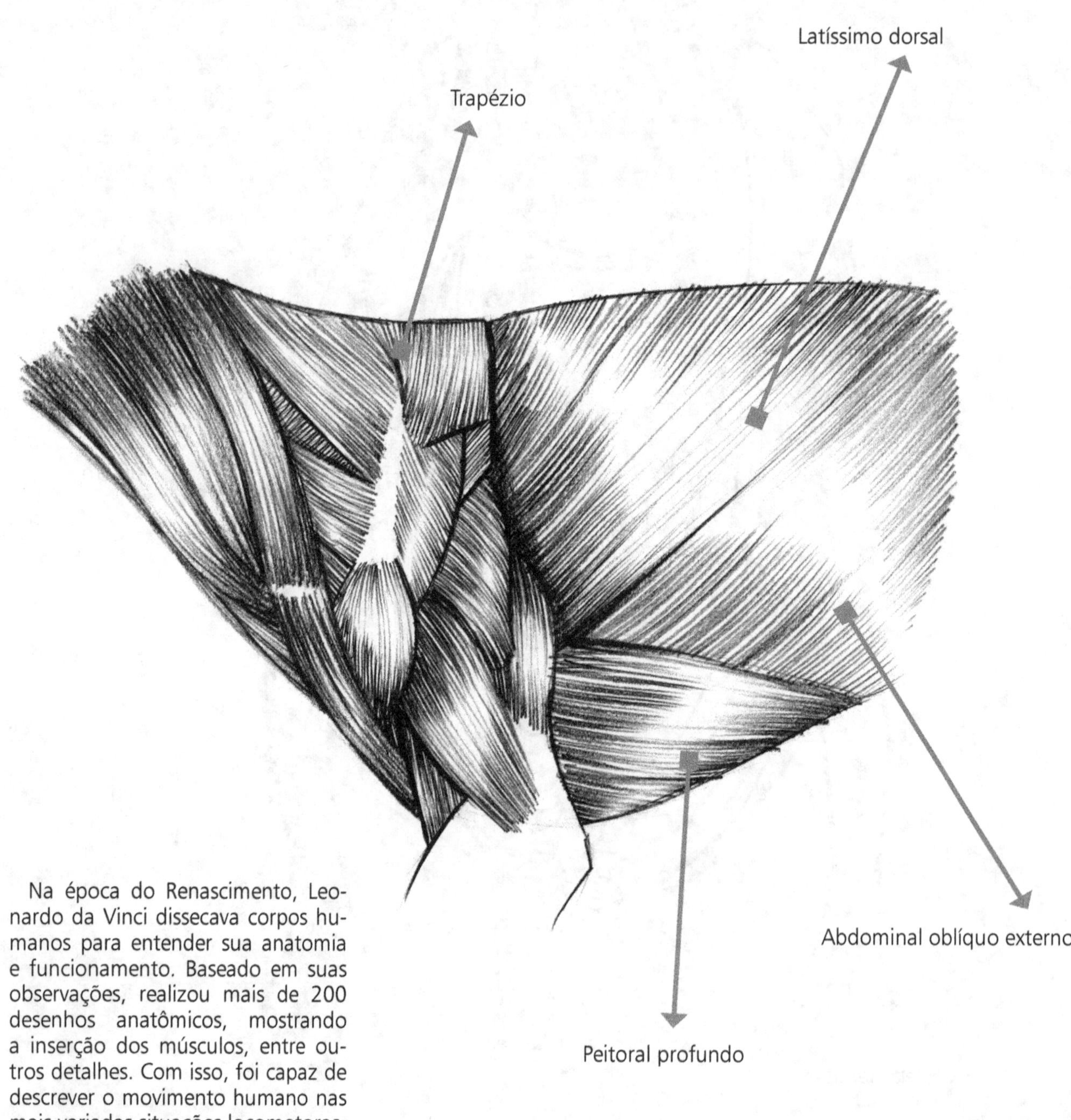

Na época do Renascimento, Leonardo da Vinci dissecava corpos humanos para entender sua anatomia e funcionamento. Baseado em suas observações, realizou mais de 200 desenhos anatômicos, mostrando a inserção dos músculos, entre outros detalhes. Com isso, foi capaz de descrever o movimento humano nas mais variadas situações locomotoras.

Ao desenhar o corpo de um cachorro, é importante observar quais músculos estão relaxados, quais estão contraídos e, também, o seu formato, que pode variar dependendo da posição ou do movimento do animal. Os músculos da região torácica, por exemplo, movimentam as costelas e atuam nos movimentos respiratórios. Entretanto, há também os músculos mais superficiais nesta região, que agem nos braços, nos ombros e no pescoço dos cães. É importante se atentar a esses detalhes.

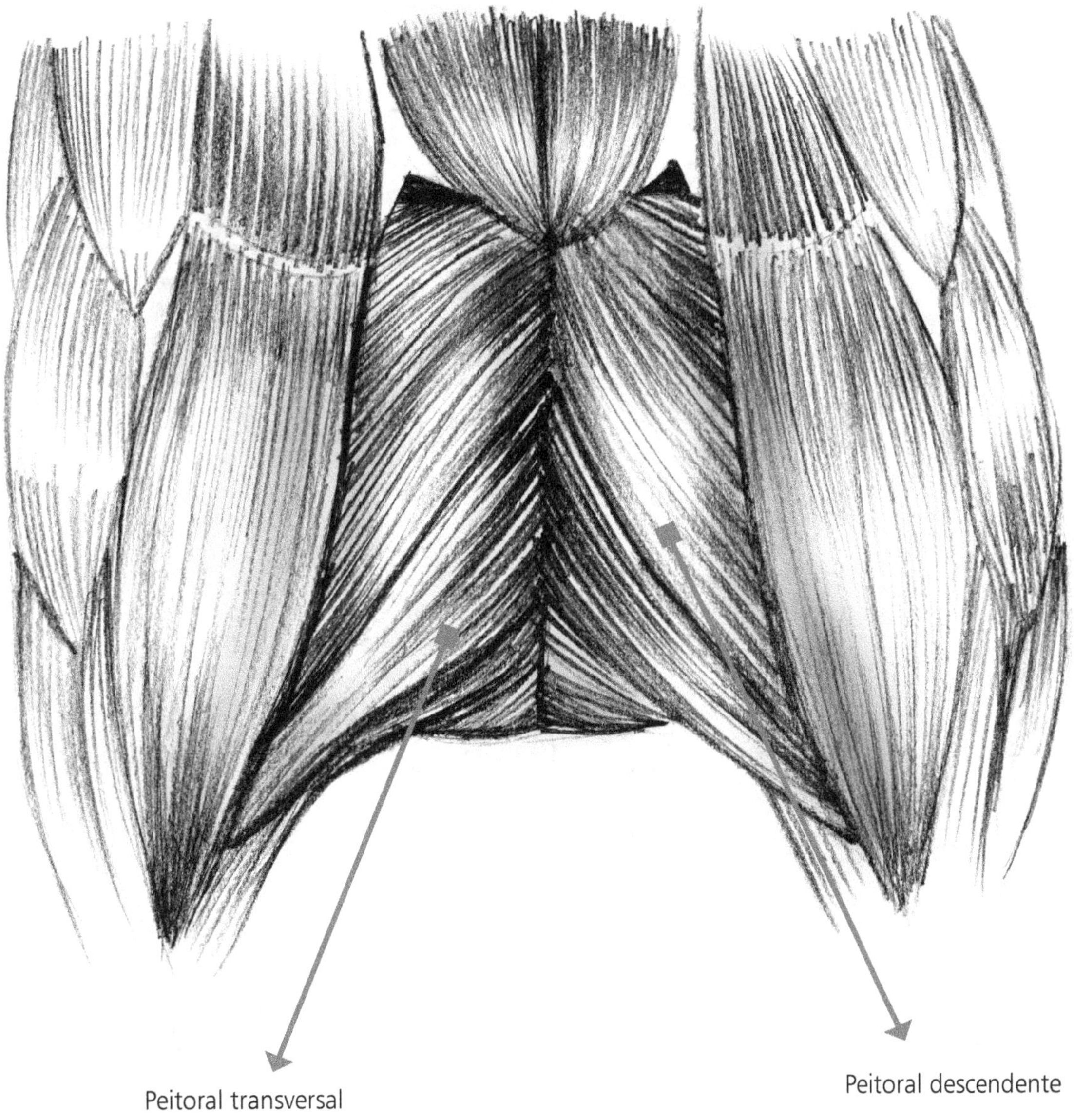

Peitoral transversal

Peitoral descendente

Construção do torso

Para construir o torso do cachorro, iniciaremos com o desenho de eixos e formas geométricas simples, a fim de estabelecer as proporções. Lembrando que as estruturas aqui descritas podem ser modificadas e adaptadas de acordo com a referência.

Vista lateral

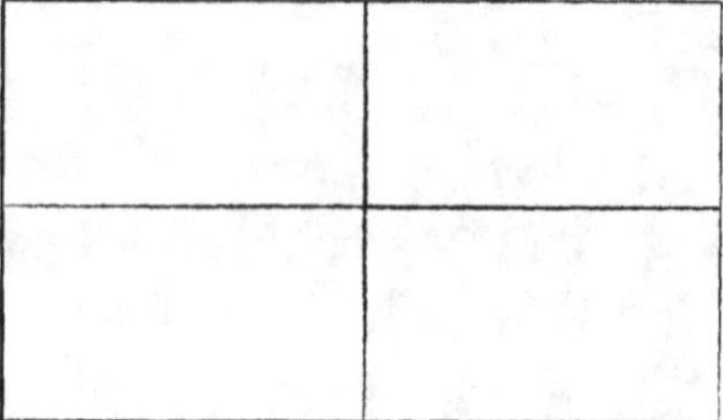

1º passo - Faça um retângulo, marcando um eixo horizontal e outro vertical.

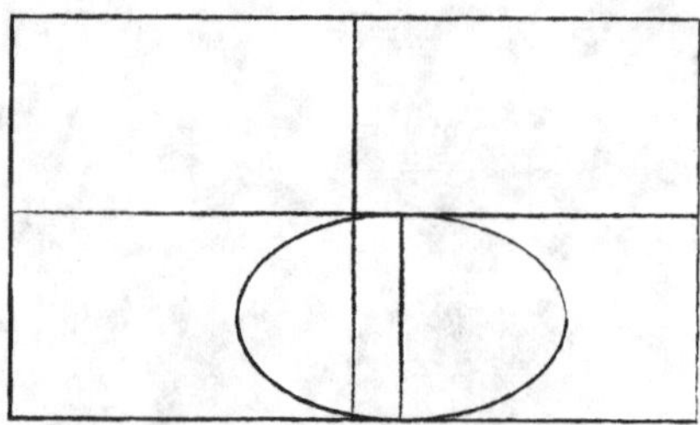

2º passo - Faça uma elipse abaixo do eixo horizontal e um pouco deslocada do eixo vertical para a esquerda.

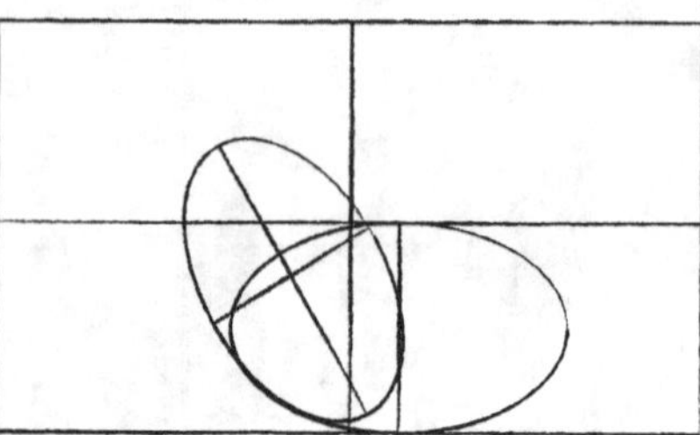

3º passo - Faça outra elipse, do mesmo tamanho, mas em posição diagonal. Ela deve estar inserida dentro da outra.

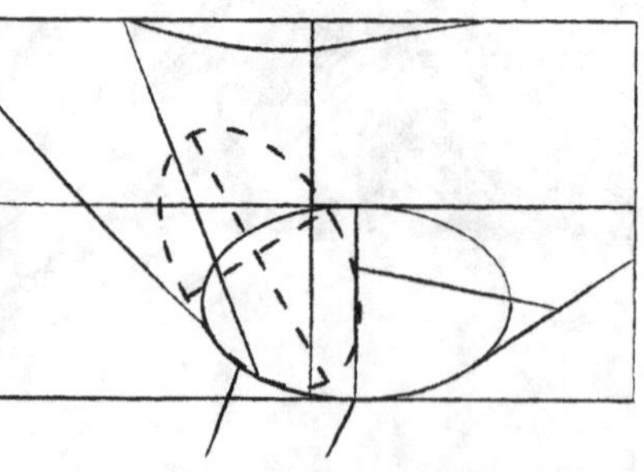

5º passo - Acompanhando a curvatura da segunda elipse, trace outra linha diagonal. Marque também a posição da pata e a curva superior do torso.

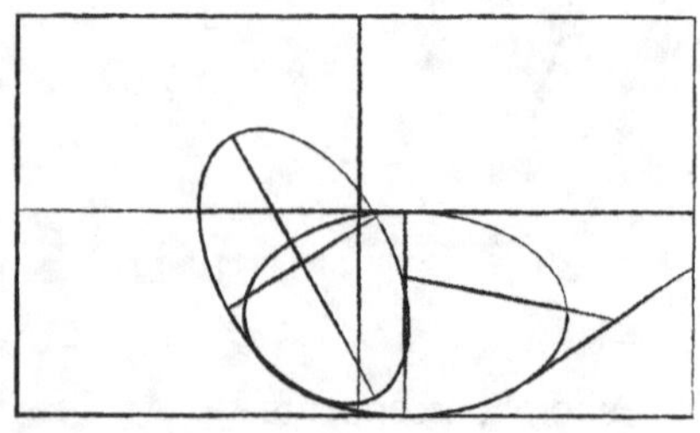

4º passo - Acompanhando a curvatura da primeira elipse, trace uma linha diagonal e ligue-a ao eixo vertical da mesma.

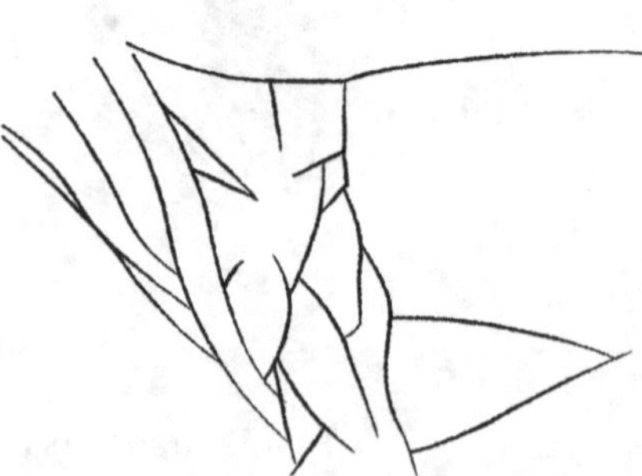

6º passo - Com linhas simples, marque a posição dos principais músculos do membro.

Vista frontal

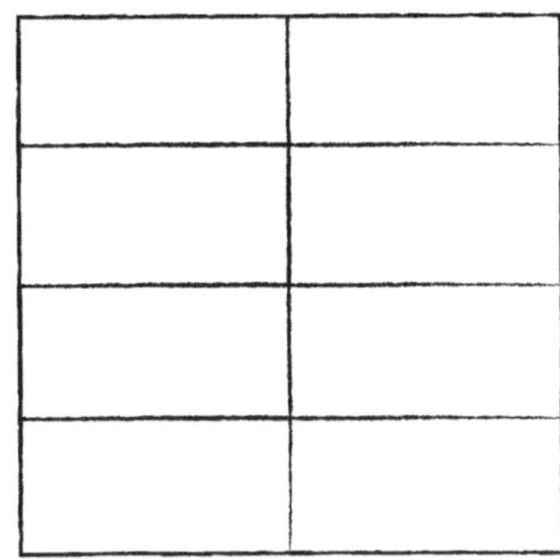

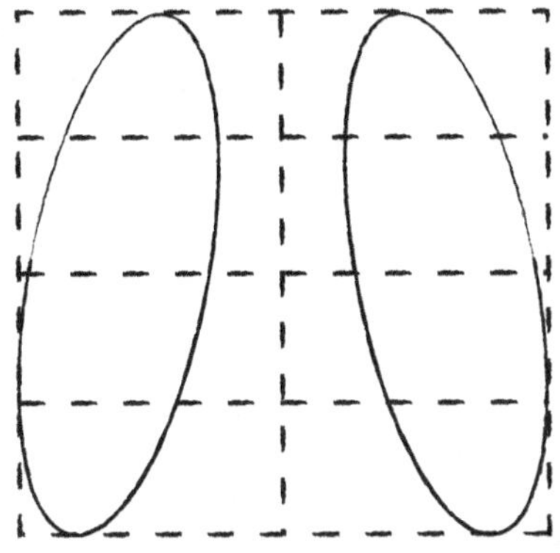

1º passo - Faça um quadrado, marque o eixo vertical central e, na horizontal, divida-o em quatro partes iguais.

2º passo - Faça duas elipses levemente inclinadas para o centro do quadrado, deixando um espaço entre elas.

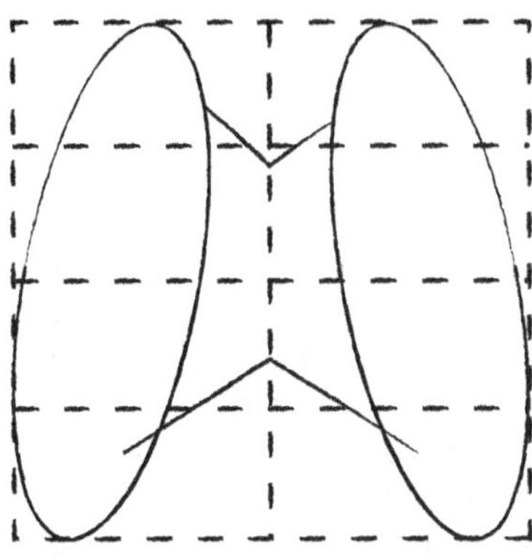

3º passo - Una as duas elipses com linhas na forma de "V", para cima e para baixo, de modo que a ponta do "V" ultrapasse ligeiramente as linhas de eixo iniciais.

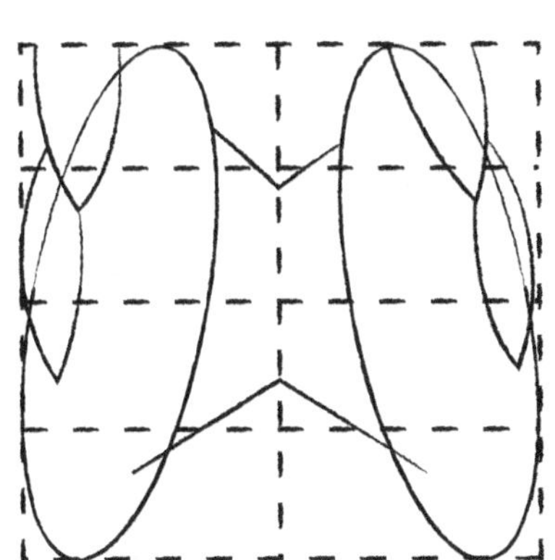

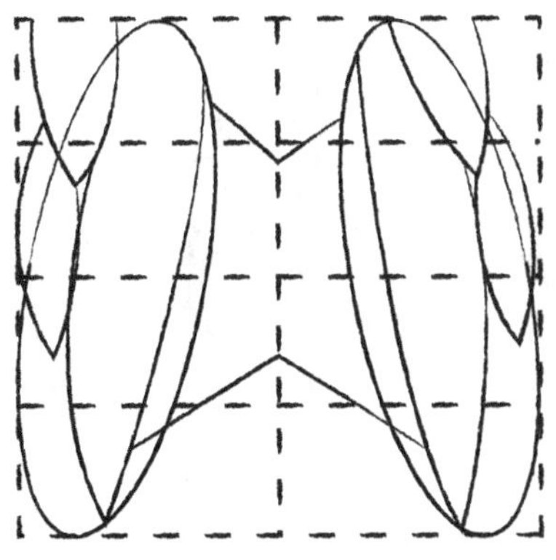

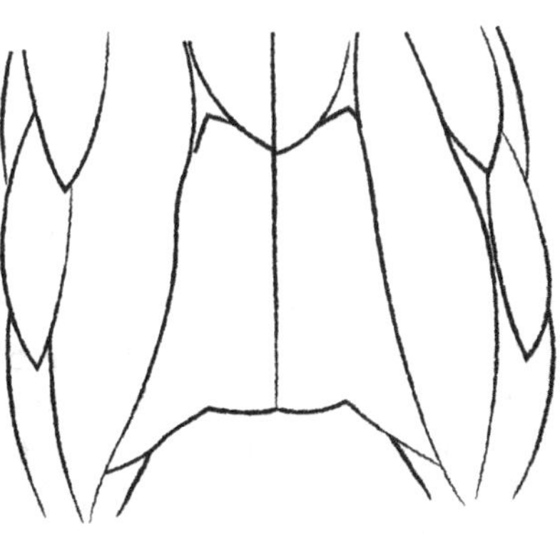

4º passo - Represente os dois músculos menores nas laterais das estruturas, utilizando formas semelhantes às elipses.

5º passo - Marque o músculo maior dentro de cada uma das elipses.

6º passo - Conclua o desenho com linhas curvas que acompanhem as formas do cachorro.

Esqueleto - membros dianteiros

O esqueleto apendicular dos cachorros é formado pelos membros torácicos e pélvicos. Há dois membros to-rácicos, o direito e o esquerdo, ambos compostos por quatro partes: ombro, braço, antebraço e pata dianteira.

O ombro faz a conexão do membro com o corpo do cachorro somente por meio de músculos e ligamentos, e não por articulações. Articula somente sua extremidade inferior com o úmero, único osso que compõe o braço.

A extremidade inferior do úmero forma uma junta com o antebraço, formando o cotovelo. Ao flexionar este membro, o braço dos cachorros se movimenta formando arcos de até 90°.

É importante notar, também, que os cães são animais que se apóiam nos dedos e que este ponto de apoio é o que chamamos de pata. Ela é formada por cinco dedos, sendo que um deles, localizado na face interna do membro, não se apoia no chão por não ser completo.

Vista lateral

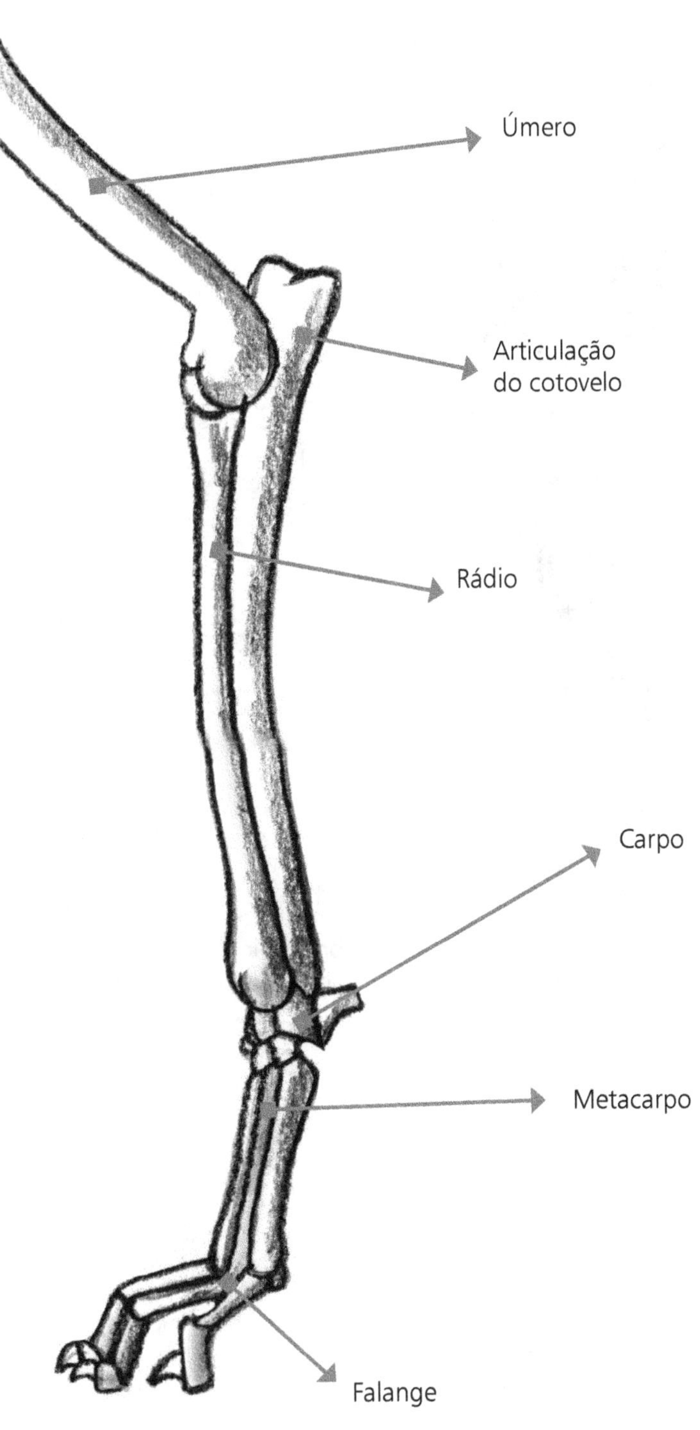

Parte externa

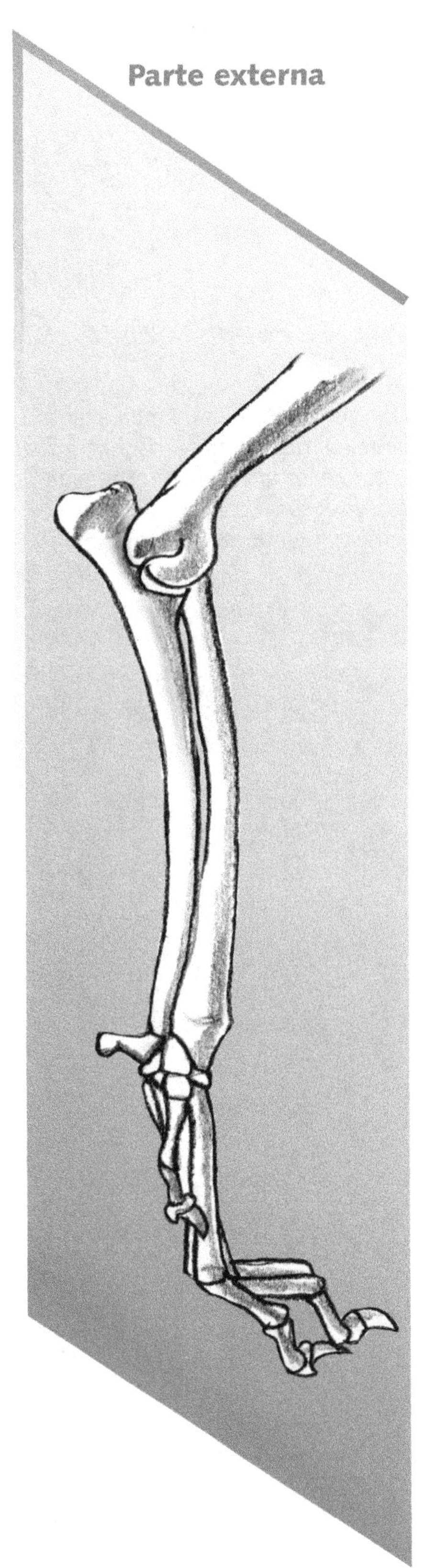

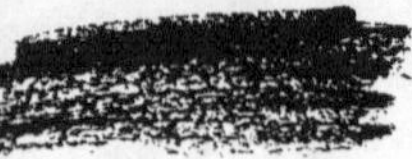

Músculos - membros dianteiros

A musculatura dos cães está envolvida em qualquer movimento que ele faça. Portanto, ao mover o membro dianteiro, ou membro torácico, os cães realizam contrações e distensões voluntárias dos músculos da região, movimentando assim os ossos nos quais estão inseridos.

Nota-se que a espessura dos músculos que formam os membros tanto dianteiros quanto traseiros aumenta conforme se afasta das extremidades, que são compostas principalmente por tendões.

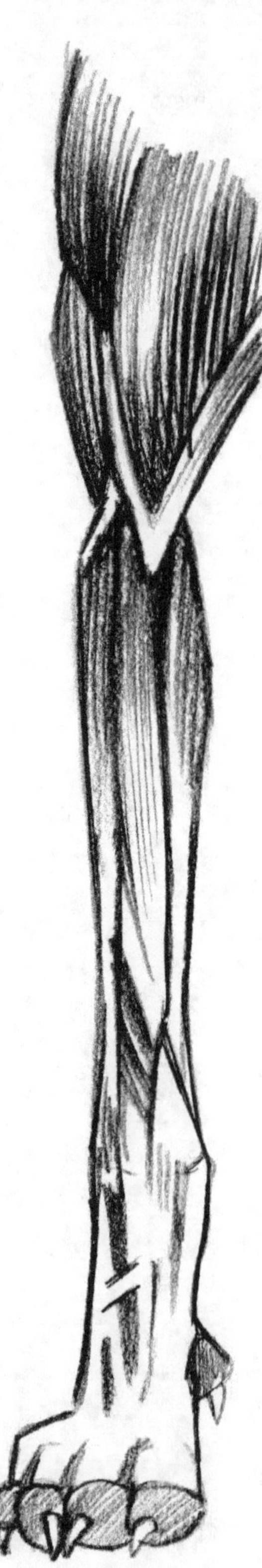

No entanto, a musculatura do membro torácico é menos volumosa que a do membro traseiro.

Vista lateral interna 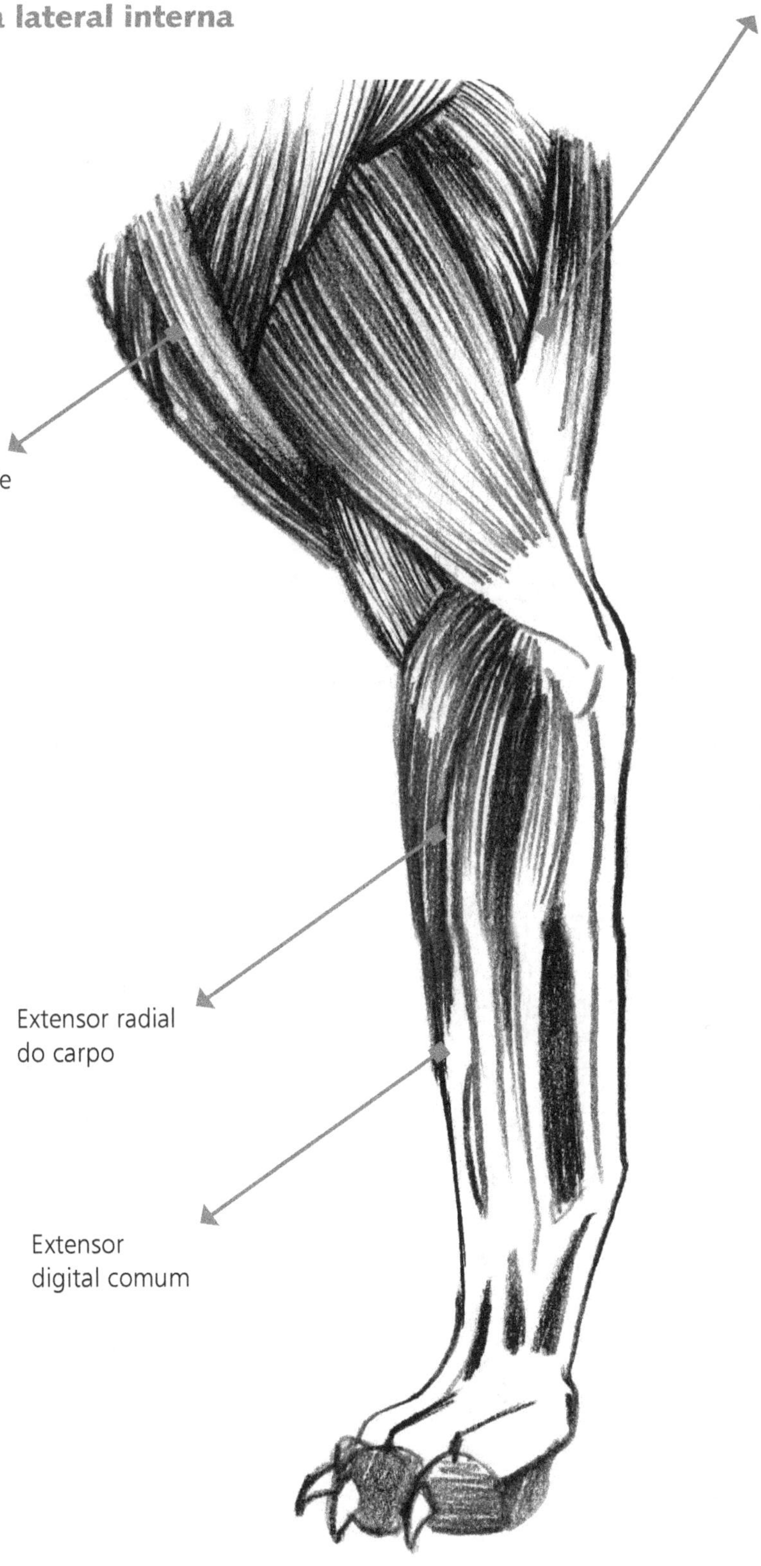
Tríceps
Deltoide
Extensor radial
do carpo
Extensor
digital comum
Vista lateral externa

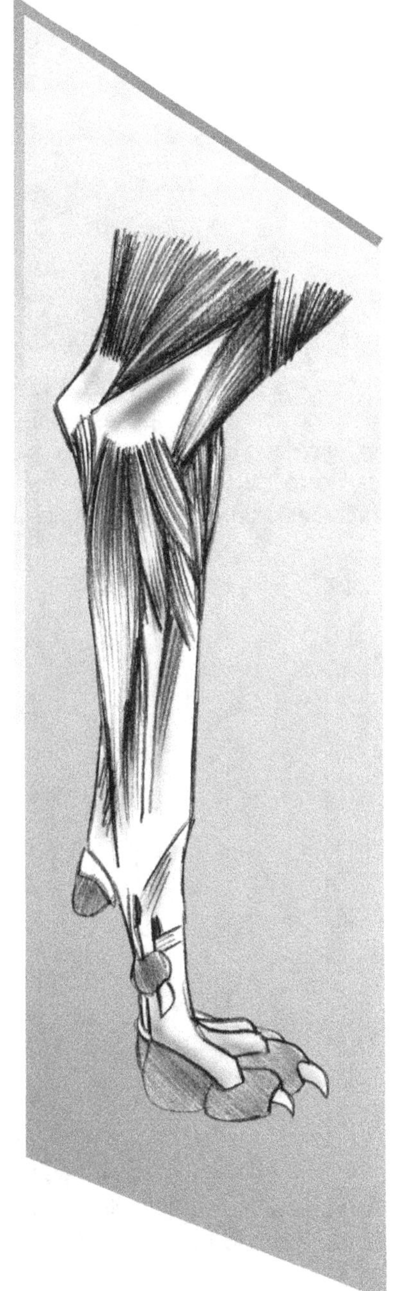

Construção da pata - frontal

Para o desenho da pata dianteira, tanto na visão frontal como na lateral, utilizamos também linhas e formas geométricas simples, como elipses, círculos e outras formas irregulares.

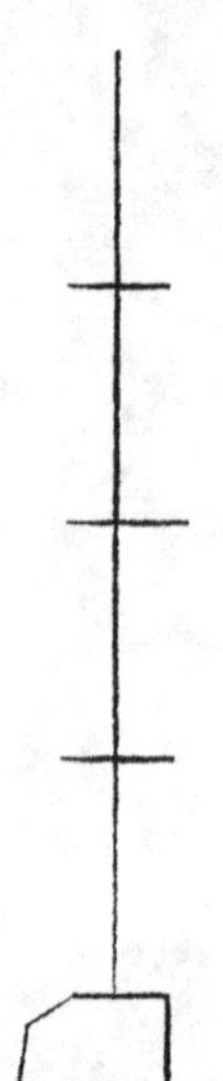

1° passo - Faça um eixo vertical e divida-o em quatro partes iguais. Na extremidade inferior, marque o pé do cachorro de tamanho aproximado à metade de uma das partes do eixo.

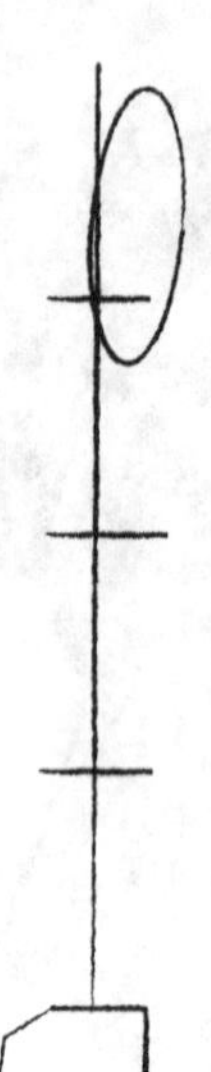

2° passo - Desenhe uma elipse na parte superior do eixo, utlizando 1 medida e 1/3 da marcação inicial.

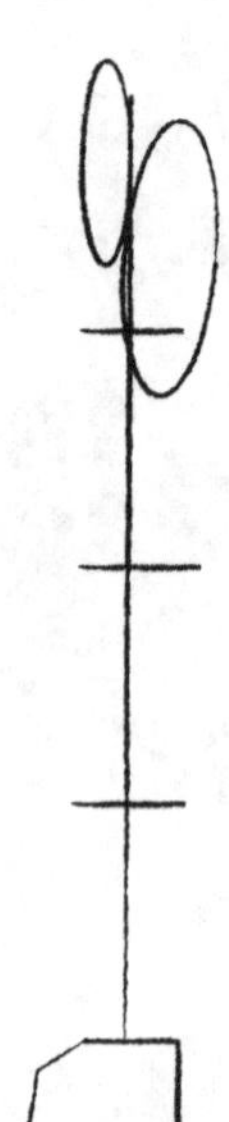

3° passo - Ao lado desta elipse, mas deslocada um pouco para cima, faça uma elipse menor.

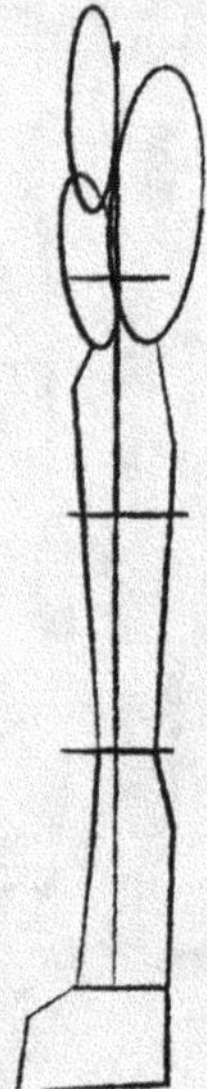

4° passo - Faça outra elipse abaixo da anterior e, com duas linhas irregulares, faça a forma do membro.

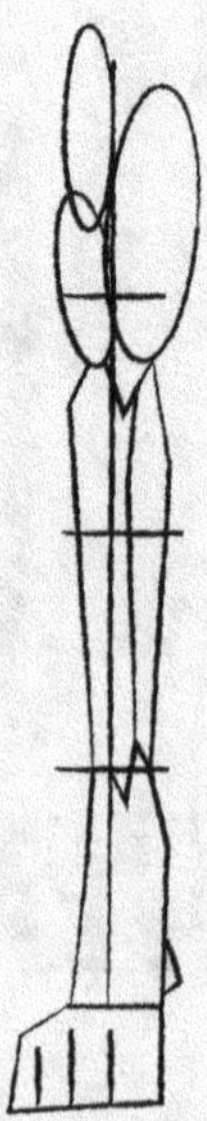

5° passo - Marque a posição dos dedos dos pés.

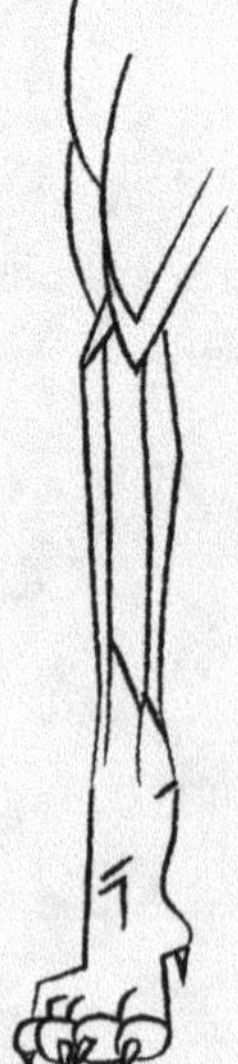

6° passo - Com linhas curvas, modele as formas dos músculos do membro com base nas formas estabelecidas.

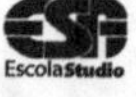

Construção da pata - lateral

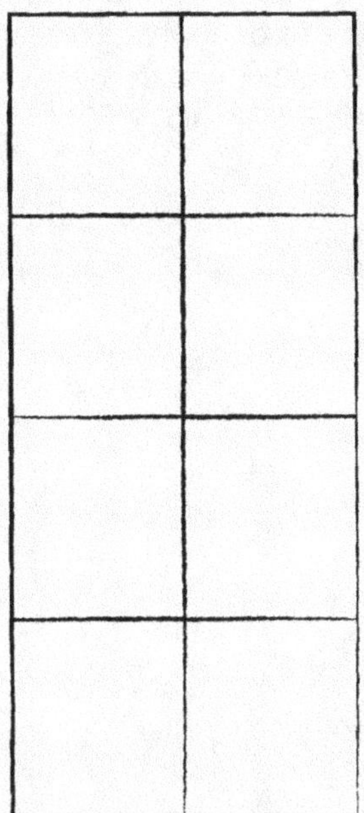

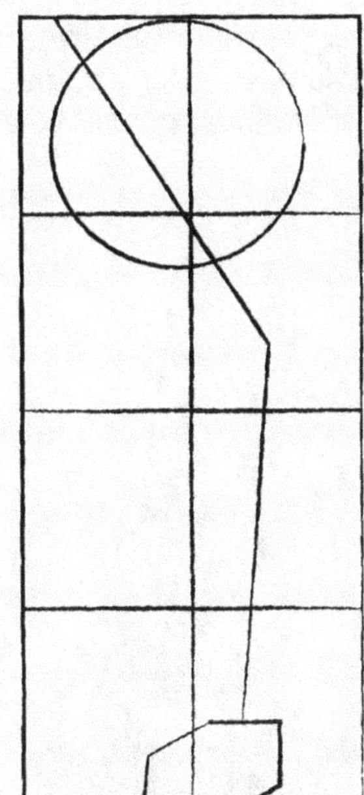

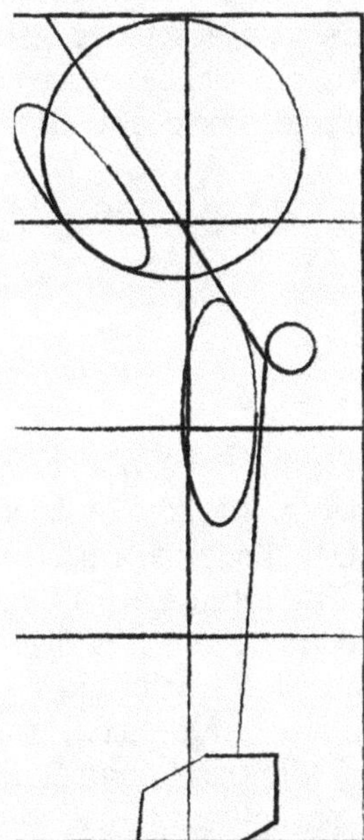

1º passo - Faça uma linha horizontal, e utilize 2 vezes esta medida para fazer o eixo vertical. Feche um retângulo e divida-o em 4 partes iguais.

2º passo - Faça um círculo que ocupe 1 medida e 1/3 de altura, levemente deslocado para a esquerda. Para direcionar o membro, faça duas linhas diagonais. Com forma irregular, desenhe a pata.

3º passo - No ângulo formado pelos dois eixos diagonais, faça um pequeno círculo. Em seguida, faça duas elipses, uma na posição vertical e outra na diagonal.

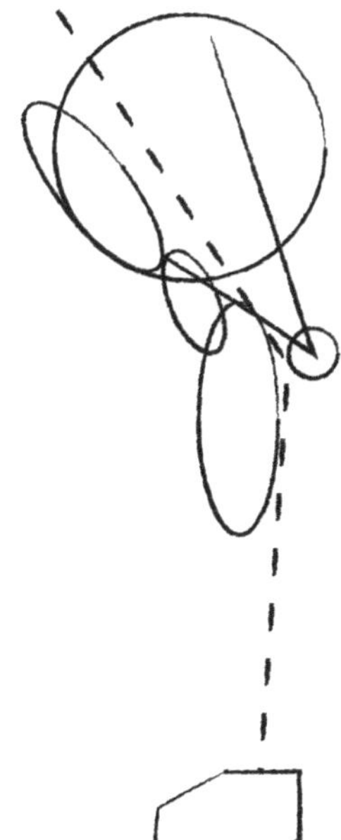

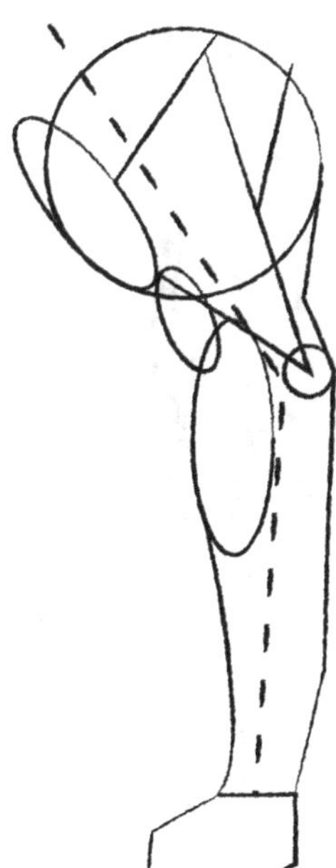

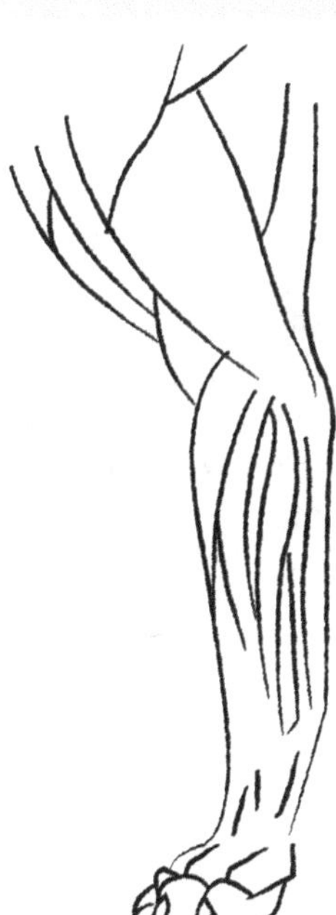

4º passo - Insira uma pequena elipse entre as outras duas e trace duas linhas diagonais a partir do centro do círculo, de modo que se assemelhe a um triângulo.

5º passo - Feche o triângulo com outra linha diagonal e, com linhas curvas, modele a perna do cachorro.

6º passo - Com base nas formas e nos eixos definidos, utilize linhas curvas para marcar os músculos da perna e os dedos da pata.

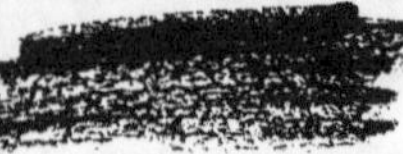

Esqueleto - membros traseiros

Assim como os membros torácicos, há dois membros traseiros, ou pélvicos, o direito e o esquerdo, ambos compostos por quatro partes: garupa (ou pelve), coxa, perna e pata. O membro traseiro se une à região sacral da coluna vertebral por meio da pelve, que é formada por três pares de ossos: ílios, ísquios e púbis. Na junção destes três ossos, forma-se uma cavidade onde a cabeça do fêmur se encaixa, formando um ângulo de 90°.

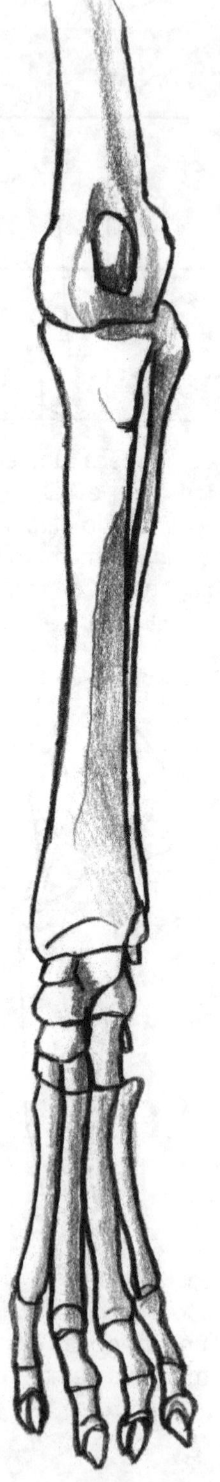

A pelve forma um ângulo de aproximadamente 30° com a linha da coluna. Este ponto é articulado e, graças a essa articulação, a força de propulsão que surge nos membros traseiros é direcionada para a coluna vertebral e, em seguida, para os membros torácicos, permitindo os diversos movimentos do cachorro. É importante observar que o tamanho dos ossos da pelve variam de acordo com as diferentes raças de cães.

A coxa é formada por um único osso, o fêmur, que apesar de ser o mais volumoso, tem aproximadamente o mesmo comprimento dos ossos da perna (tíbia e fíbula).

As extremidades superior e inferior da tíbia e da fíbula se articulam, respectivamente, com o fêmur, formando o joelho do cachorro, e com o tarso, formando a junta do jarrete.

As patas pélvicas, em geral, possuem as mesmas características das patas torácicas.

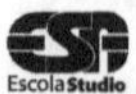

Vista lateral externa 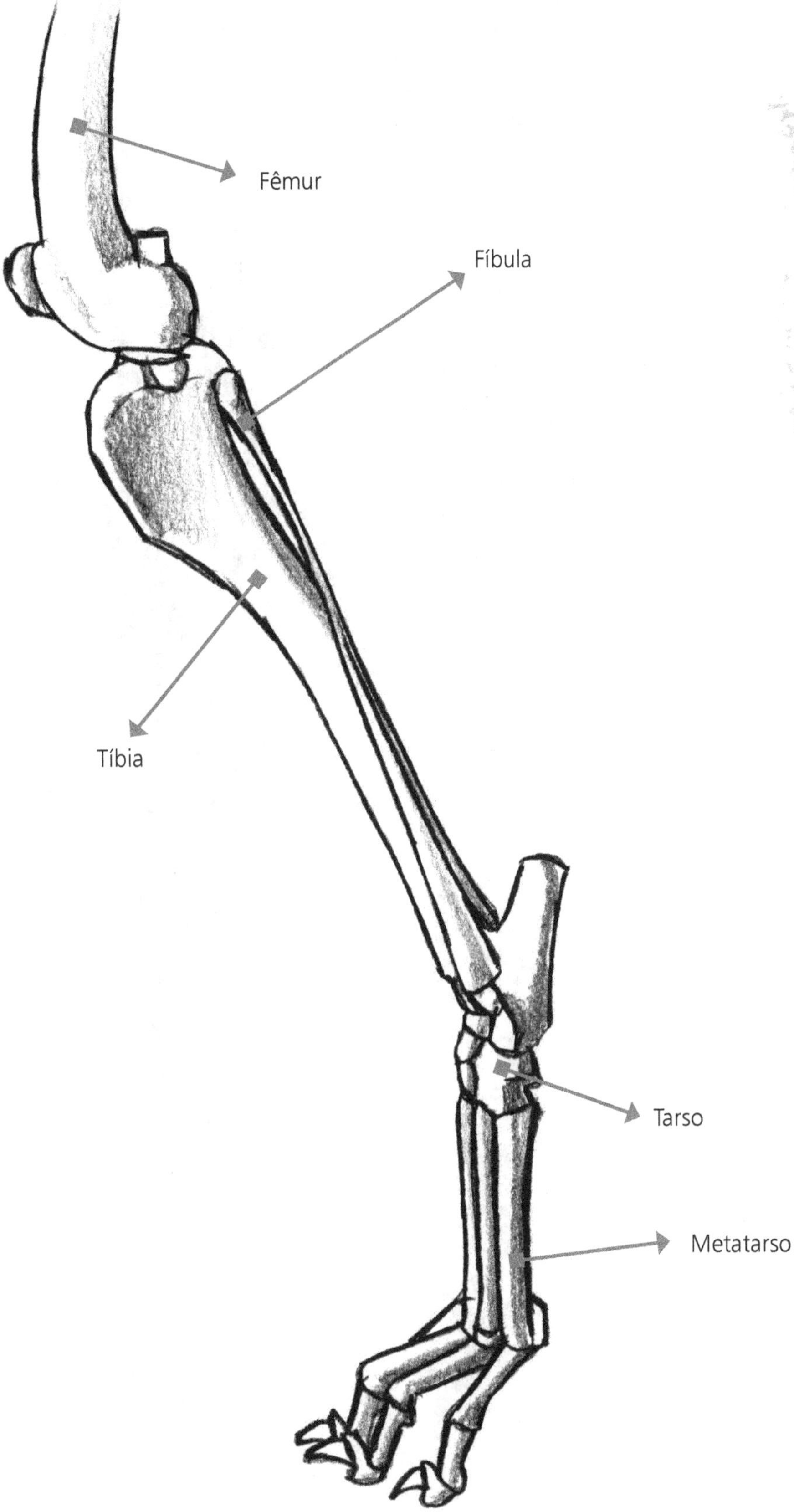
Vista lateral interna
Fêmur
Fíbula
Tíbia
Tarso
Metatarso

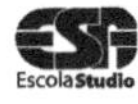

EscolaStudio

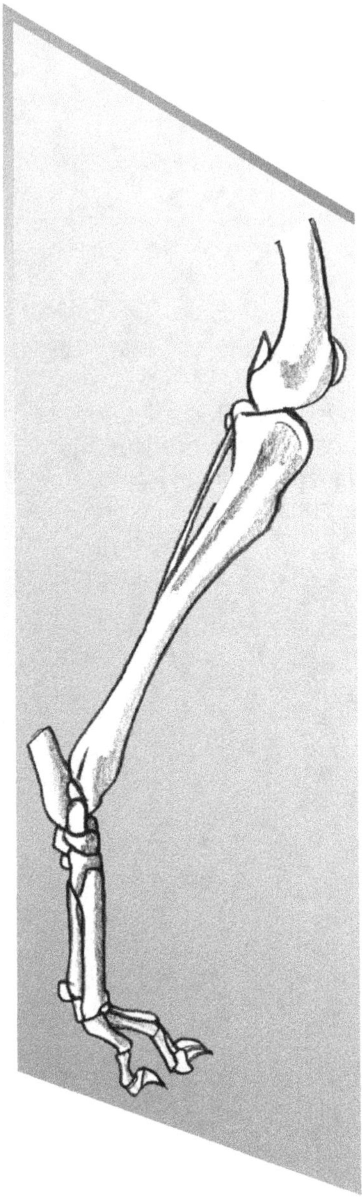

Músculos - membros traseiros

A musculatura pélvica é mais volumosa que a torácica, e é responsável pelo movimento de todo o membro posterior, realizando aduções, abduções, flexões e extensões. Sua ação é bastante complexa, tendo em vista que o músculo é composto de várias partes e possui diversos pontos de inserção.

Os músculos femorais mediais – localizados entre o assoalho pélvico e o fêmur no lado femoral medial – são responsáveis principalmente pela adução do membro. O bíceps femoral é o músculo maior e mais forte.

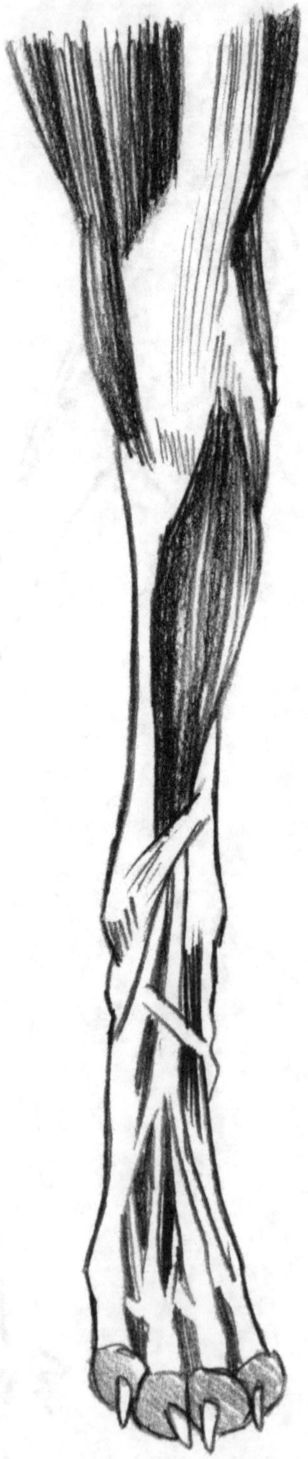

Os músculos pélvicos internos são pequenos e desempenham função secundária na coordenação dos movimentos dos membros pélvicos.

Os músculos da tíbia formam os extensores e flexores do tarso e dos dedos.

Desenhos | Cachorros

Vista lateral externa

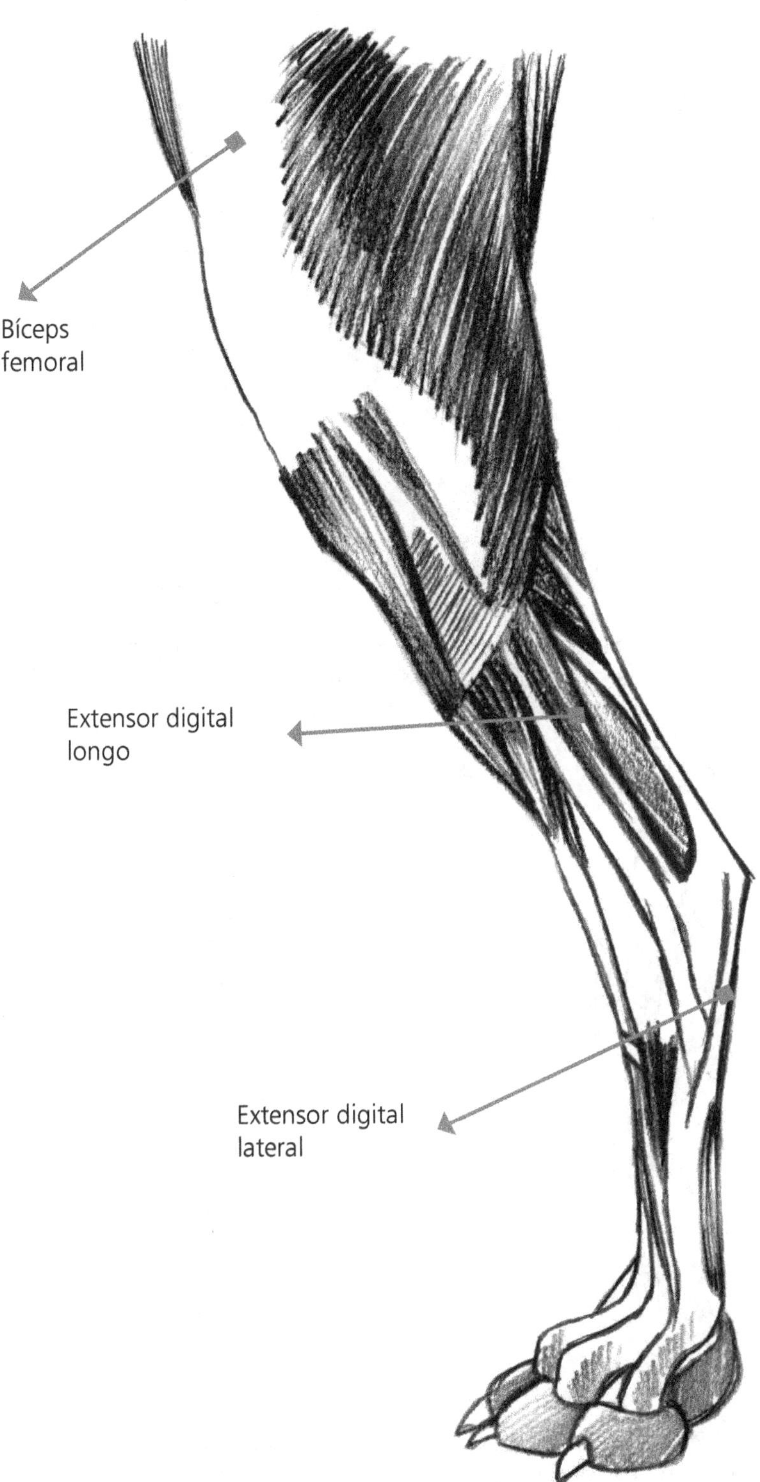

Vista lateral interna

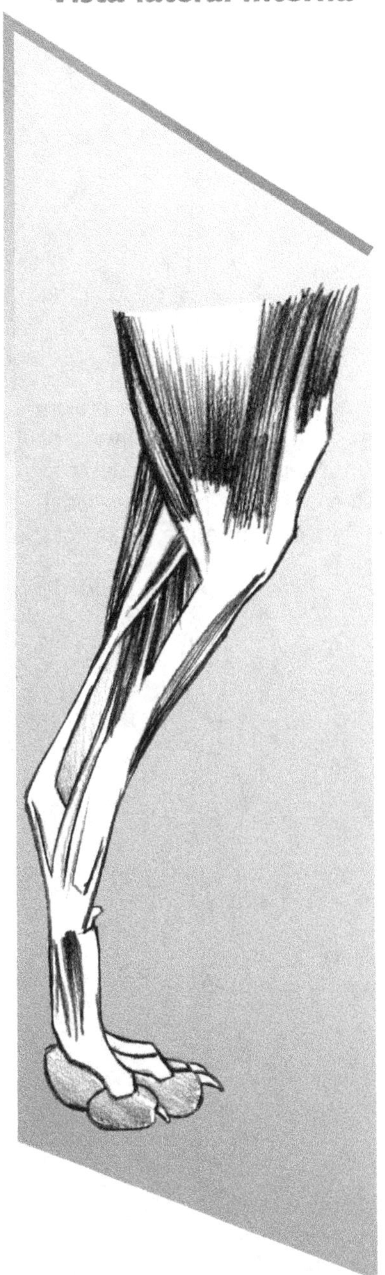

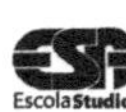

Construção do membro traseiro - frontal

O desenho da pata traseira também é feito por linhas e formas geométricas bá-sicas. Sem estas formas simplifica-das e as medidas para se encon-trar as proporções, a chance de se perder o aspecto realista é muito maior, pois deixa de corresponder à referência utilizada.

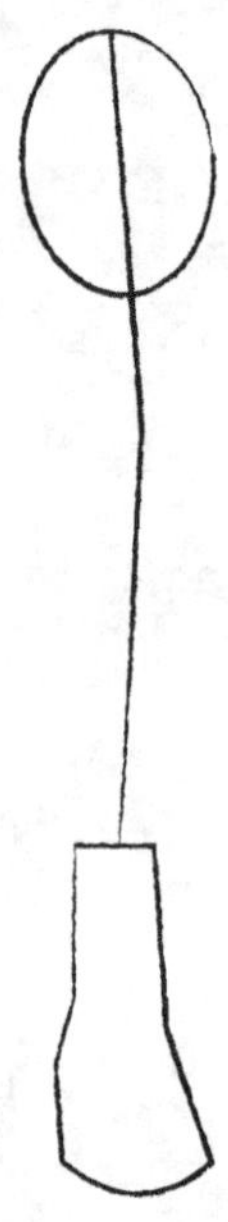
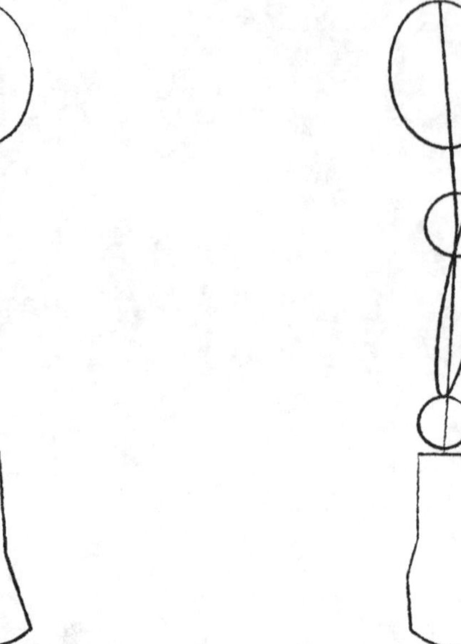
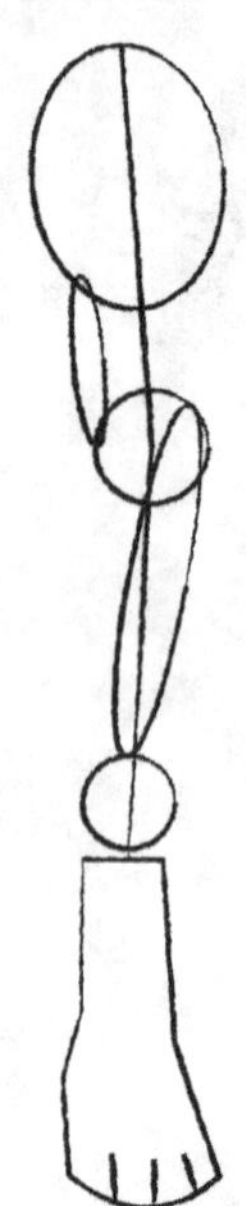

1º passo - Faça uma elipse e prolon-gue uma linha levemente curvada na vertical, utilizando a medida de apro-ximadamente duas elipses. Com tama-nho de 1 vez e 1/3 da elipse, faça a pata.

2º passo - Faça um pequeno círcu-lo acima da pata. Marque a distância de uma elipse e, acima dessa medida, faça outro círculo. Entre os círculos, faça uma elipse levemente inclinada.

3º passo - Faça uma pequena elip-se entre a elipse e o círculo superior. Marque os dedos na pata.

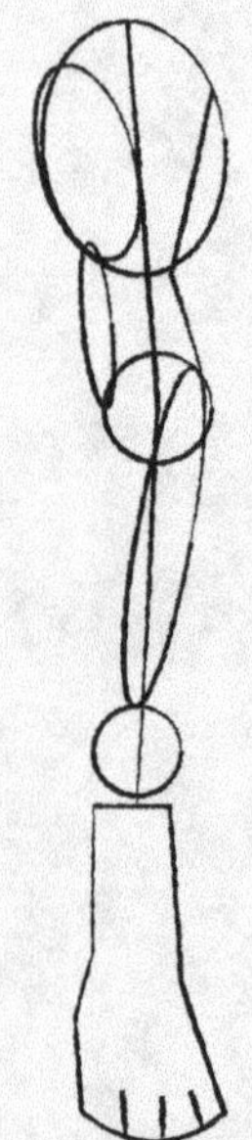
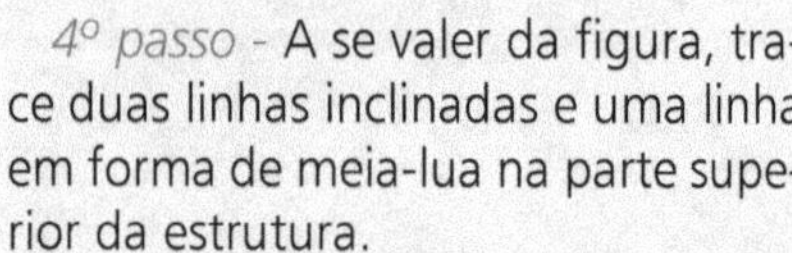
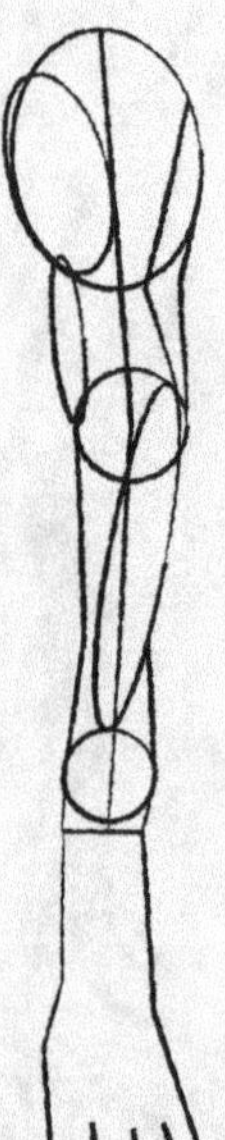
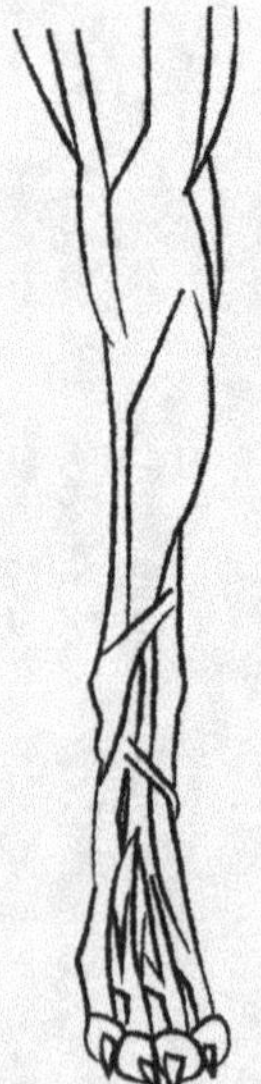

4º passo - A se valer da figura, tra-ce duas linhas inclinadas e uma linha em forma de meia-lua na parte supe-rior da estrutura.

5º passo - Preencha as laterais do esqueleto aramado de forma linear.

6º passo - Com linhas curvas, mar-que os principais músculos do mem-bro traseiro.

Construção do membro traseiro - lateral

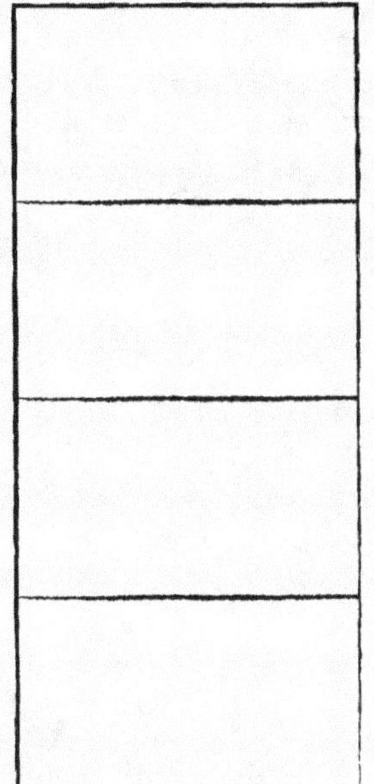

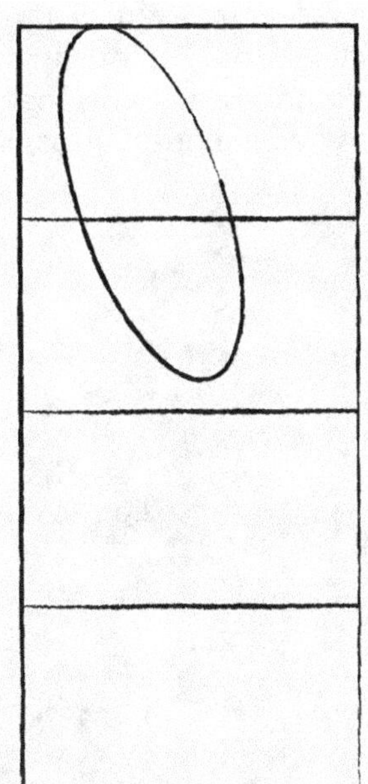

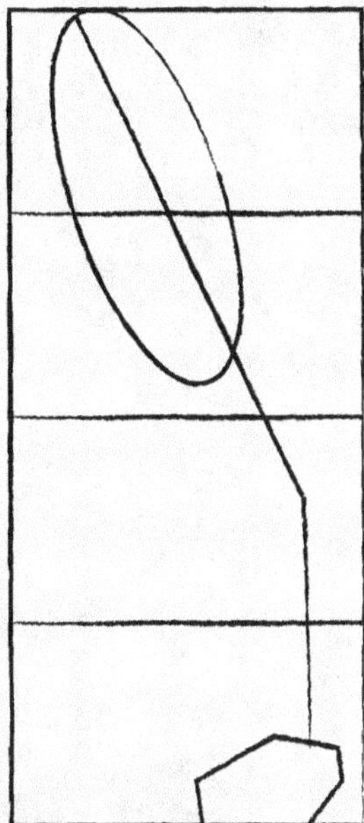

1º passo - Faça um retângulo, onde a medida da altura seja duas vezes a medida da largura, e divida-o em quatro partes iguais.

2º passo - Faça uma elipse inclinada que ocupe quase as duas partes superiores do retângulo.

3º passo - Passando pelo centro da elipse, trace um eixo diagonal que ultrapasse a linha central do retângulo, chegando quase na metade da 3ª parte. Neste ponto, trace um eixo vertical e marque a forma do pé.

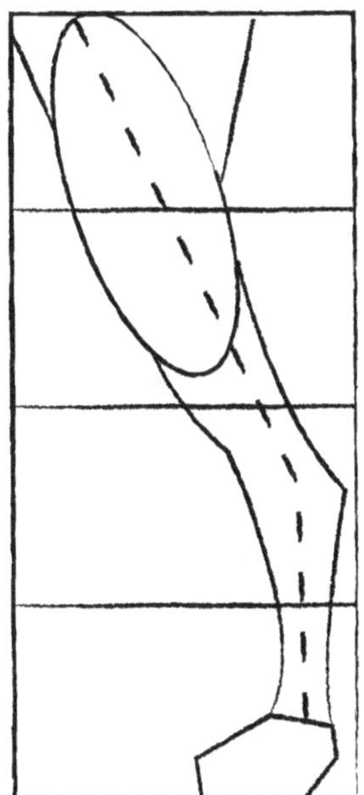

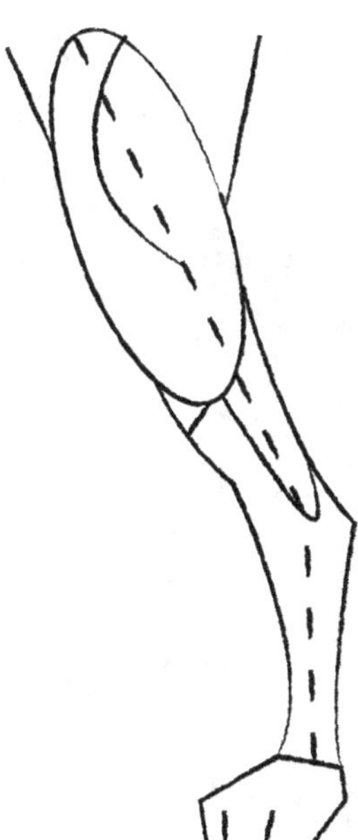

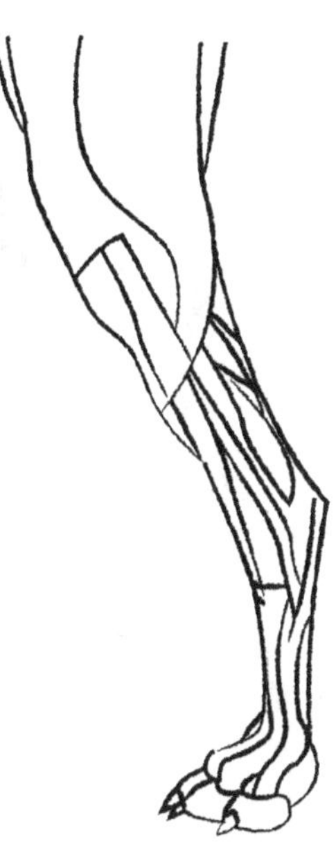

4º passo - Baseado nos eixos, preencha o esqueleto aramado dando forma ao membro do animal.

5º passo - Marque o músculo da coxa e os dedos dos pés.

6º passo - Com linhas curvas, marque os principais músculos do membro traseiro do cachorro.

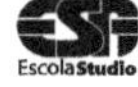

Crânio - estrutura óssea

Devido à extensa variedade de raças de cachorros, a diversidade de formas de crânios entre eles é grande. As diferentes raças apresentam crânios bastante característicos. Por exemplo, há crânio chatos, arredondados, largos, estreitos, longos, curtos, inclinados, entre outros tipos. Inclusive, o formato desta estrutura é um importante critério ao se determinar padrões raciais em cães.

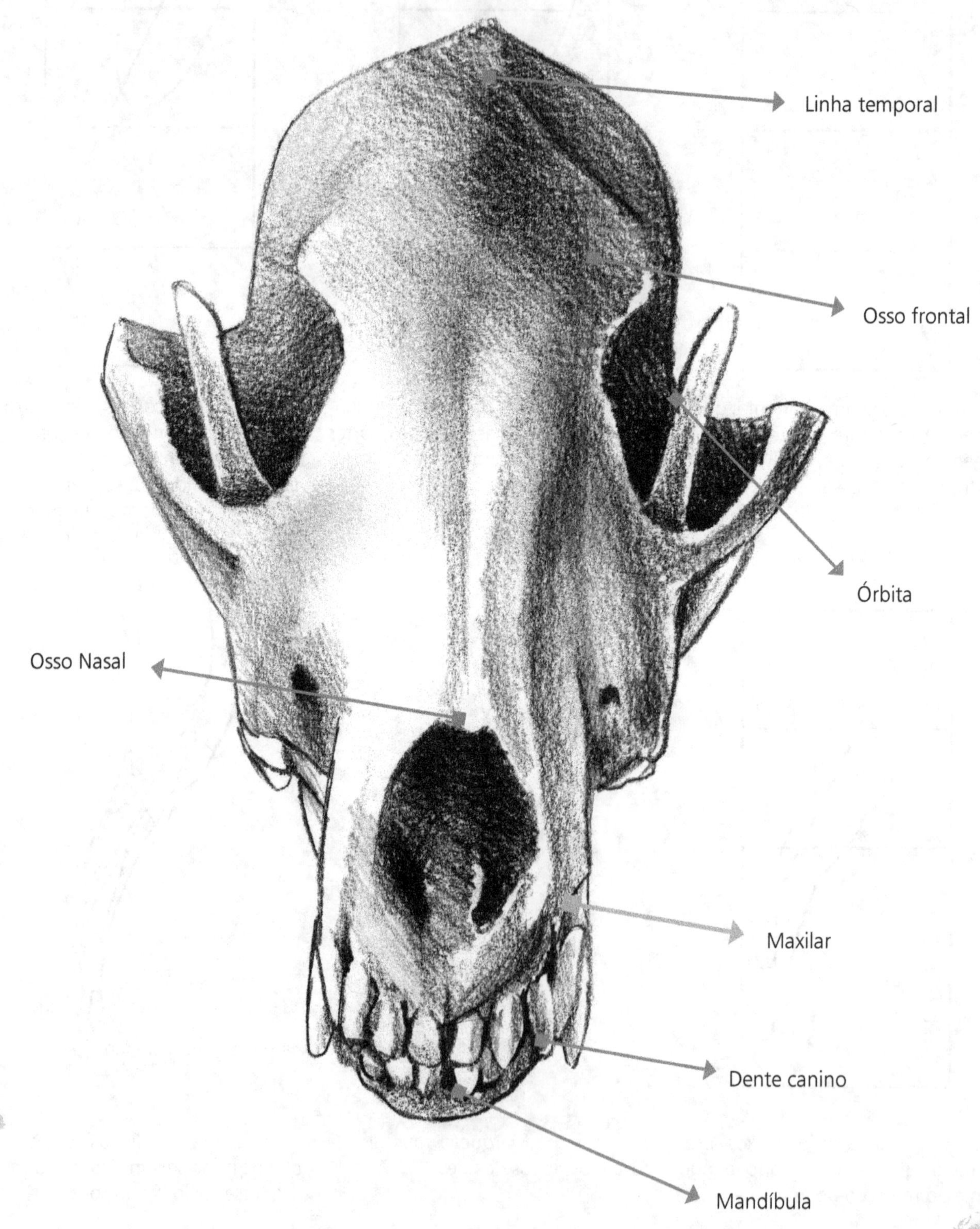

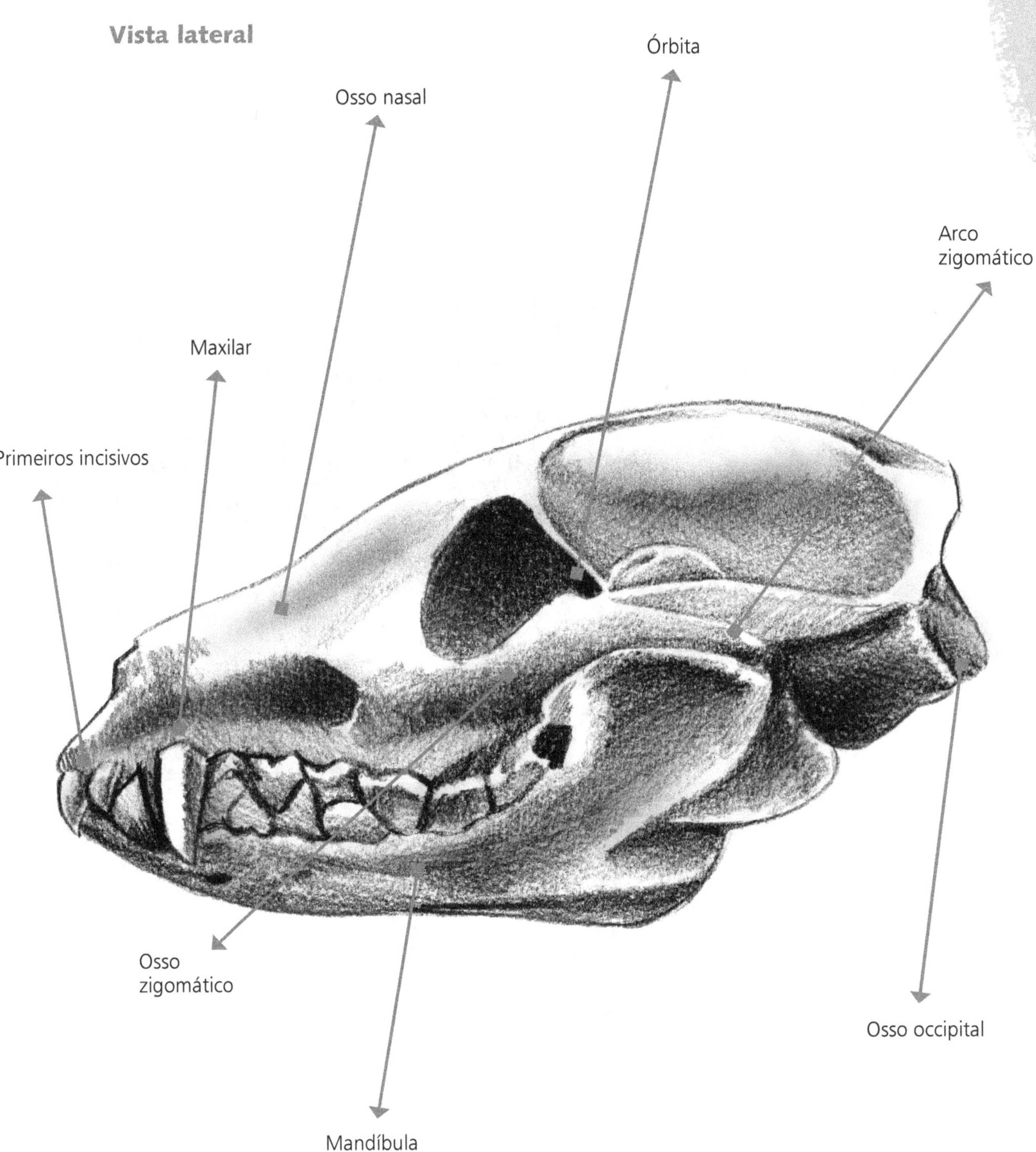
Órbita
Osso nasal
Arco
zigomático
Maxilar
Primeiros incisivos
Osso
zigomático
Osso occipital
Mandíbula

Músculos da cabeça

A musculatura da cabeça dos cachorros é formada por uma fina camada sobre os ossos do crânio e do focinho. Os músculos que estão inseridos na base do crânio e no pescoço são responsáveis pelo movimento da cabeça do animal e aqueles que movimentam a mandíbula, chamados de músculos mastigatórios, são bastante desenvolvidos.

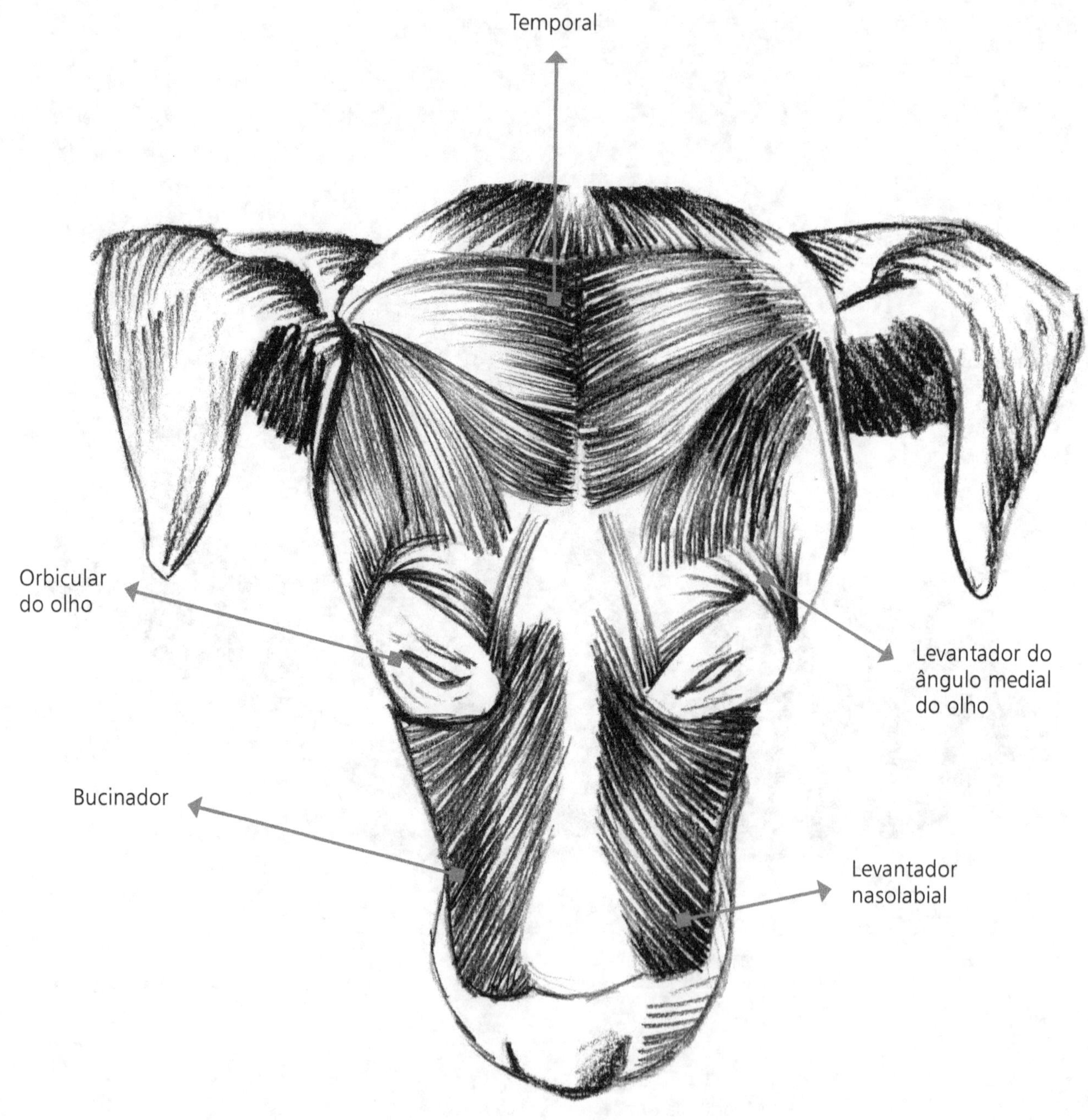

Vista lateral

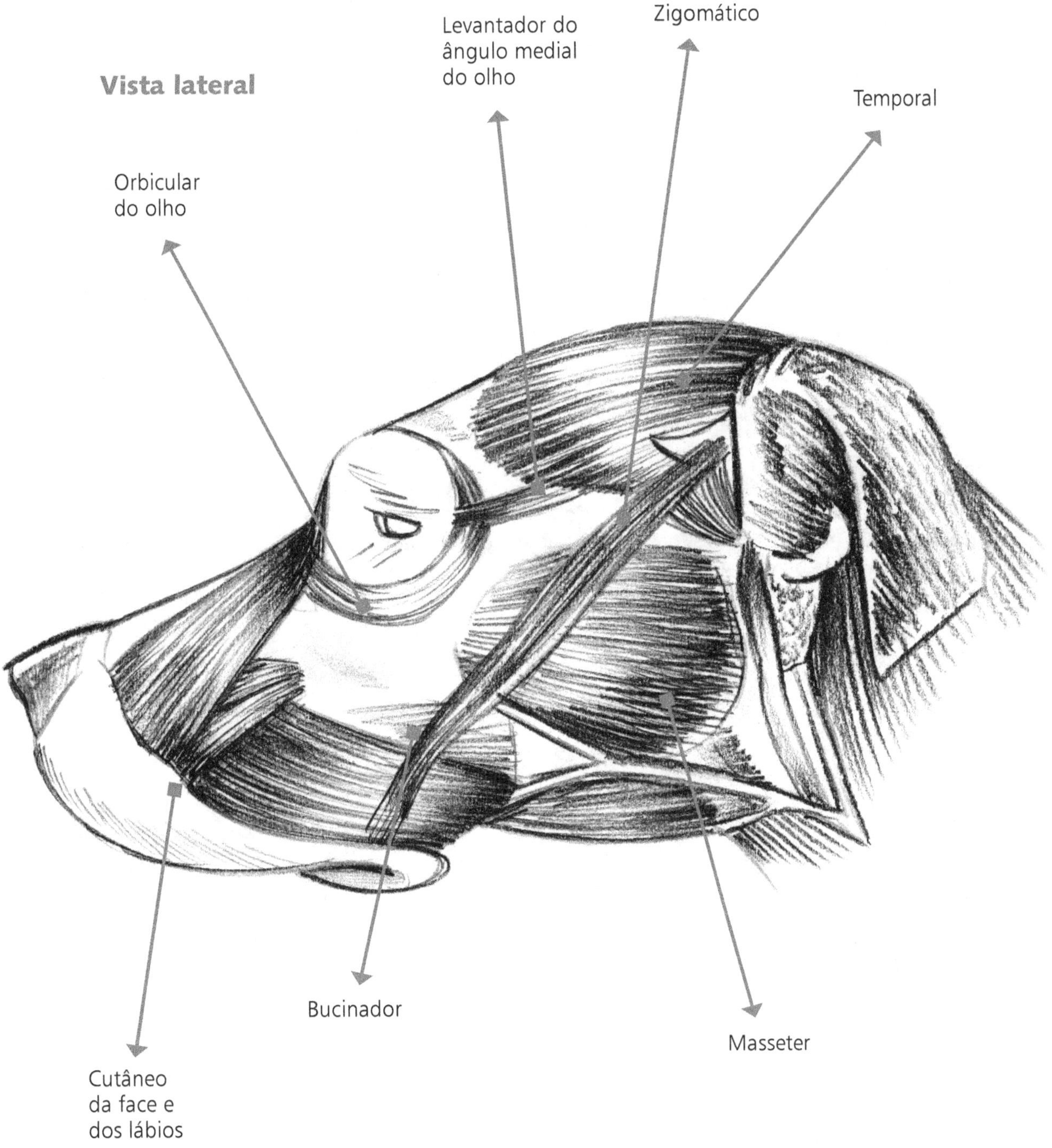

Orbicular
do olho

Levantador do
ângulo medial
do olho

Zigomático

Temporal

Cutâneo
da face e
dos lábios

Bucinador

Masseter

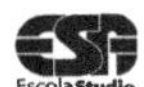

EscolaStudio

Construção da cabeça - frontal

Para desenhar a cabeça dos cães em vista frontal, inicia-se estabelecendo as proporções por meio de eixos horizontais e verticais. Em seguida, acrescenta-se formas geométricas simplificadas e completa-se o contorno com linhas curvas.

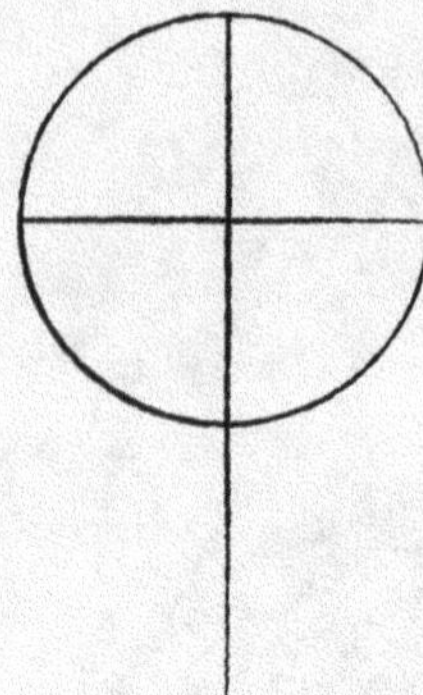

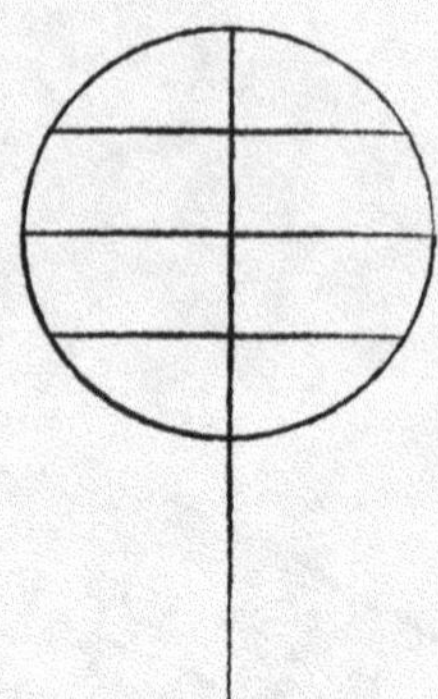

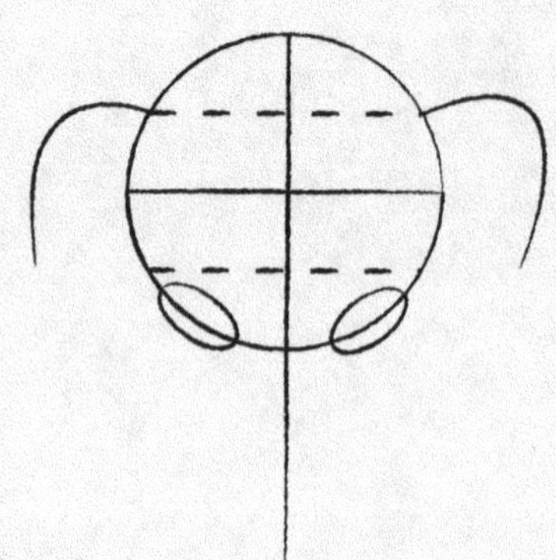

1º passo - Faça um círculo, utilizando os eixos horizontal e vertical. Prolongue o eixo vertical para baixo, utilizando 2/3 da medida do círculo.

2º passo - Com linhas horizontais, divida o círculo em quatro partes iguais.

3º passo - Com elipses, marque a posição dos olhos abaixo da linha horizontal inferior. A marcação das orelhas parte da linha horizontal superior e termina na inferior.

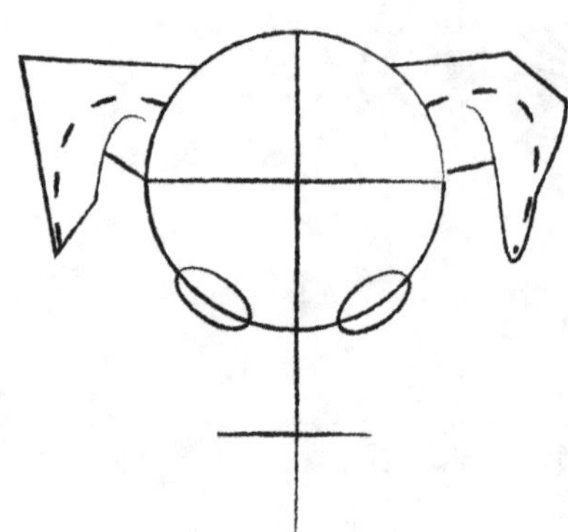

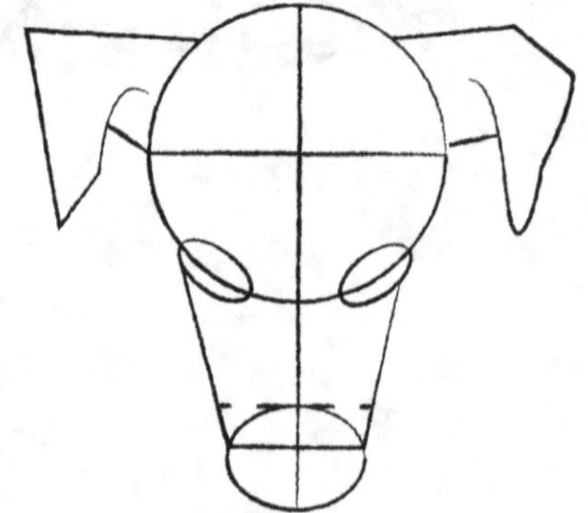

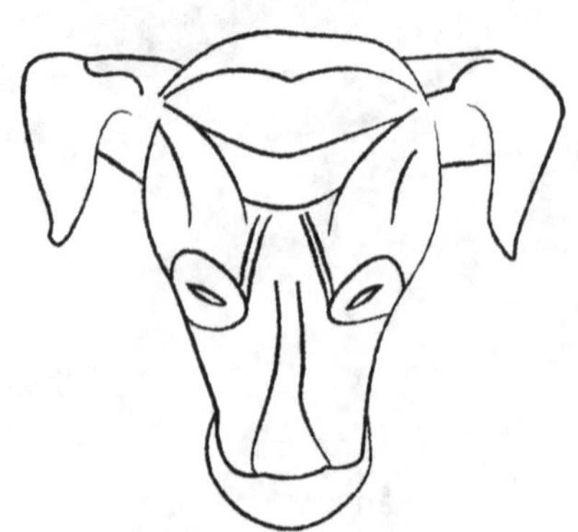

4º passo - Utilizando figuras semelhantes a um triângulo, faça o formato das orelhas. Abaixo do círculo, divida o eixo vertical ao meio.

5º passo - Na metade de baixo do eixo, faça uma elipse e feche as laterais com duas linhas diagonais, formando o focinho.

6º passo - Com linhas de contorno, dê a forma da cabeça do cachorro.

Construção da cabeça - perfil

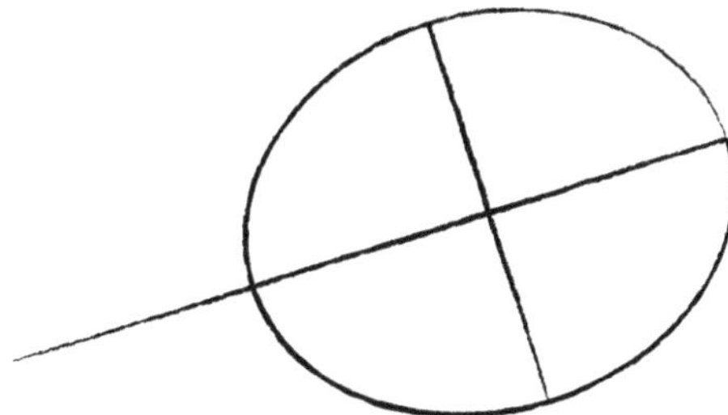

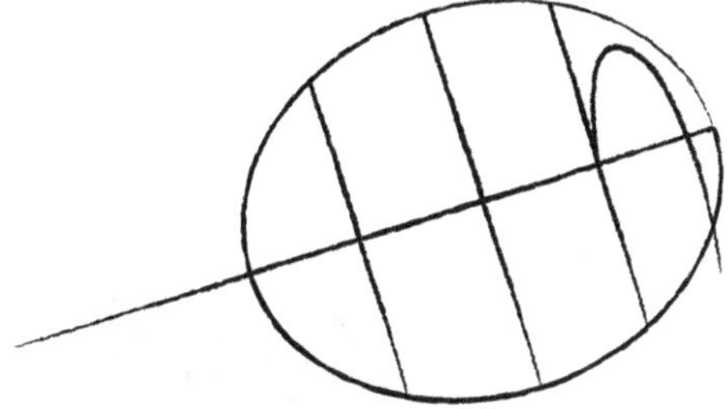

1º passo - Faça uma eixo diagonal e divida-o em três partes iguais. Utilize duas medidas para fazer uma elipse. A altura da elipse terá 3/4 da medida da sua largura.

2º passo - Verticalmente, divida a elipse em quatro partes iguais e marque uma parábola na quarta parte.

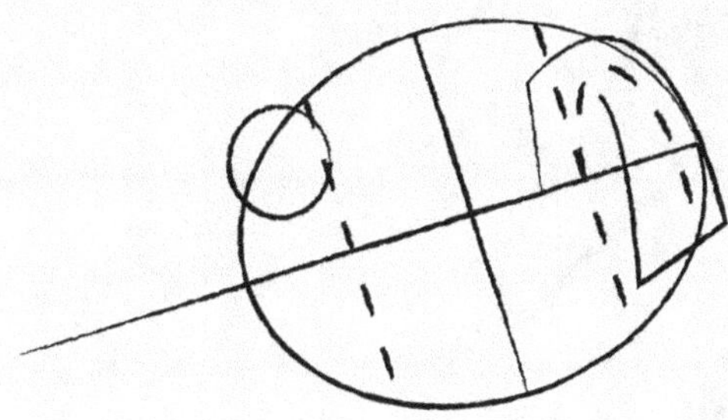

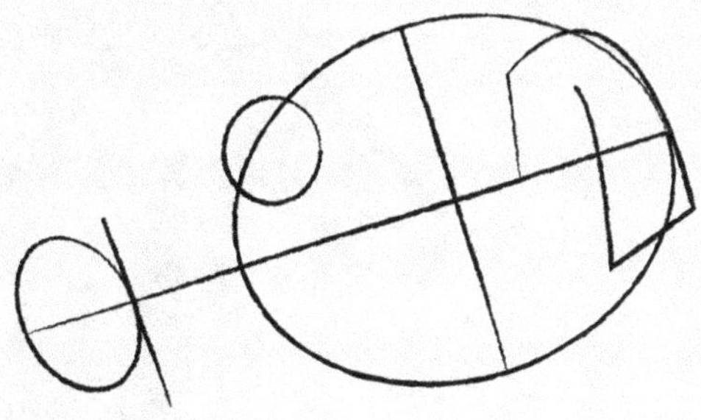

3º passo - Na primeira parte da elipse, sobre sua linha de construção, faça um pequeno círculo. Com linhas levemente curvadas, marque a forma das orelhas sobre a parábola.

4º passo - Divida ao meio o eixo à esquerda da elipse e desenhe uma elipse menor na extremidade.

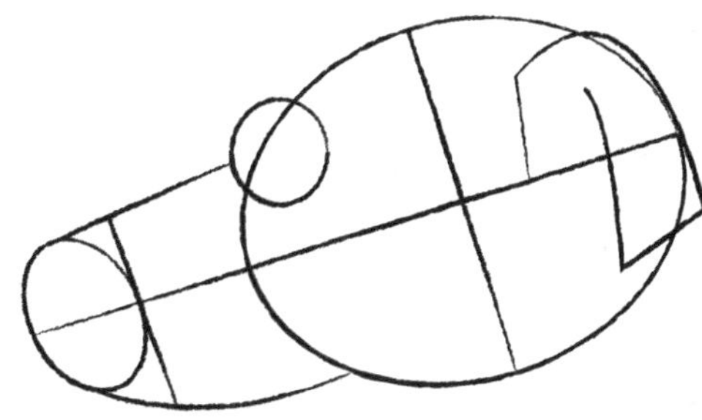

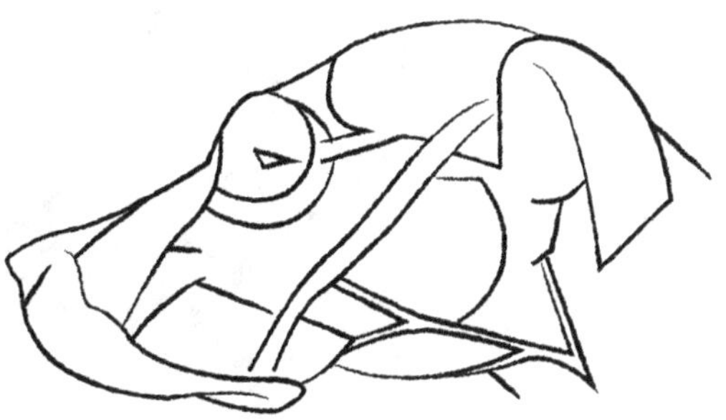

5º passo - Ligue as duas elipses com linhas, de maneira a fechar o focinho com uma forma cônica.

6º passo - Com linhas de contorno, faça o desenho linear do perfil do cachorro.

Pescoço frontal - estrutura óssea

A região do pescoço é formada pelas sete vértebras cervicais. É ele que faz a conexão da cabeça com o tronco do cachorro, tendo início na nuca, onde a primeira vértebra é articulada com a base do crânio e termina na sétima vertebra, articulada com parte do primeiro par de costelas.

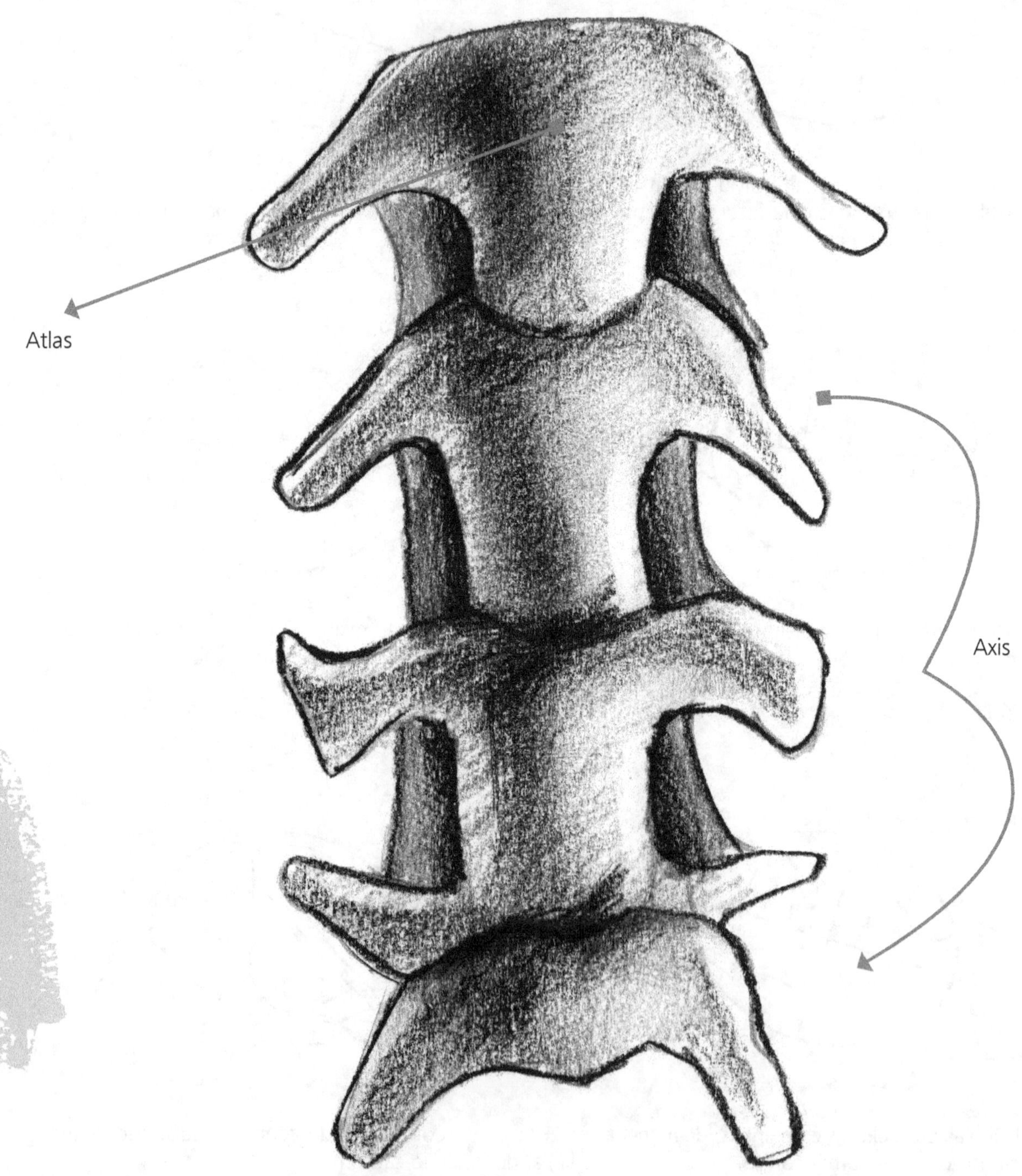

Pescoço lateral - estrutura óssea

As vértebras cervicais se diferem entre si na forma e no tamanho, principalmente as duas primeiras (atlas e axis).

Essas diferentes configurações permitem tanto os movimentos do pescoço para cima e para baixo, quanto lateralmente.

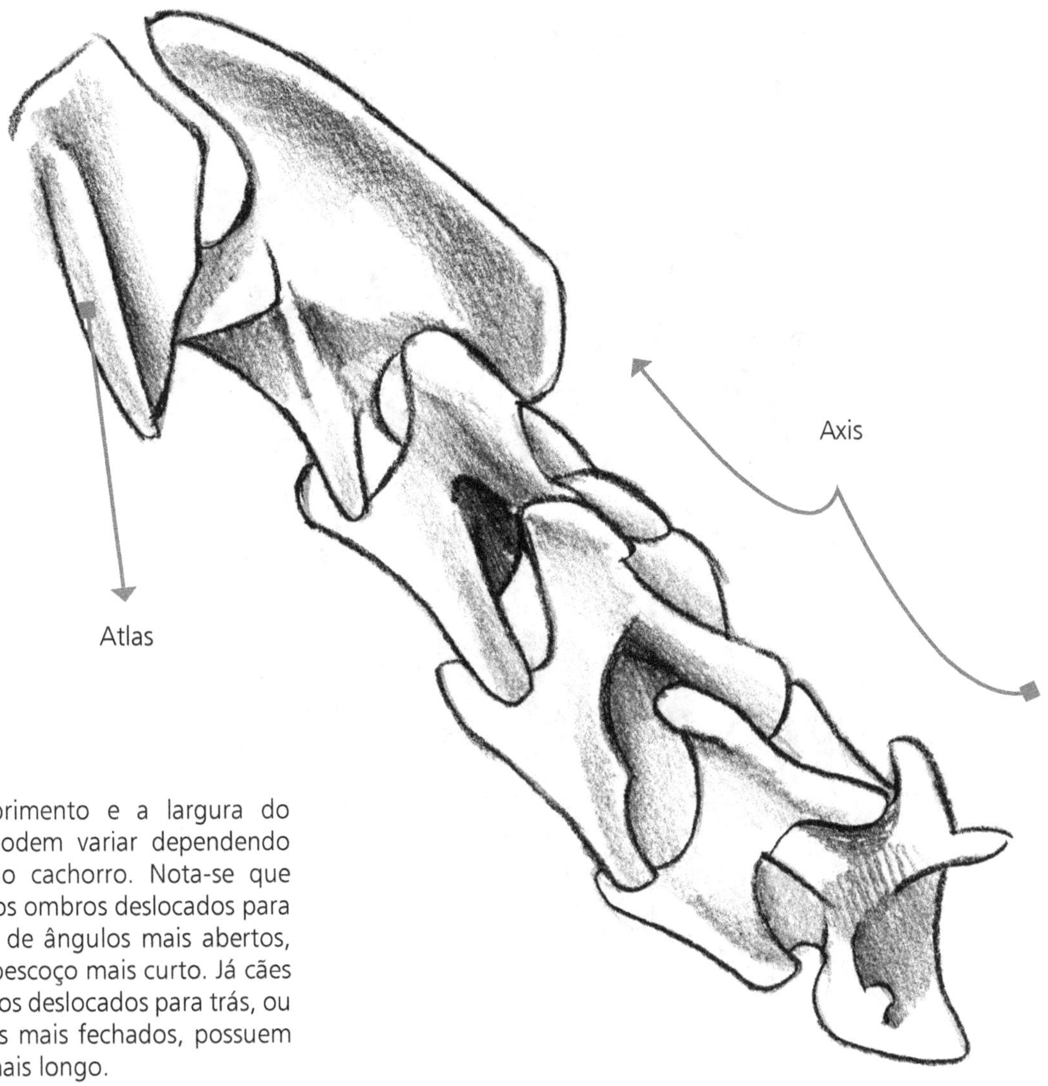

O comprimento e a largura do pescoço podem variar dependendo da raça do cachorro. Nota-se que cães com os ombros deslocados para frente, ou de ângulos mais abertos, possuem pescoço mais curto. Já cães com ombros deslocados para trás, ou de ângulos mais fechados, possuem pescoço mais longo.

Músculos do pescoço - frontal

Os músculos que formam o pescoço dos cães, além de manter e movimentar o pescoço em si e a cabeça, têm um papel importante também na movimentação dos ombros e dos braços. O conjunto de músculos que formam o pescoço possuem formas distintas, mas o posicionamento de cada um deles faz com que esta região tenha um formato cônico.

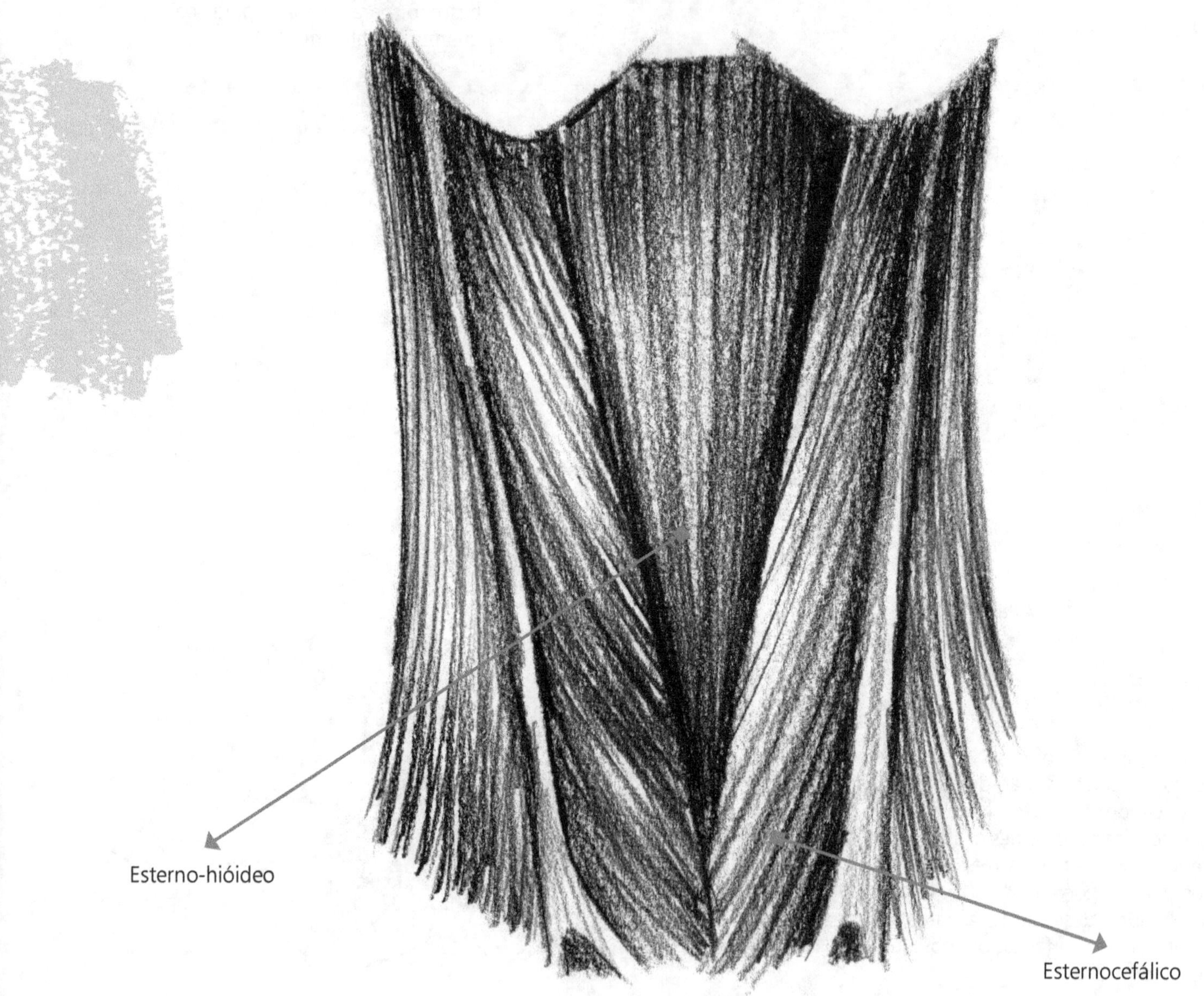

Músculos do pescoço - perfil

O arqueamento da parte superior do pescoço dos cães é mais evidente nas raças que possuem a coluna mais longa, mas quase não se percebe nos cães de raças com a coluna mais curta.

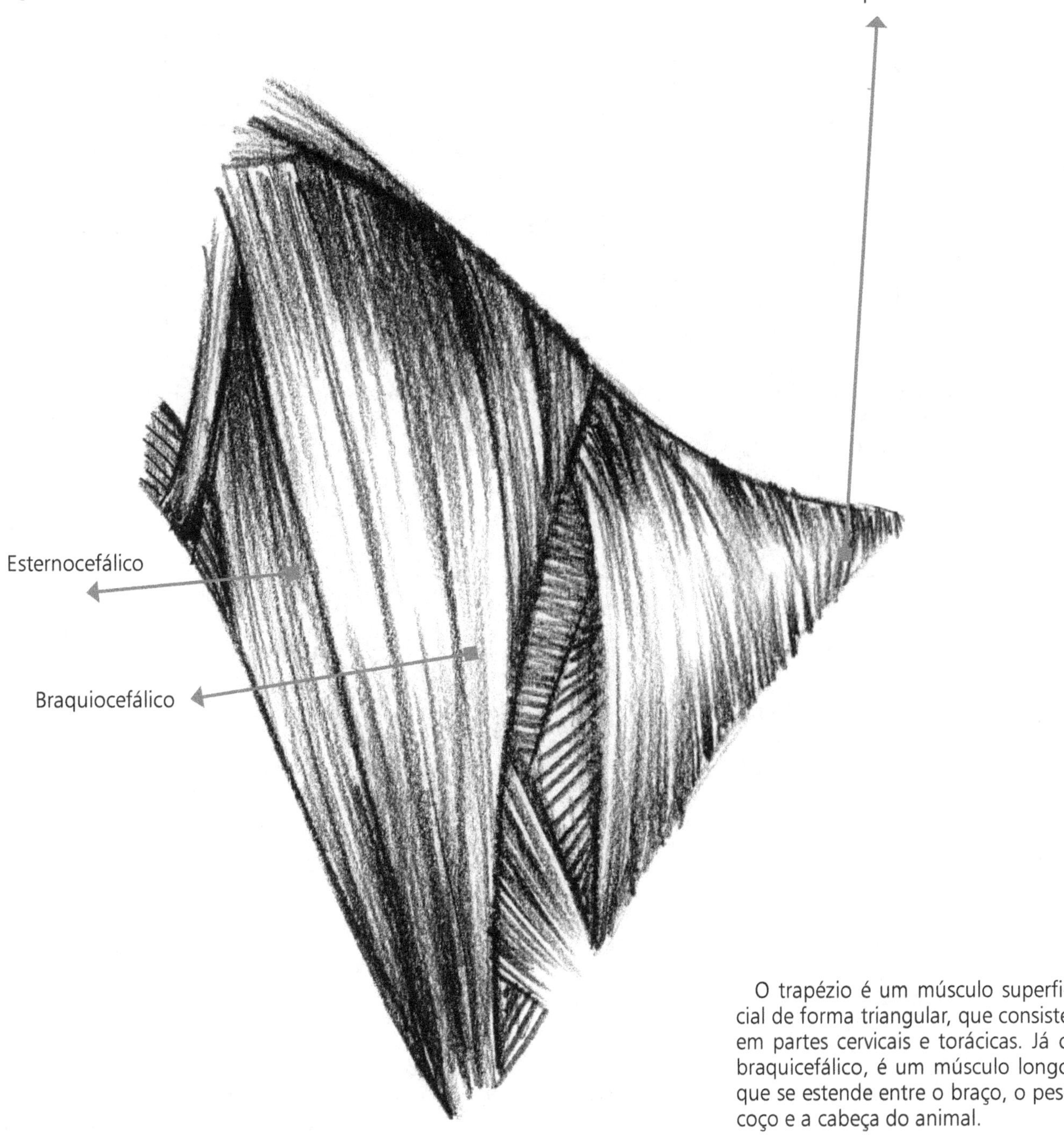

O trapézio é um músculo superficial de forma triangular, que consiste em partes cervicais e torácicas. Já o braquicefálico, é um músculo longo que se estende entre o braço, o pescoço e a cabeça do animal.

Construção do pescoço - frontal

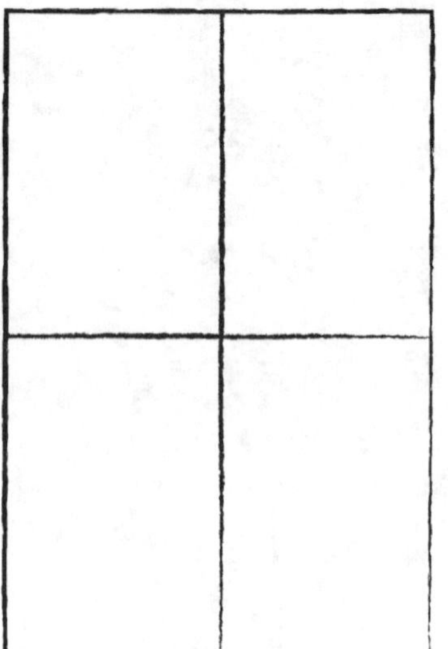

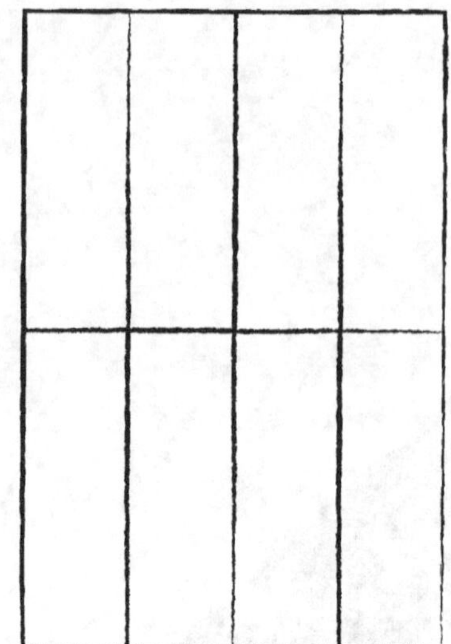

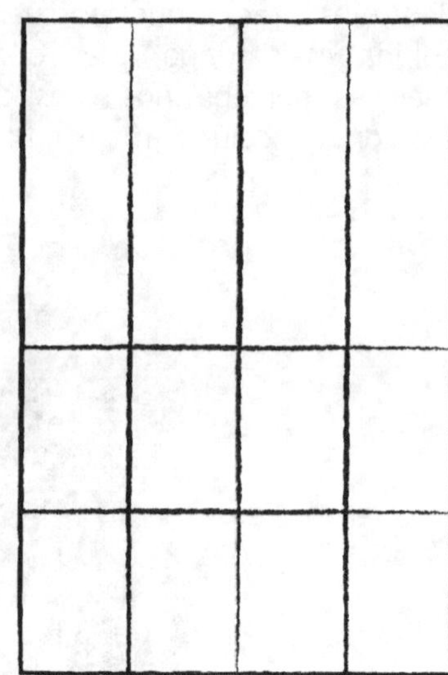

1º passo - Com um eixo horizontal e um vertical, construa um retângulo, em que a medida da altura seja equivalente a 1 vez e 1/2 da medida da largura.

2º passo - Verticalmente, divida o retângulo em quatro partes iguais.

3º passo - Horizontalmente, divida ao meio a parte de baixo do retângulo.

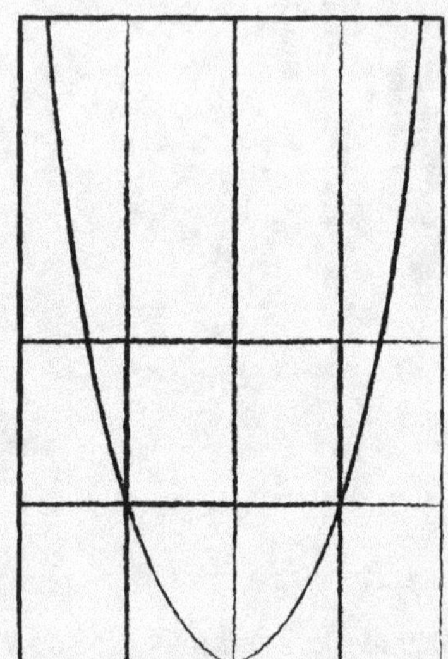

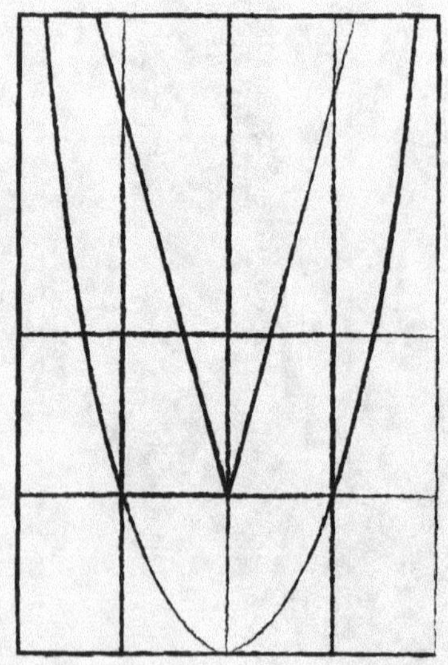

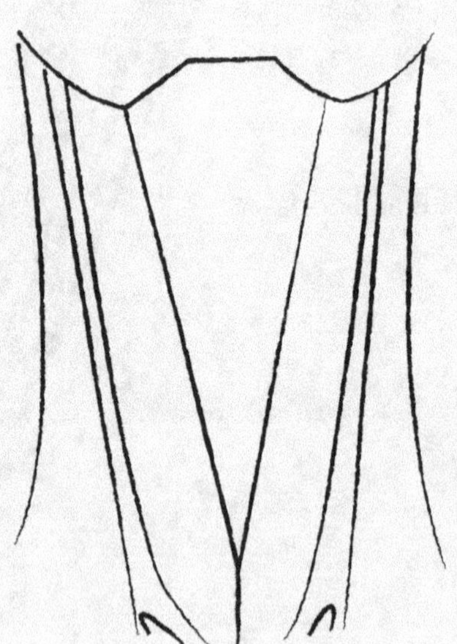

4º passo - Faça uma parábola com a mesma altura do retângulo.

5º passo - No interior da parábola, faça a forma de um "V", de modo que a ponta inferior fique no centro da metade de baixo do retângulo.

6º passo - Seguindo a orientação das linhas de construção, defina o pescoço do cachorro marcando os principais músculos.

Construção do pescoço - perfil

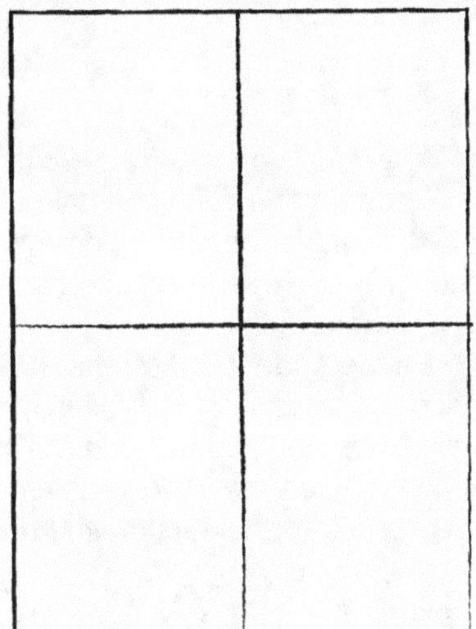

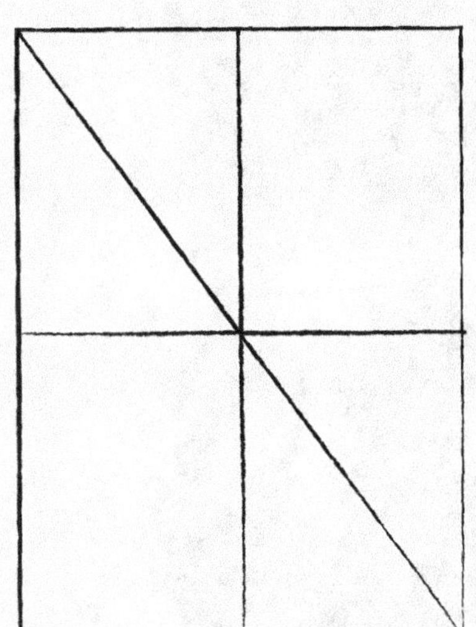

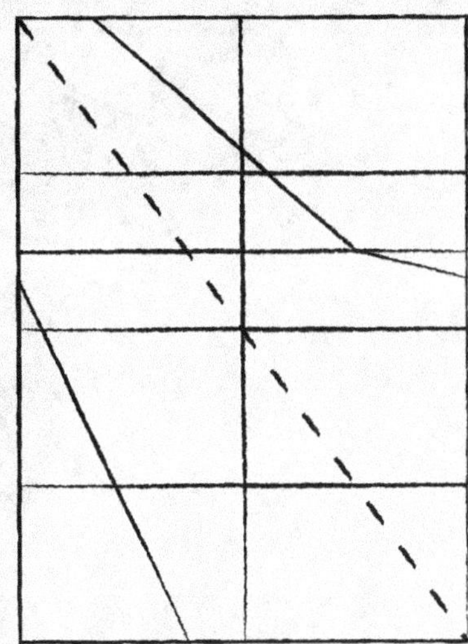

1º passo - Partindo de um eixo horizontal e um vertical, construa um retângulo cuja medida da altura seja 1 vez e 1/2 a medida da largura.

2º passo - Trace uma linha diagonal que atravesse o retângulo todo, passando pelo centro dos eixos.

3º passo - Horizontalmente, divida o retângulo em quatro partes iguais. Divida ao meio a segunda parte. Com linhas diagonais, marque a forma do pescoço do cachorro.

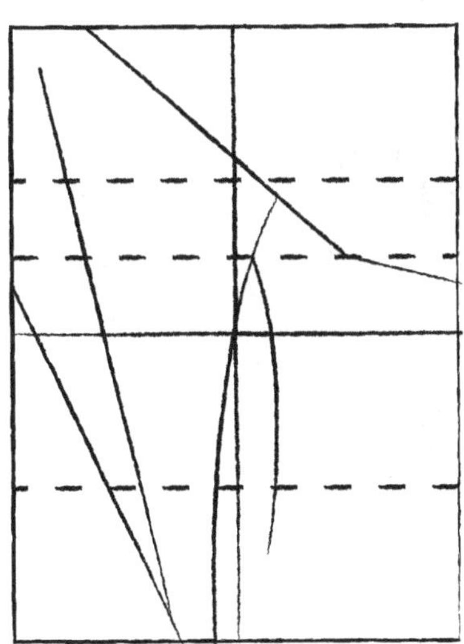

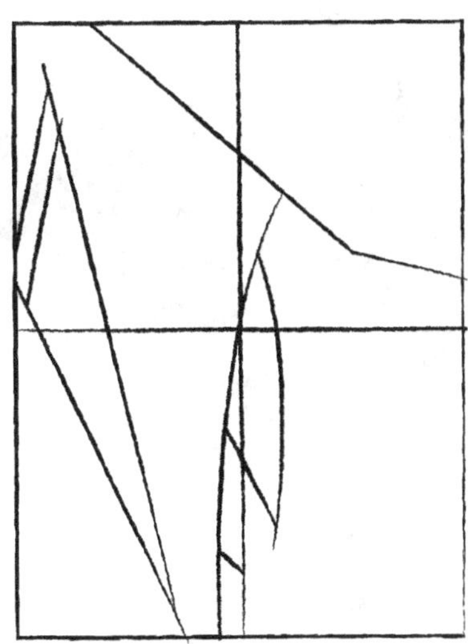

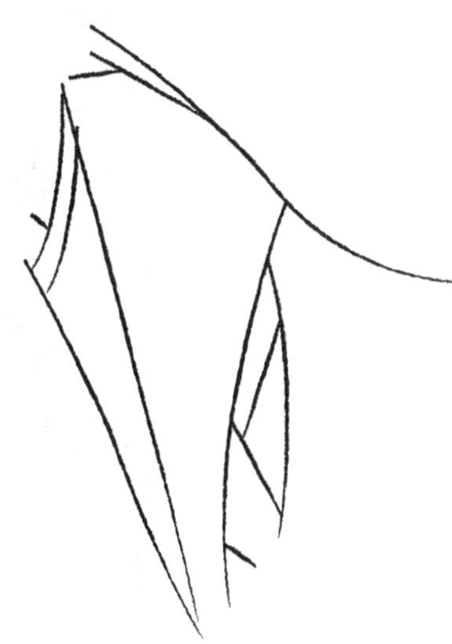

4º passo - À esquerda do eixo vertical central, com duas linhas, marque uma forma semelhante a um "V". À direita, trace uma linha menor, levemente curvada.

5º passo - A se valer da figura, faça pequenas linhas diagonais no centro da metade de baixo do retângulo; e à esquerda, da metade de cima.

6º passo - Com linhas curvas, dê forma aos músculos do pescoço do cachorro.

Estudo de luz e de sombra

O estudo de luz e de sombra é uma parte fundamental para qualquer desenho, pois é por meio dela que se consegue chegar, por exemplo, à qualidade de realismo. Conhecendo e aplicando corretamente as técnicas das diferentes tonalidades e degradês, é possível fazer com que um desenho se assemelhe a uma fotografia, com volumes, texturas, sombreamentos e contrastes perfeitos.

Ao aplicar luz e sombra em um desenho, é possível dar às linhas representadas em duas dimensões, um aspecto tridimensional. E mesmo que o objetivo não seja um desenho realista, um bom sombreamento permite a realização de desenhos mais clássicos, com beleza estética ou românticos, com a expressão que a figura possa transmitir.

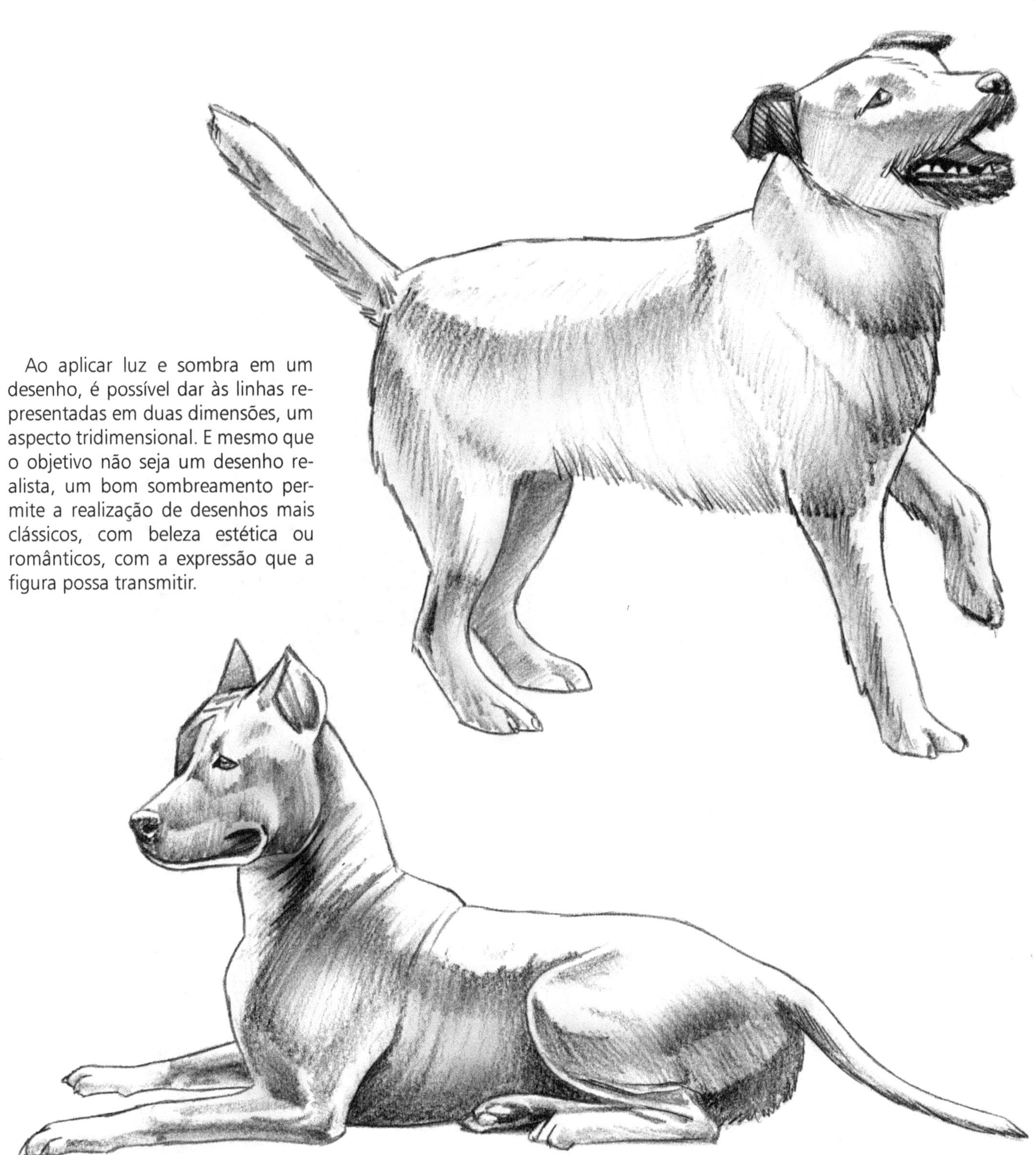

Porém, para realizar um bom desenho, é necessário escolher e estudar boas referências. Uma imagem de memória ou o conhecimento superficial sobre a figura que se vai desenhar não são suficientes.

Ao desenhar um cachorro, procure diversos exemplos que valorizem sua estrutura de forma adequada e estude o real comportamento do animal.

Para esse estudo, tenha sempre um caderno ou folhas de papel e marque não apenas a forma do animal, mas todo o processo de luz e sombra envolvido.

Luz e sombra

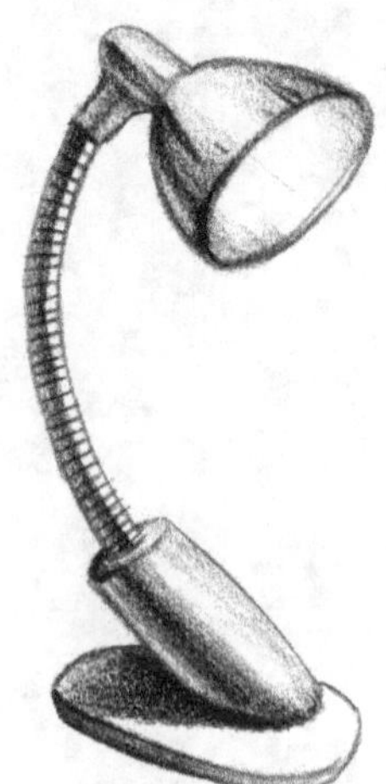

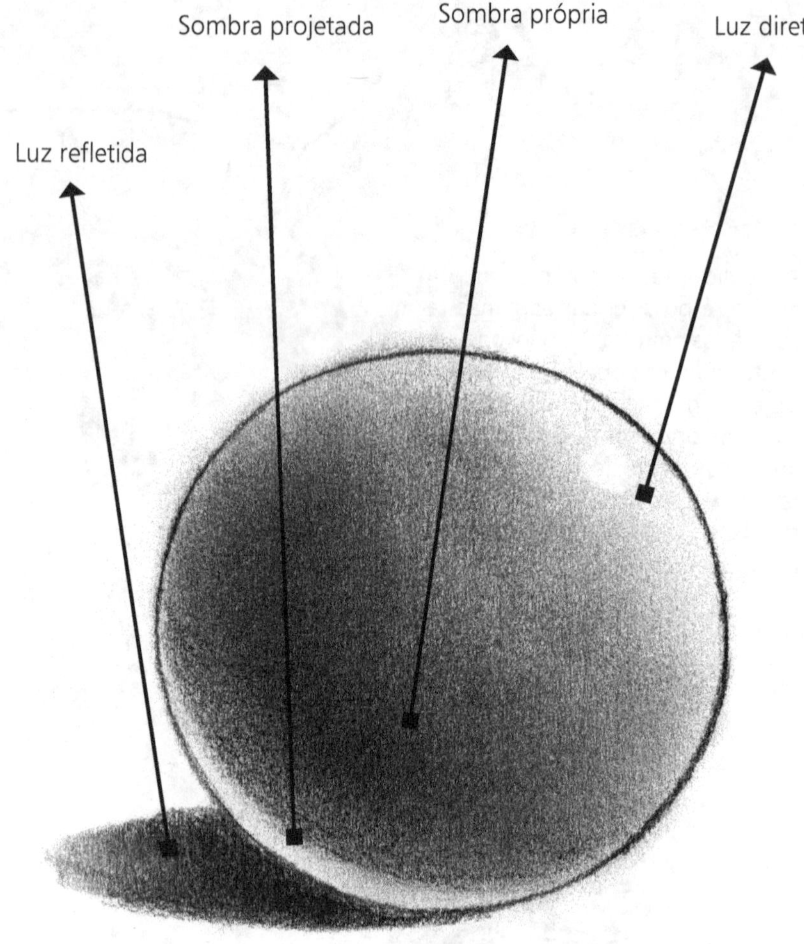

Para o estudo de luz e sombra, é interessante que se utilize uma luminária, pois, com ela, é possível direcionar o foco de luz para o lugar que quiser e, assim, observar como a luz se comporta incidindo sobre figuras simples, como, por exemplo, uma esfera, um cilindro, um cubo ou uma pirâmide. Durante os estudos, pode-se alterar tanto a iluminação dos objetos como suas sombras, mudando seu posicionamento ou acrescentando outros elementos.

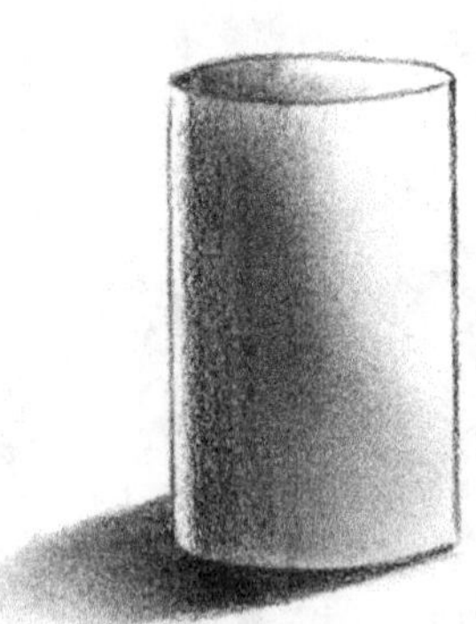

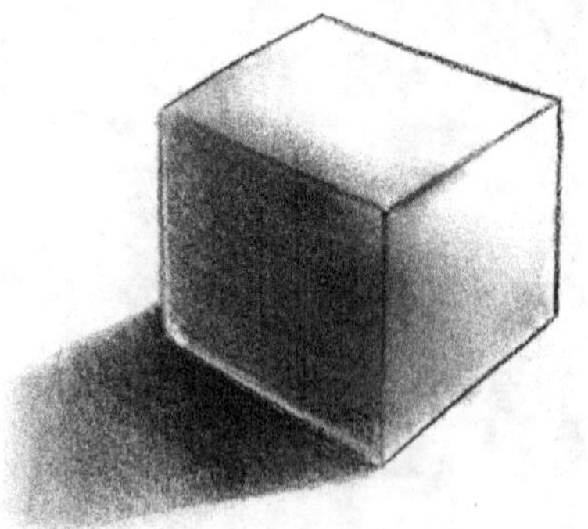

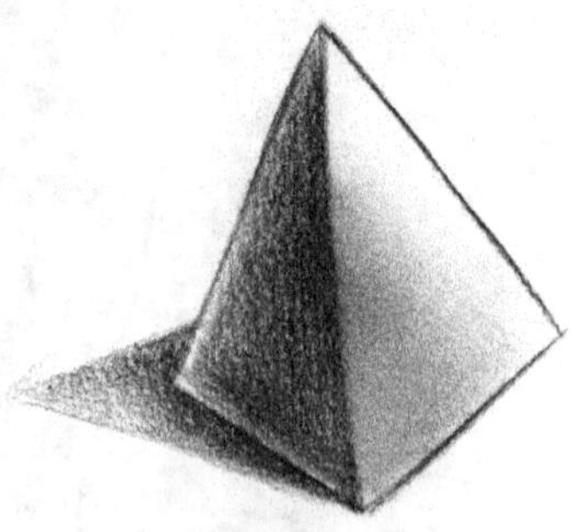

O cilindro é um sólido geométrico de superfície contínua e curva, portanto, ao acrescentar luz e sombra, a mudança de tom deve ser gradativa, diferentemente de cubos e pirâmides, que possuem as faces planas.

O cubo é uma figura poliédrica, com seis lados, e possui as faces lisas. Por este motivo, luz e sombra mais lineares tocam de maneiras diferentes cada uma das faces.

A pirâmide também é uma figura poliédrica, mas possui cinco faces e todas planas, mas apenas duas ou três são visíveis. O sombreamento linear parece alongar e dar volume à sua forma verticalmente.

Planos de volumes

Para dar volume ao desenho anatômico, é necessário se trabalhar com a ideia de planos. O formato dos músculos e do corpo do animal como um todo são marcados por linhas ou figuras retilíneas, que sugerem faces planas. Estas são as partes mais iluminadas e, por meio do esmaecimento das passagens do lápis, se faz o sombreamento e se dá o efeito de volume.

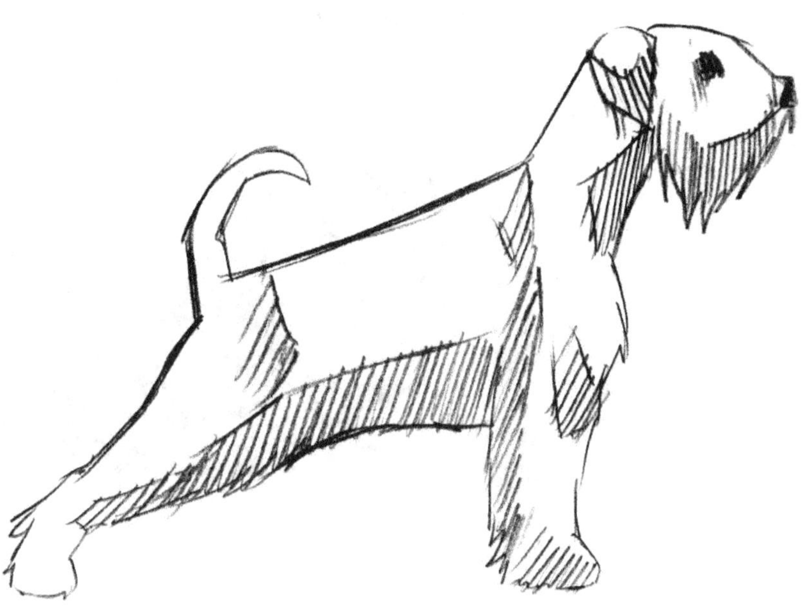

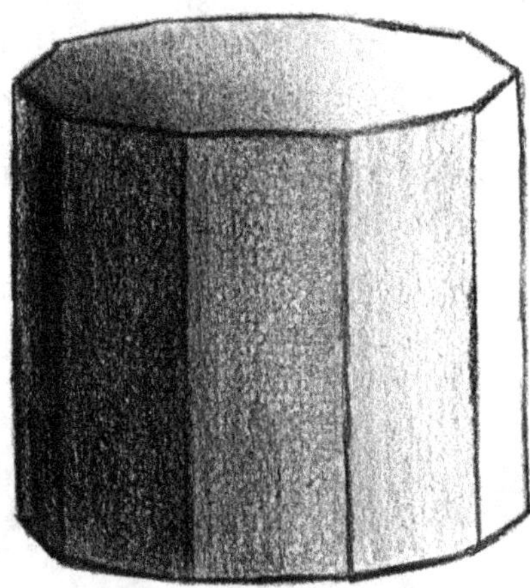

No caso do prisma, todas as faces são representadas por planos. Cada plano recebe uma quantidade diferente de luz e sombra própria.

O padrão de planos é mantido em figuras anatômicas como a do cachorro, a fim de dar forma e volume aos músculos. Trabalhar com planos facilita o entendimento das regiões em que se deve aplicar luz e sombra. É importante observar como a luz se coloca na passagem de uma superfície muscular para outra, para trabalhar corretamente o esmaecimento da tonalidade.

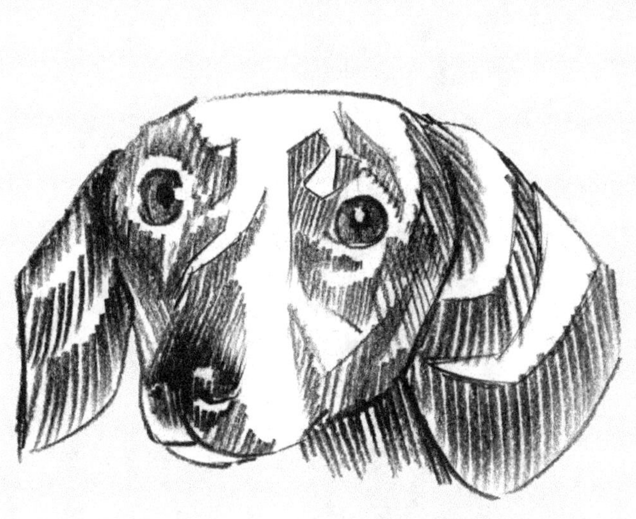

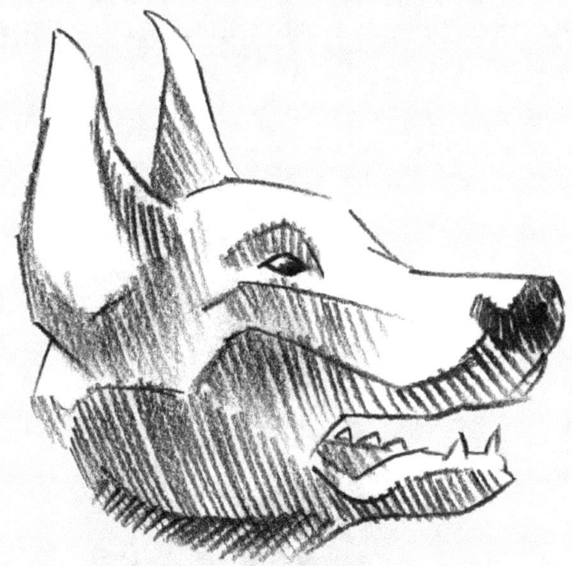

Volume dos olhos

O globo ocular dos cães é esférico, e seu tamanho é o mesmo para toda a espécie. No entanto, dependendo do aspecto da testa, das pálpebras e dos arcos zigomáticos, o tamanho e a forma aparente dos olhos podem variar entre as diversas raças. Ao desenhar, observe que há cães cujas pálpebras são mais volumosas e, por isso, os olhos serão aparentemente menores e mais profundos. Já os que têm pálpebras mais estreitas, farão com que os olhos pareçam maiores e mais saltados. Note também que fatores como inserção, tamanho e forma dos olhos refletem diretamente na sua expressão. E não se esqueça de que cães também possuem cílios, que são feitos por meio de linhas longas e finas.

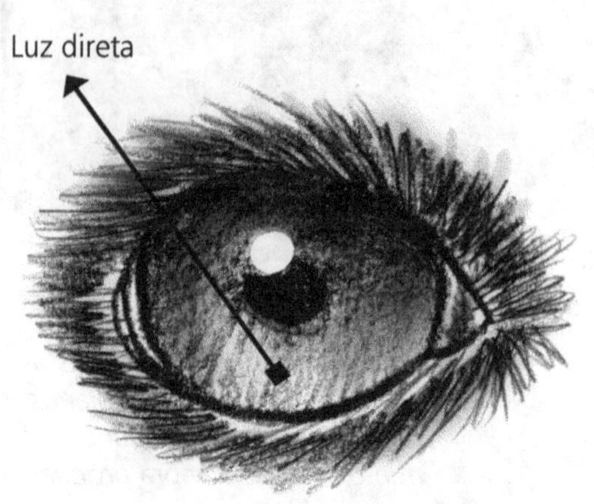

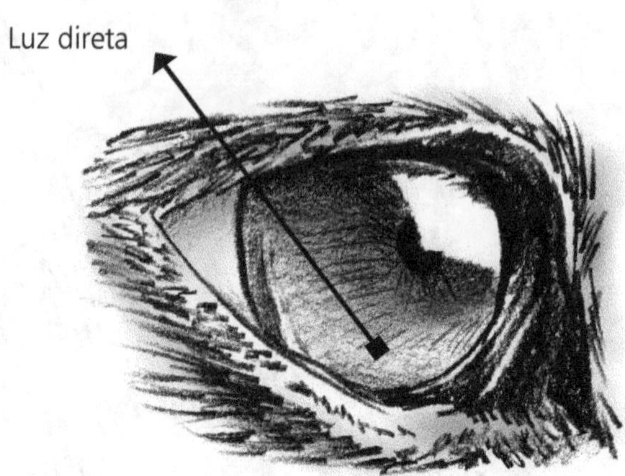

Volume das orelhas

As orelhas dos cachorros estão situadas nas laterais da cabeça e são cobertas por pelos (curtos ou longos), tanto na face externa quanto na interna. No entanto, a quantidade de pelos na face externa é mais abundante na grande maioria das raças. O aspecto das orelhas pode variar de acordo com a forma (triangulares, pontiagudas, largas, longas, arredondadas etc), tamanho e espessura da cartilagem, assim como a sua posição, acima ou abaixo da linha dos olhos. Além destas informações, na hora de desenhar, atente-se também às regiões de luz e sombra. Observe que as partes internas da orelha sempre serão as áreas mais escuras.

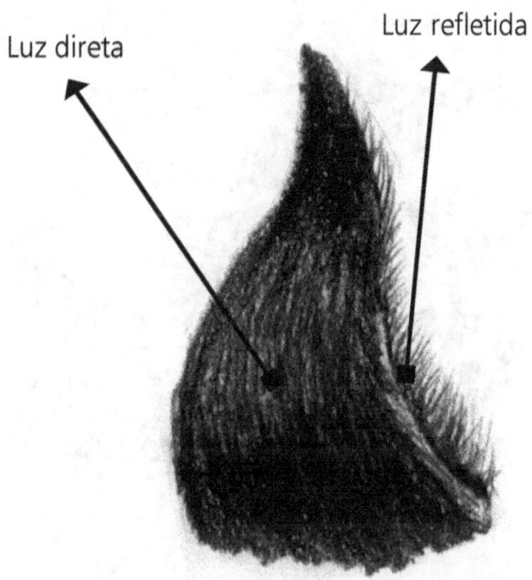

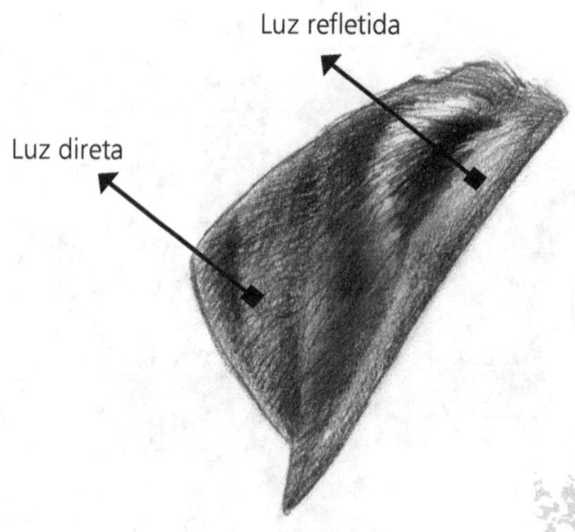

Volume do focinho

A morfologia do focinho dos cachorros varia de acordo com a raça. Há diversos tipos de focinhos, como, por exemplo, retilíneos, protusos, côncavos, convexos, arrebitados, romanos, curtos, estreitos, largos, pontudos, entre outros. Essa variação está relacionada à direção e à forma da linha superior do focinho, da lateral e também da trufa nasal (situada na ponta do focinho). A trufa nasal é bastante pigmentada e, na visão frontal, geralmente se assemelha à forma de um coração; já de perfil, parece um triângulo retângulo. Note que a mandíbula (parte inferior do focinho) também difere de acordo com as raças, sendo mais ou menos desenvolvidas, retraídas ou proeminentes. O focinho dos cães possui pelos especiais, os bigodes, que são finos e compridos.

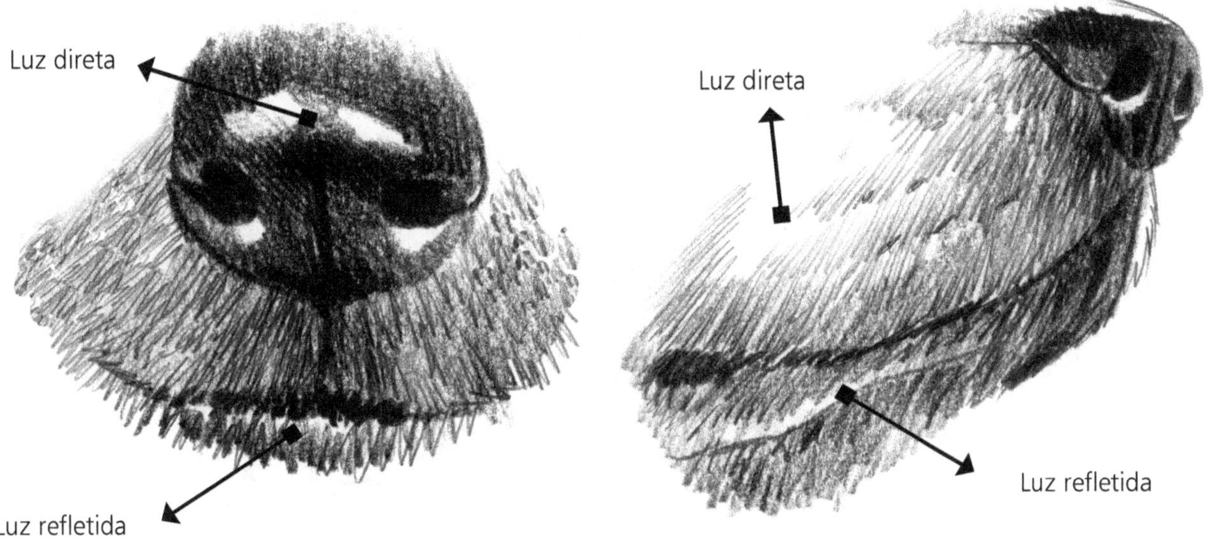

Volume das patas

As patas dos cães são constituídas por quatro dedos e pelas almofadas plantares e digitais. Algumas raças possuem também o ergo, também conhecido como "quinto dedo", ou "esporão", localizado na face medial dos membros. Em cada dedo está localizada uma almofada digital e, próxima a elas, está a almofada plantar, de tamanho maior. Ainda localizada no membro, mas não no pé, está localizada a almofada carpal. Nota-se que as almofadas são estruturas bastante pigmentadas e também devem ser desenhadas de modo a parecerem macias. Os cães andam apoiados nos dedos, geralmente com as cinco almofadas apoiadas no solo. O tamanho dos dedos, assim como a forma e a espessura das almofadas, varia e caracteriza os diferentes tipos de pés dos cachorros.

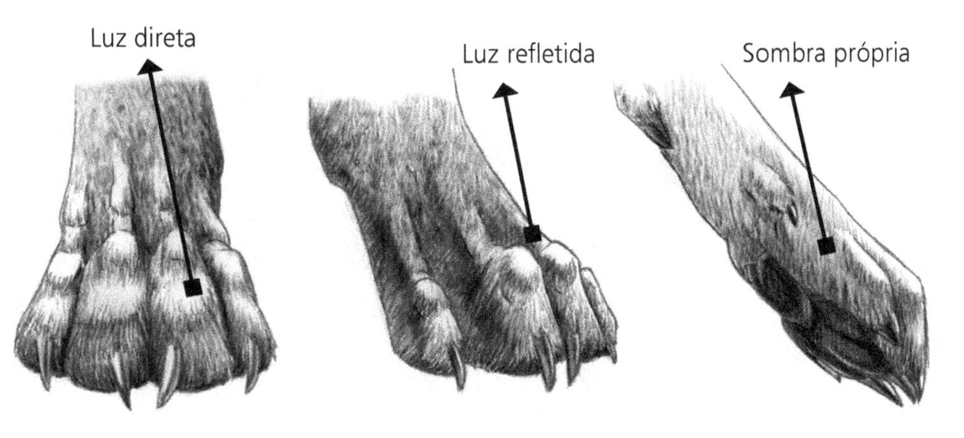

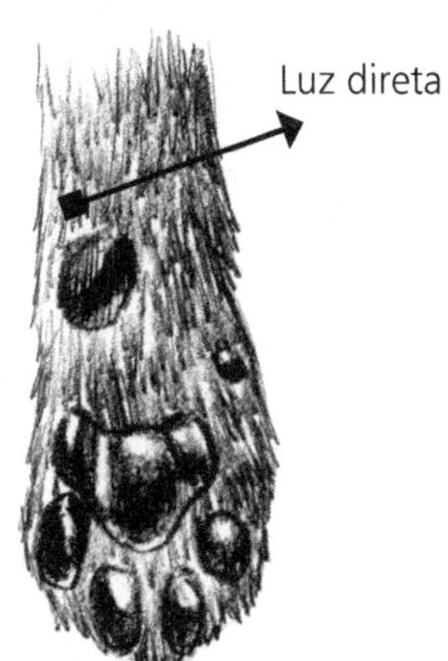

Estudo de linhas - esboços

Esboço vem da palavra grega *schedios*, que significa "temporário" e se refere a qualquer rascunho feito a fim de planejar a obra e corrigir os possíveis erros durante o processo de construção da mesma.

Há diversas maneiras de se fazer um rascunho, mas fazer um desenho de um cachorro, ou qualquer animal em movimento, exige que o desenhista tenha conhecimento prévio sobre a dinâmica do animal e tenha sempre em mãos referências fotográficas, a fim de estudar toda a estrutura anatômica do cachorro. Além disso, é interessante que também se faça estudos e observações baseadas em modelos vivos.

Os melhores esboços são feitos por meio de linhas e traços rápidos e realizados durante curtos espaços de tempo. Dessa maneira, é possível captar formas e até detalhes mais específicos, tanto em síntese quanto na expressividade. Portanto, para realizar o esboço de cães com qualidade, considere sempre estes três itens: tempo, síntese e expressividade.

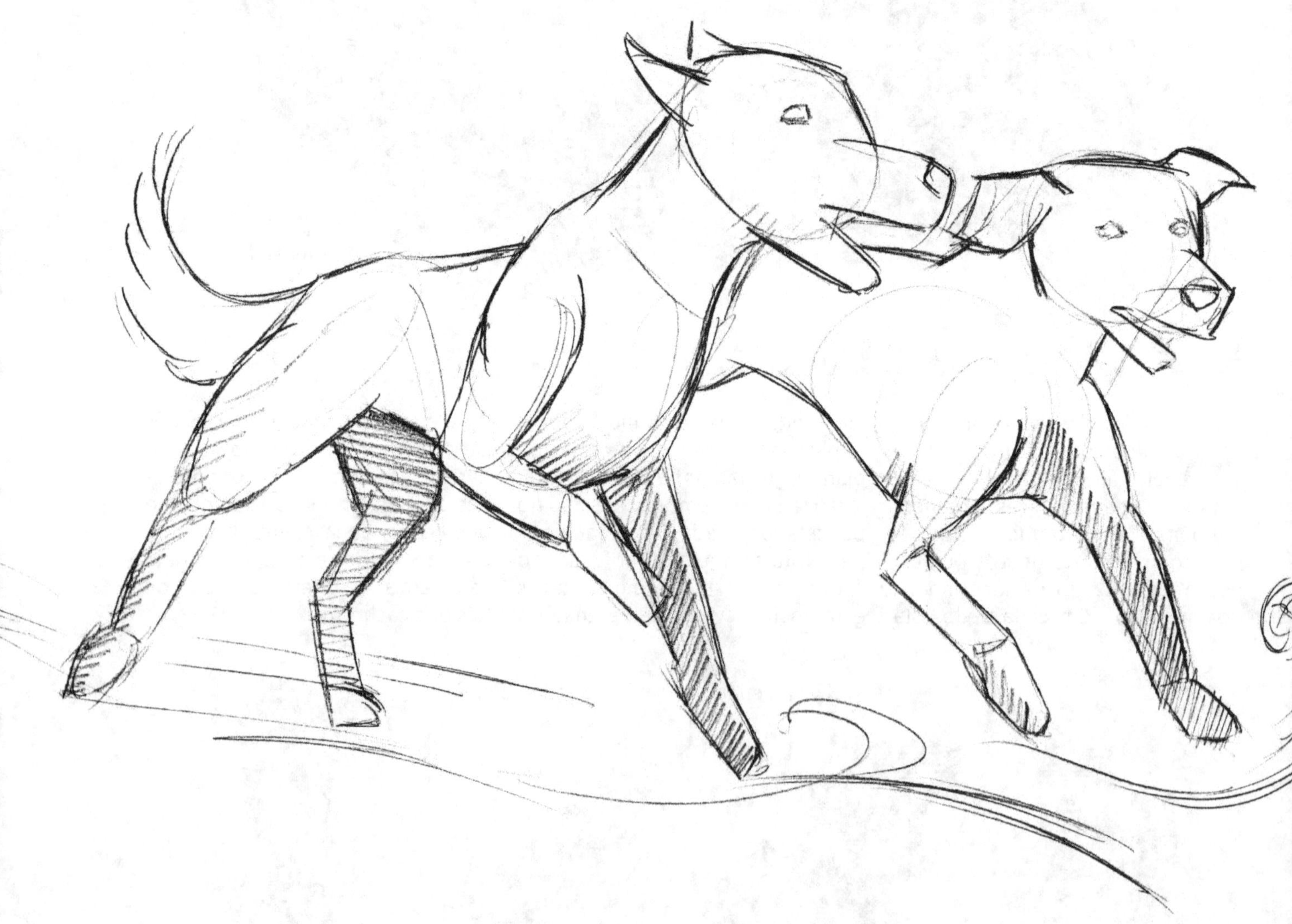

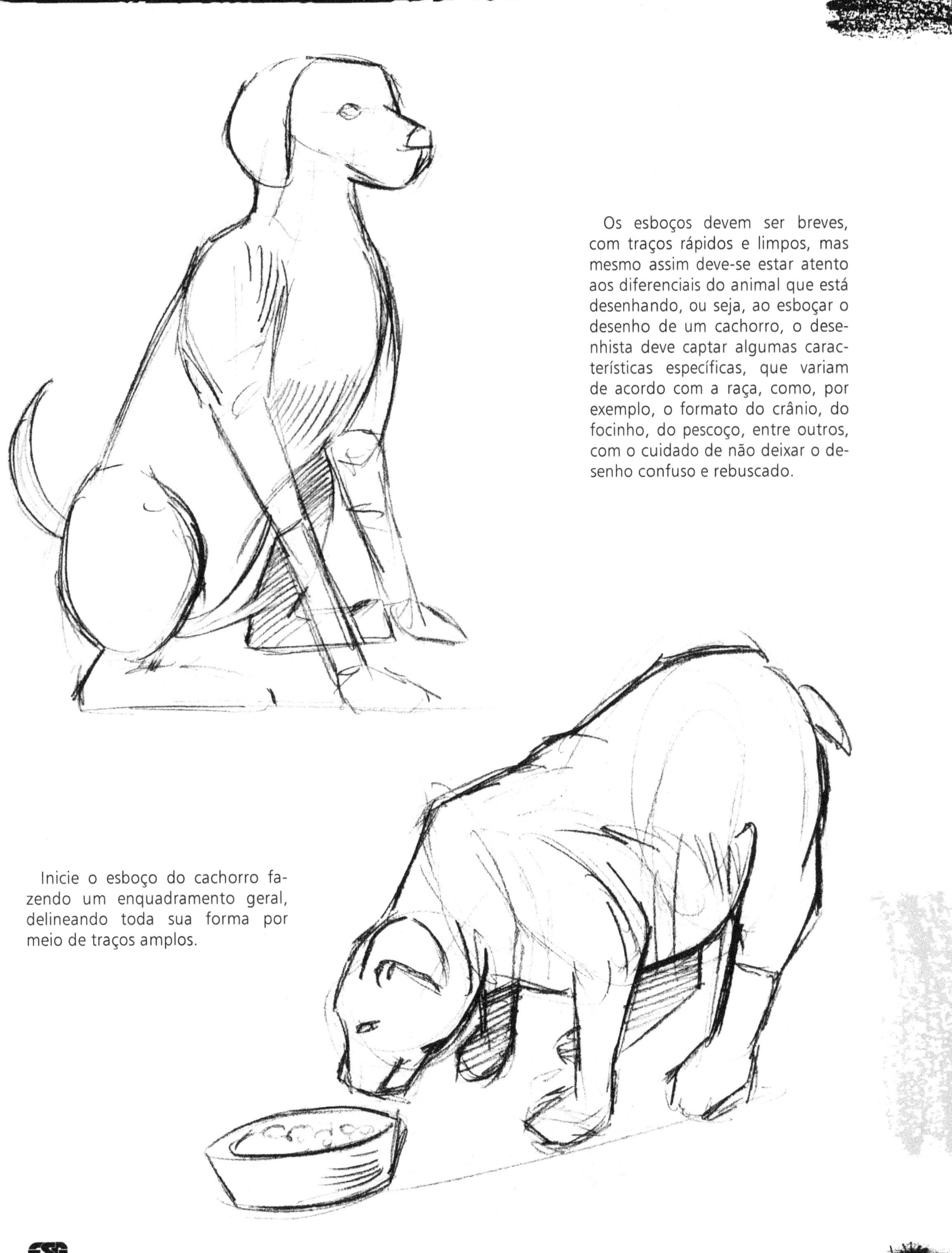

Os esboços devem ser breves, com traços rápidos e limpos, mas mesmo assim deve-se estar atento aos diferenciais do animal que está desenhando, ou seja, ao esboçar o desenho de um cachorro, o desenhista deve captar algumas características específicas, que variam de acordo com a raça, como, por exemplo, o formato do crânio, do focinho, do pescoço, entre outros, com o cuidado de não deixar o desenho confuso e rebuscado.

Inicie o esboço do cachorro fazendo um enquadramento geral, delineando toda sua forma por meio de traços amplos.

Estudo de linhas - esboços

O fato de os cães serem animais de bastante mobilidade requer que o desenhista busque diversas formas de esboçar sua figura. Para isso, é necessário observar cada detalhe da figura e compreender como ocorrem as linhas de ação, pois o esboço visa fixar a representação precisa do movimento. No entanto, ao fazer o esboço de uma figura, também é importante observar suas reais proporções, diferenças e similaridades entre suas formas, volumes, sombreamentos e texturas.

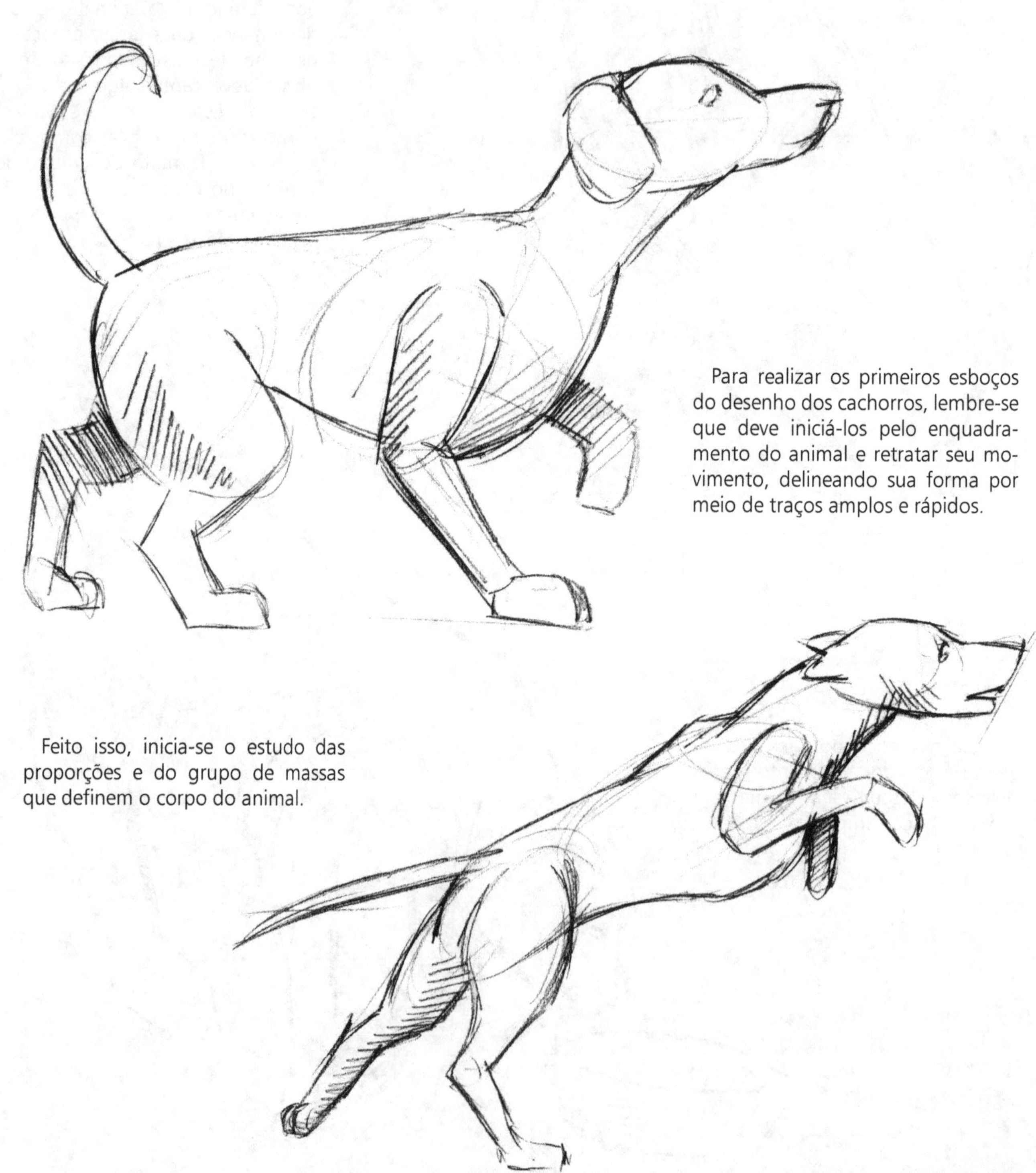

Para realizar os primeiros esboços do desenho dos cachorros, lembre-se que deve iniciá-los pelo enquadramento do animal e retratar seu movimento, delineando sua forma por meio de traços amplos e rápidos.

Feito isso, inicia-se o estudo das proporções e do grupo de massas que definem o corpo do animal.

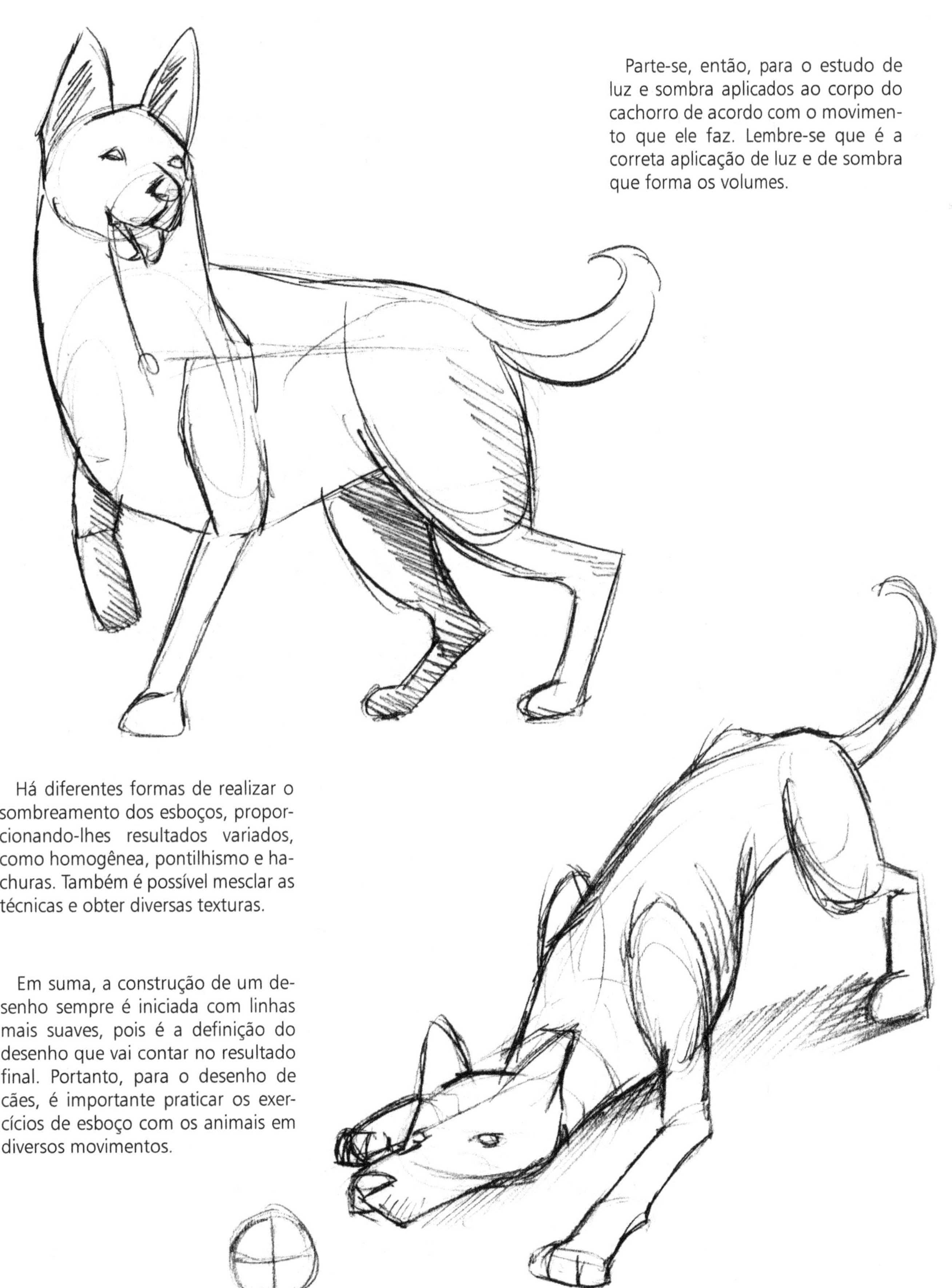

Parte-se, então, para o estudo de luz e sombra aplicados ao corpo do cachorro de acordo com o movimento que ele faz. Lembre-se que é a correta aplicação de luz e de sombra que forma os volumes.

Há diferentes formas de realizar o sombreamento dos esboços, proporcionando-lhes resultados variados, como homogênea, pontilhismo e hachuras. Também é possível mesclar as técnicas e obter diversas texturas.

Em suma, a construção de um desenho sempre é iniciada com linhas mais suaves, pois é a definição do desenho que vai contar no resultado final. Portanto, para o desenho de cães, é importante praticar os exercícios de esboço com os animais em diversos movimentos.

Pastor-alemão - corpo vista lateral

Os cães da raça pastor-alemão possuem tamanho médio, corpo levemente alongado, forte e bem musculoso. Os machos são mais altos que as fêmeas, e sua altura na cernelha varia entre 60 cm e 65 cm; nelas, varia entre 55 cm e 60 cm. Possuem o peito largo e a garupa ligeiramente inclinada. A cauda possui pelos mais longos na parte de baixo e se estende até a ponta do jarrete, aproximadamente. As patas são arredondadas com unhas fortes e escuras.

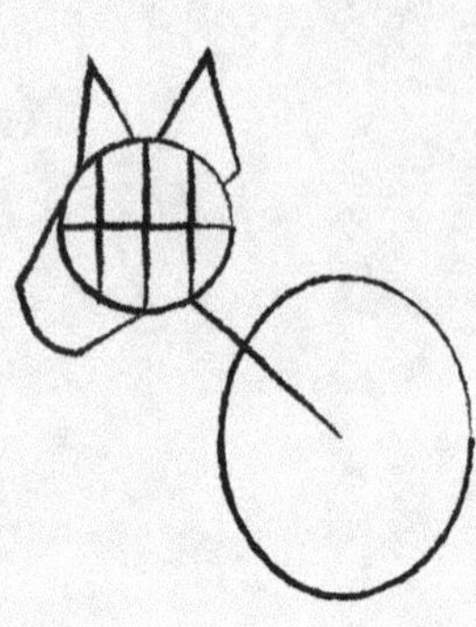

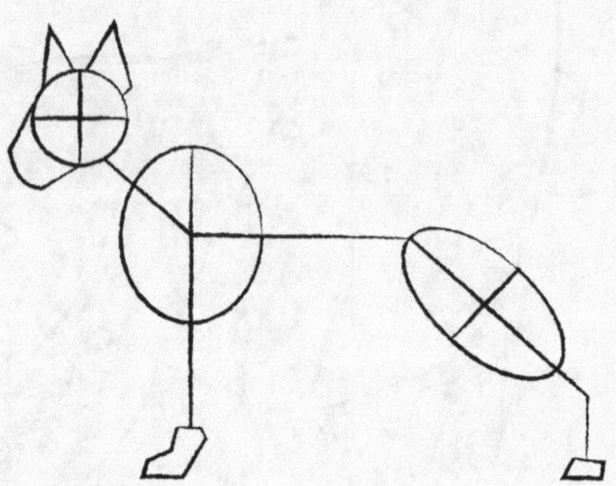

1º passo - A cabeça do pastor-alemão se dá por meio de um círculo, construído com eixos horizontais e verticais acoplados a uma figura com forma semelhante a um "C", representando o focinho. Dois triângulos formam as orelhas, e uma elipse forma o peitoral, ligada à cabeça por um eixo diagonal.

2º passo - Com início no centro da elipse, trace um eixo horizontal. Na sua extremidade, uma elipse forma a coxa do cachorro. No centro das elipses, trace um eixo vertical na primeira, e um diagonal na segunda, a fim de marcar, respectivamente, os membros dianteiros e traseiros. Com formas irregulares, marque os pés.

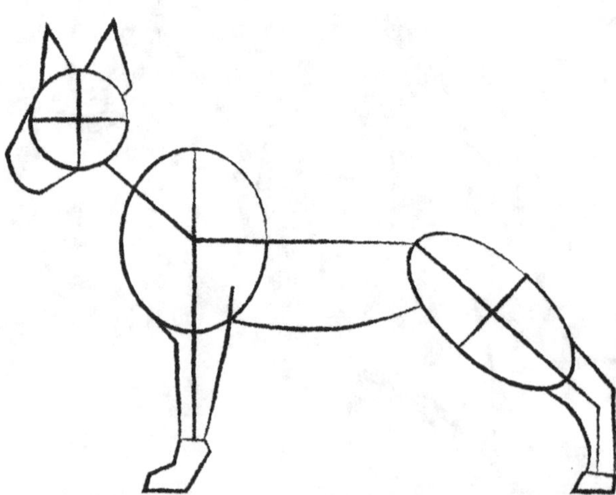

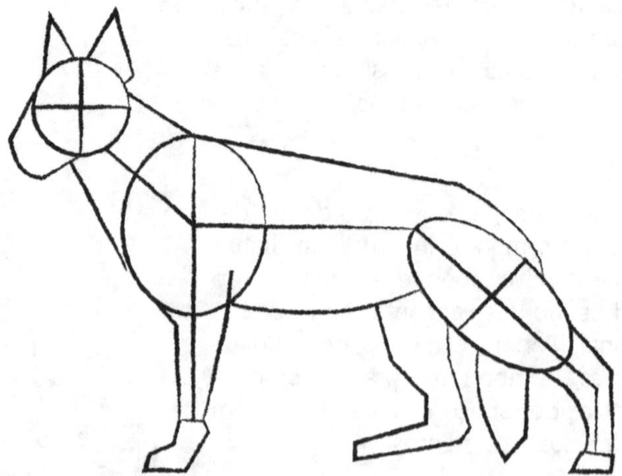

3º passo - A valer da figura com linhas retas, dê forma aos membros do cachorro e, com uma linha curva, faça a barriga.

4º passo - Uma forma cônica marca o pescoço, e uma linha curva fecha a região dorsal do animal. Utilize meia elipse para fazer a cauda.

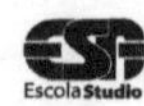

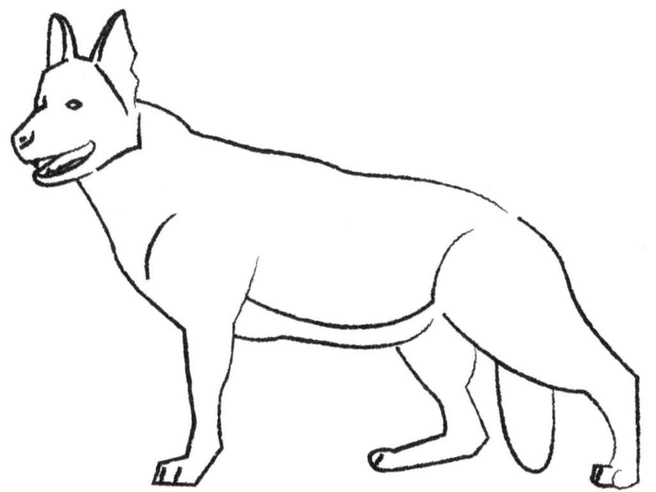

6º passo - Observe quais são as áreas mais iluminadas e inicie o sombreamento, a fim de trabalhar os planos e os volumes. Para isso, faça a textura dos pelos, acrescentando uma quantidade maior de pelos nas regiões mais escuras. Mas lembre-se que o pastor-alemão é um cachorro de pelos médios.

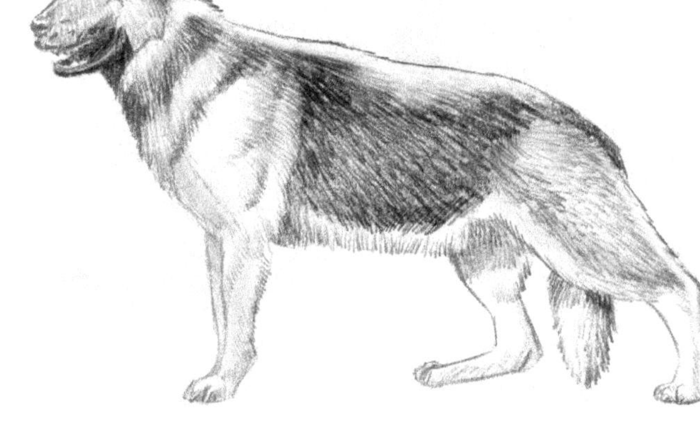

7º passo - Finalize o desenho do pastor-alemão, dando o contraste necessário para evidenciar os volumes do corpo do animal.

Pastor-alemão - cabeça vista de perfil

A cabeça do pastor-alemão é proporcional ao tamanho do corpo e vai afinando, de maneira constante, do crânio ao focinho. A medida do comprimento do crânio é aproximadamente a mesma que da sua largura, e é equivalente ao tamanho do focinho.

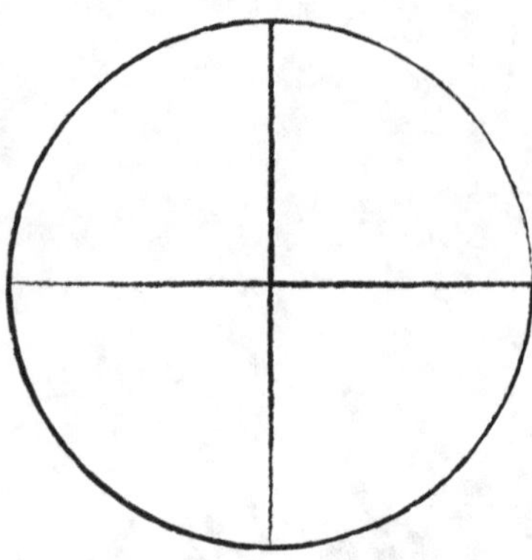

1º passo - Construa um círculo, utilizando linhas de eixo horizontal e vertical.

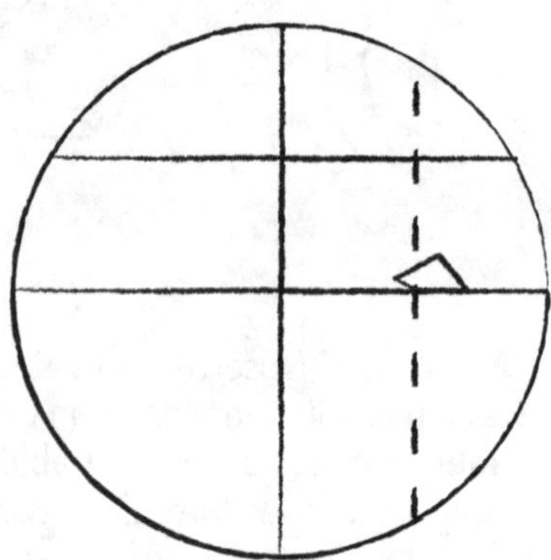

2º passo - Com um eixo horizontal, divida ao meio a metade superior do círculo; com um eixo vertical pontilhado, divida o lado esquerdo e marque o olho no cruzamento da linha pontilhada com o eixo central.

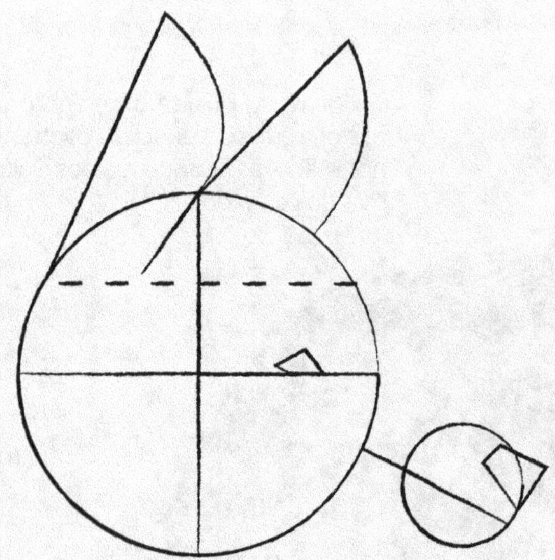

3º passo - As orelhas partem do eixo horizontal superior do círculo. Um círculo e um pequeno trapézio marcam a ponta do focinho, ligado à cabeça por um eixo diagonal.

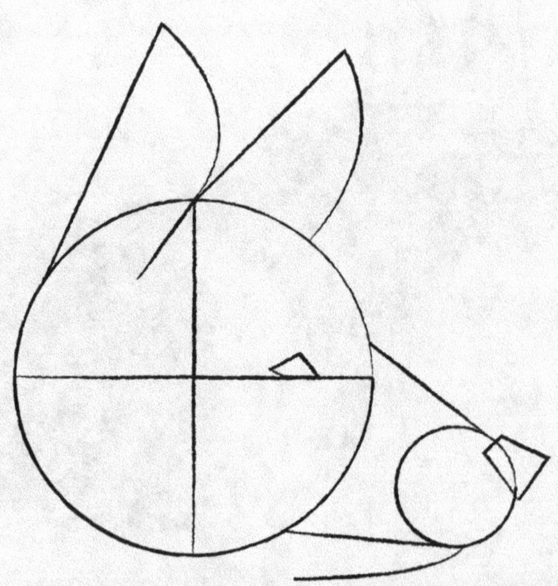

4º passo - Linhas diagonais completam o focinho, e uma linha curva marca a boca.

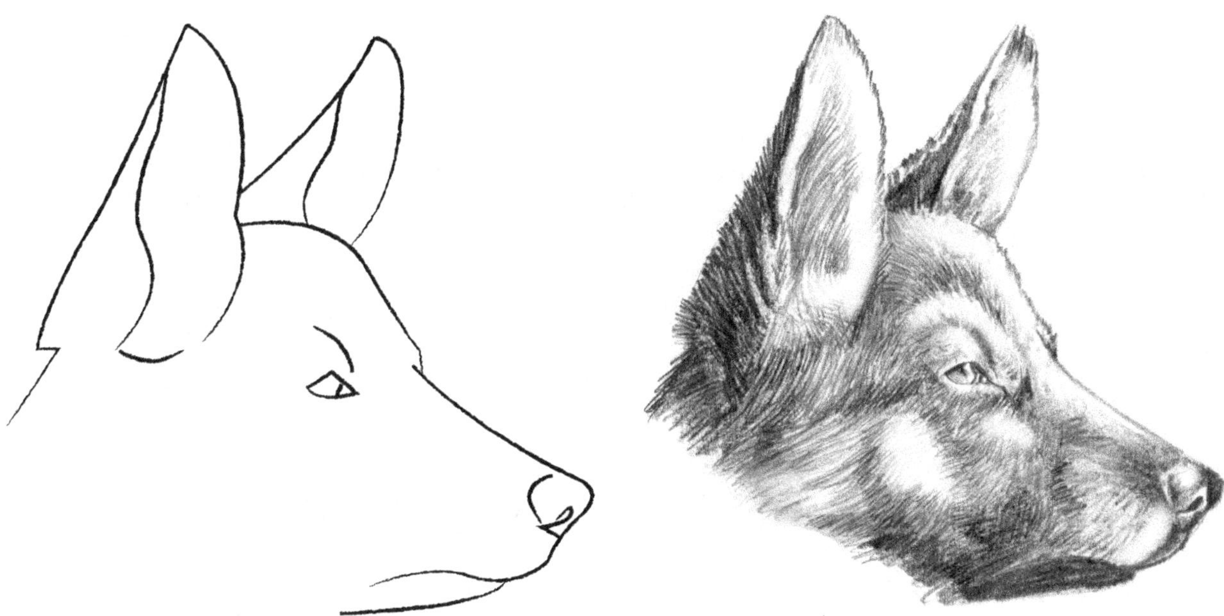

5º passo - Apague o esboço geométrico e, com traços de contorno, defina a forma da cabeça do cachorro, deixando o desenho linear.

6º passo - Faça a textura dos pelos e fique bem atento à direção deles. Note que, na região do focinho, os pelos são menores.

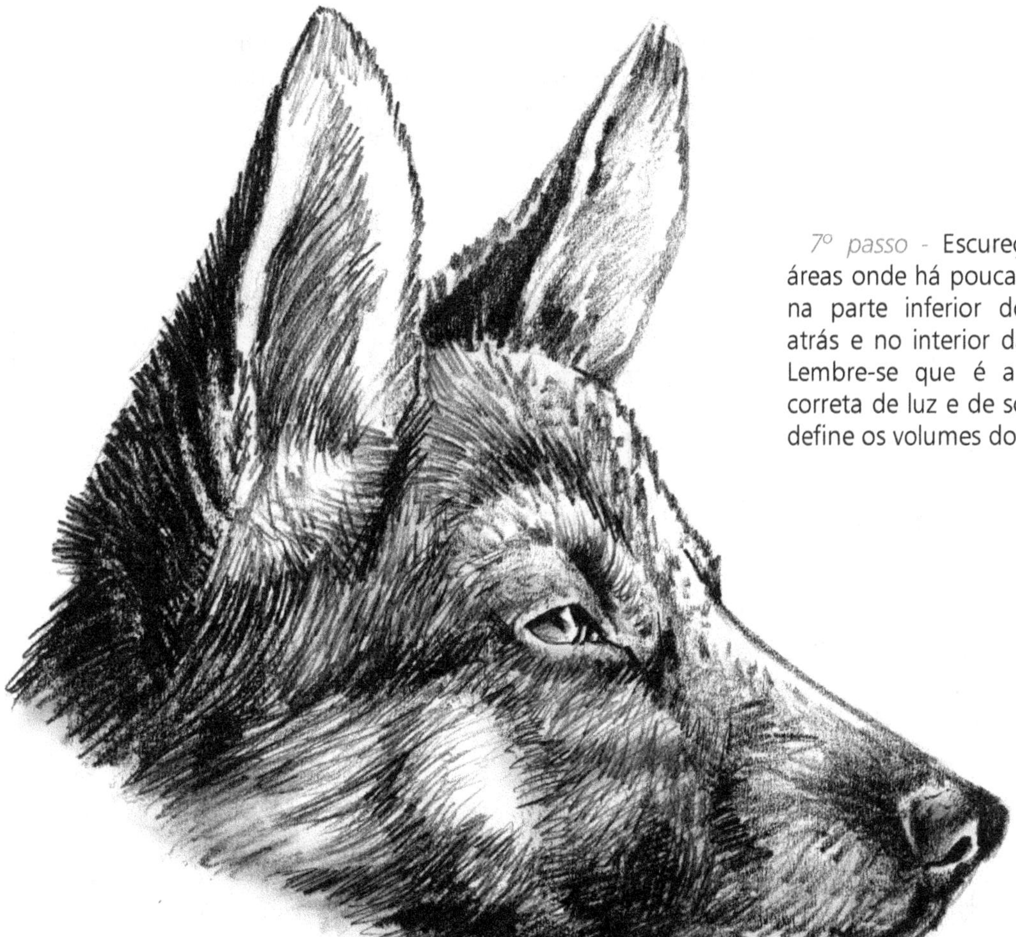

7º passo - Escureça bem as áreas onde há pouca luz, como na parte inferior do focinho, atrás e no interior das orelhas. Lembre-se que é a aplicação correta de luz e de sombra que define os volumes do animal.

Pastor-alemão - corpo vista de 3/4

Os pastores-alemães são considerados cães trotadores, se movimentam de maneira harmônica, com passadas amplas, aparentemente sem esforços, e sua andadura se processa na diagonal, ou seja, ao mesmo tempo que avança o membro posterior esquerdo, também avança o anterior direito, e vice-versa.

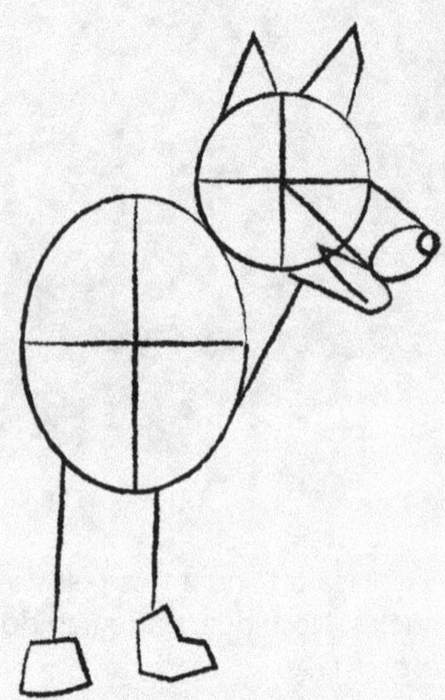

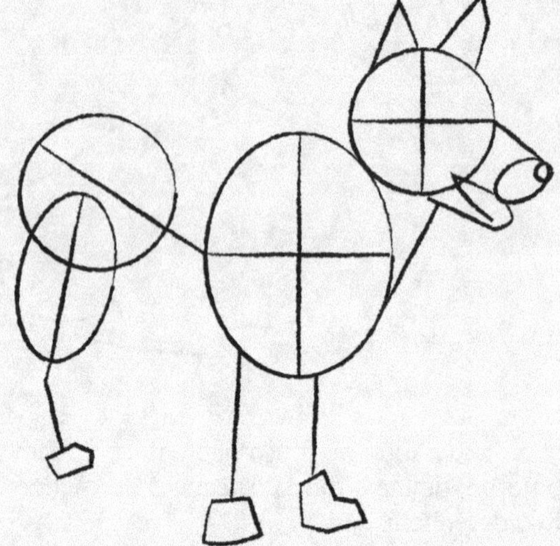

1º passo - Um círculo e uma elipse construídas por linhas de eixo marcam, respectivamente, a cabeça e o peitoral do cachorro. Dois triângulos formam as orelhas, e três linhas diagonais, que partem do círculo, constroem o focinho, cuja ponta é feita por uma pequena elipse. Dois eixos verticais direcionam os membros dianteiros, e uma linha diagonal, o pescoço.

2º passo - Uma linha diagonal liga o peitoral do cachorro ao traseiro, formado por um círculo. Interligada a ele, uma elipse forma a coxa, e um eixo que a atravessa direciona a perna traseira.

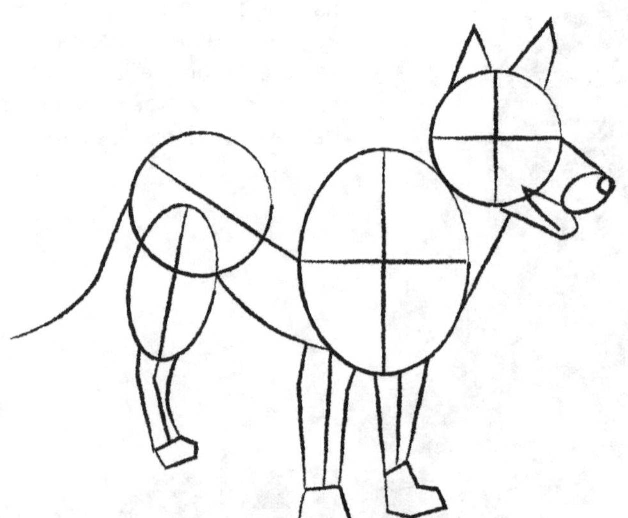

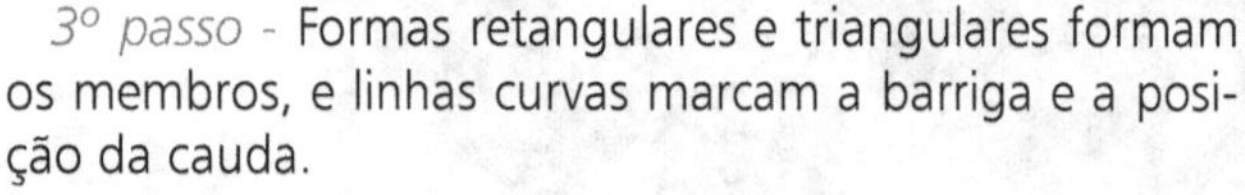

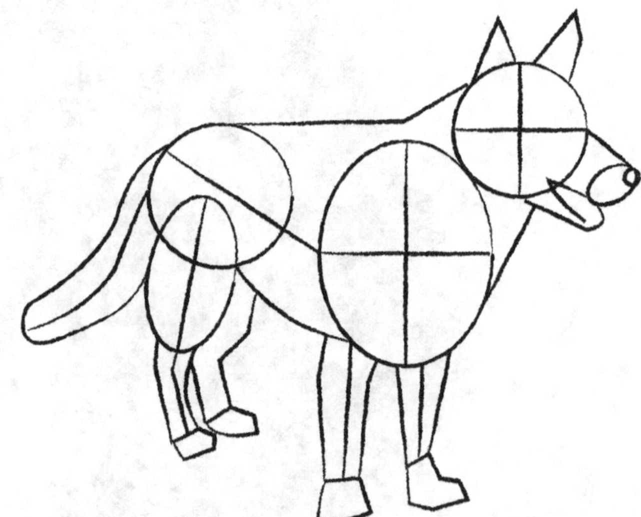

3º passo - Formas retangulares e triangulares formam os membros, e linhas curvas marcam a barriga e a posição da cauda.

4º passo - Linhas retas completam a parte superior do corpo; uma linha curva forma a cauda, e uma figura irregular marca o outro membro traseiro.

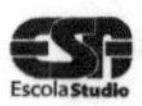

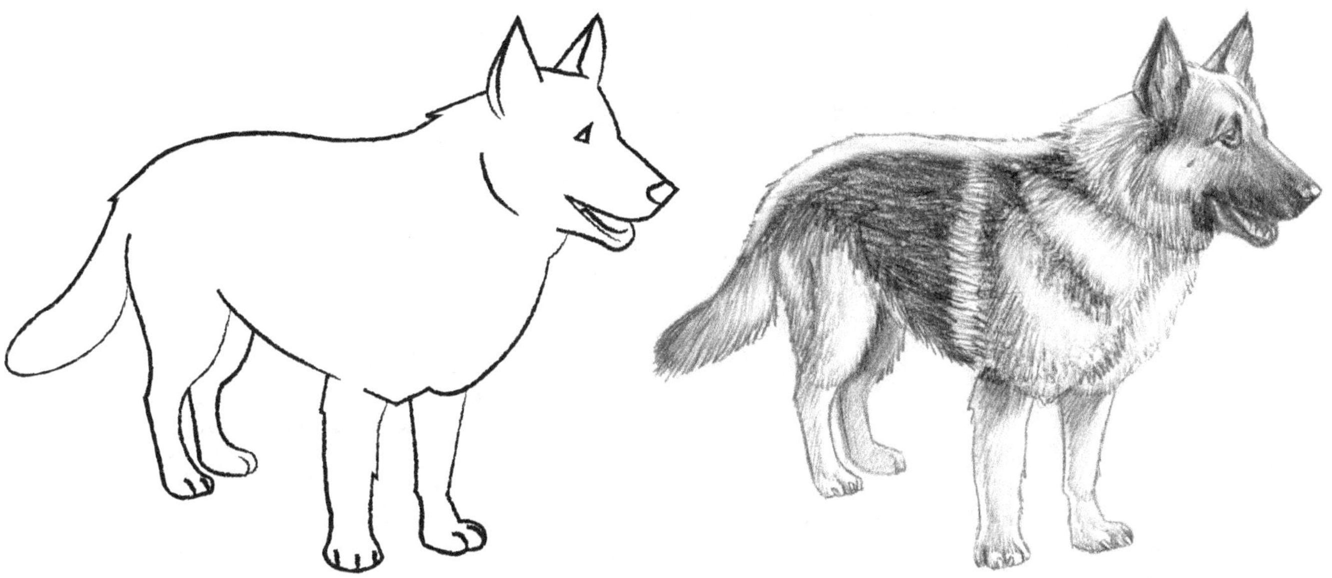

5º passo - Apague as linhas de construção, deixando o desenho linear, e reserve as áreas de maior incidência de luz. Faça os elementos do rosto e os detalhes das patas.

6º passo - Com as áreas de luz e de sombra determinadas, dê volume ao corpo do cachorro, fazendo a textura dos pelos e acrescentando mais pelos conforme a área for escurecendo.

7º passo - O contraste entre o claro e o escuro é fundamental no desenho. Portanto, escureça bastante áreas como o dorso e o focinho do cachorro.

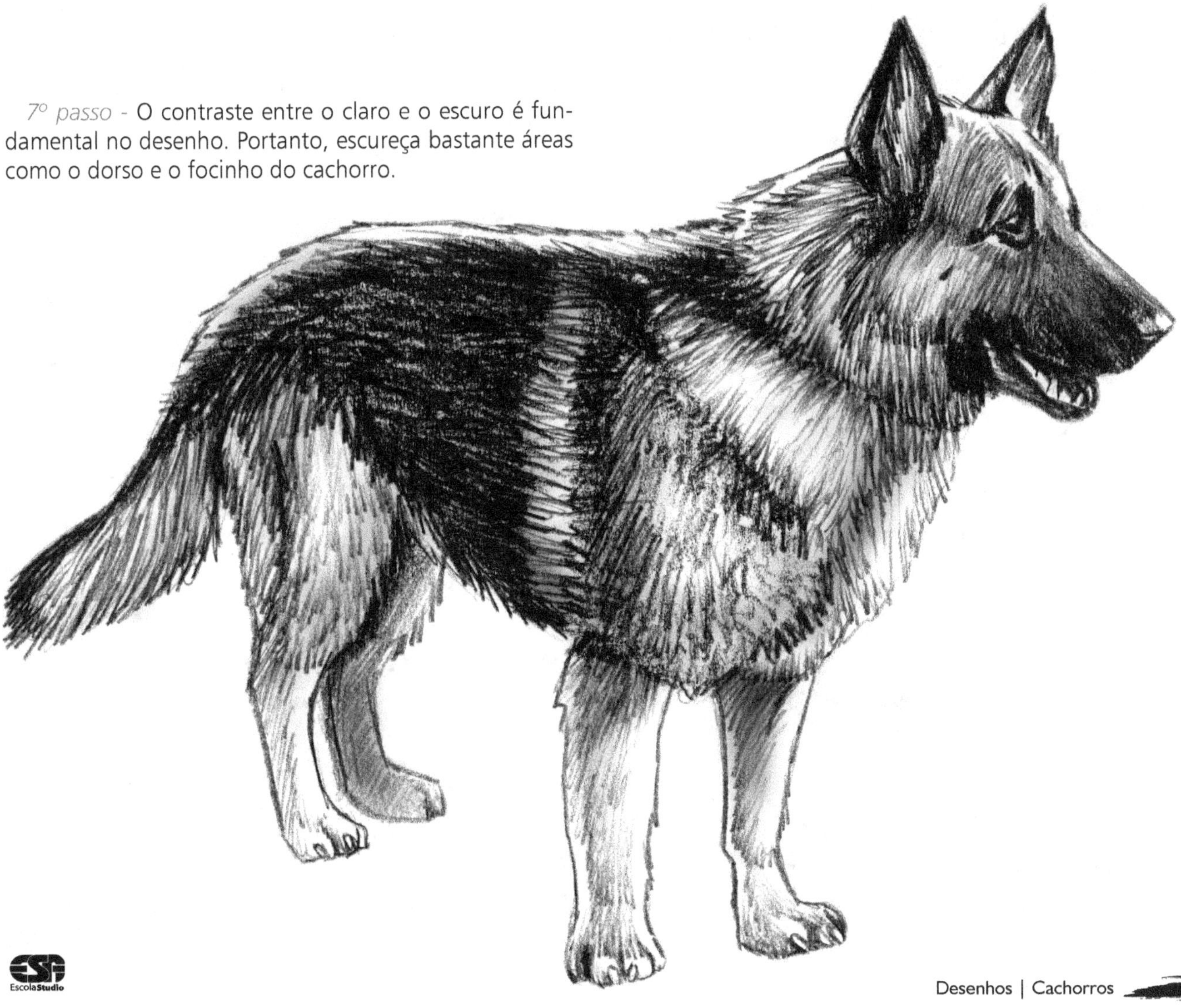

Pastor-alemão - cabeça vista frontal

Os pelos do pastor-alemão são mais curtos na região da cabeça e na parte interna das orelhas. Já no pescoço, são mais longos e em quantidade muito maior. A raça possui olhos e lábios de cor escura, e trufa nasal preta. Os olhos são amendoados e de tamanho médio, e as orelhas são eretas, pontiagudas e viradas para a frente.

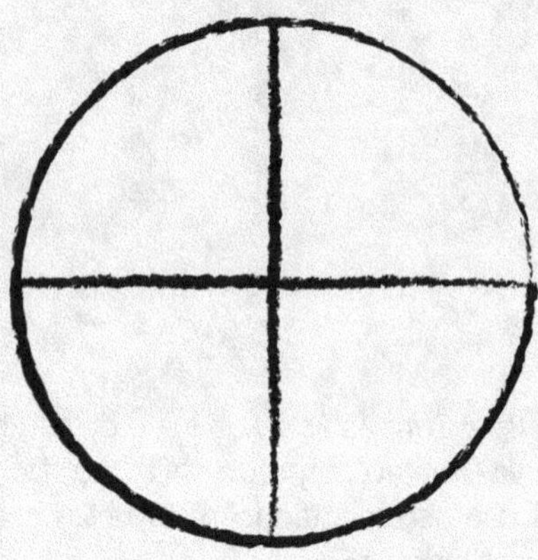

1º passo - **Construa um círculo, utilizando linhas de eixo horizontal e vertical.**

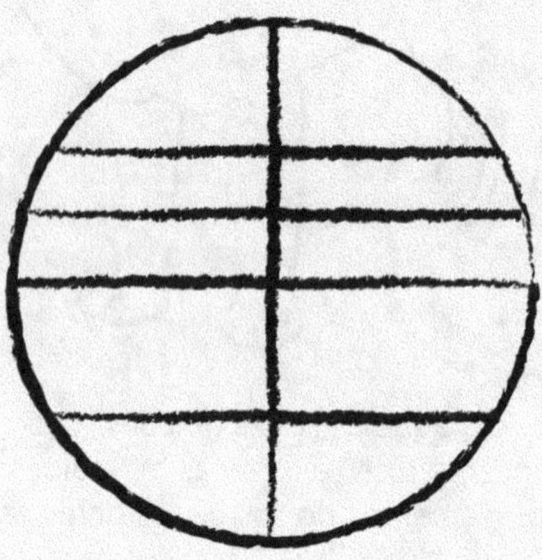

2º passo - Divida ao meio, horizontalmente, as metades superior e inferior do círculo, deixando-o com quatro partes iguais. Em seguida, divida ao meio também a segunda parte.

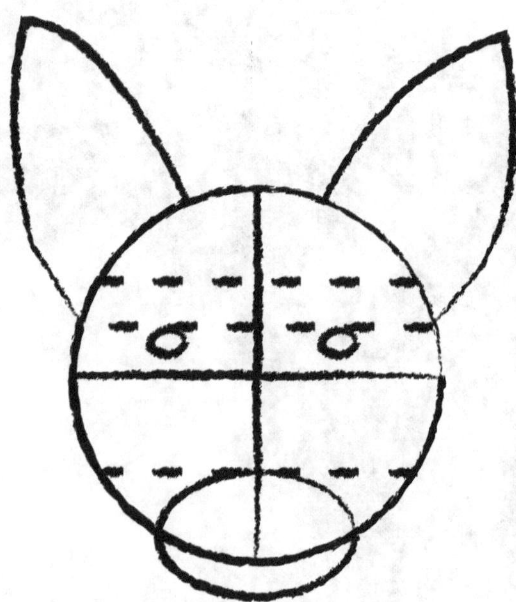

3º passo - Posicione os olhos na linha em que dividiu ao meio a segunda parte do círculo. Uma elipse forma o focinho, e figuras semelhantes a um triângulo compõem as orelhas.

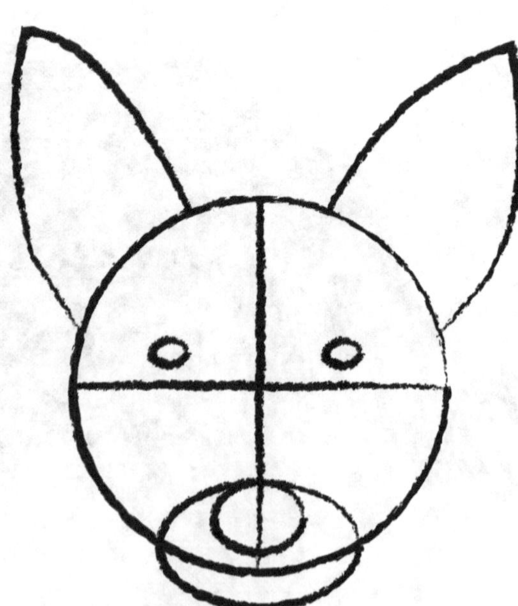

4º passo - Dentro da elipse do focinho, faça uma elipse menor, marcando a trufa nasal.

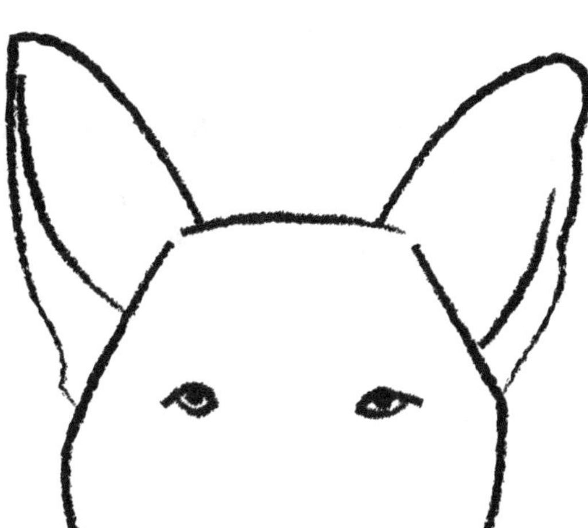

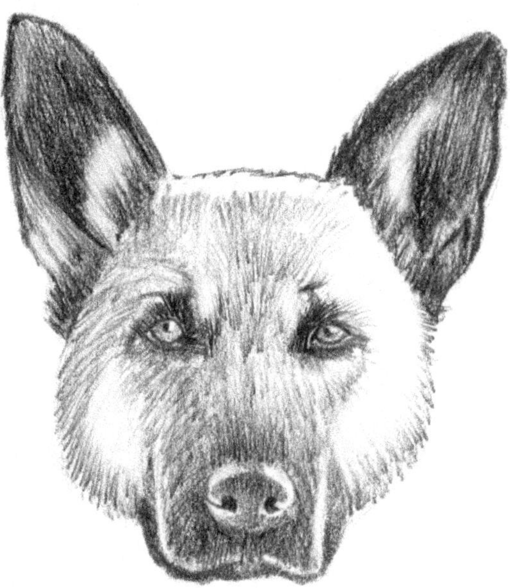

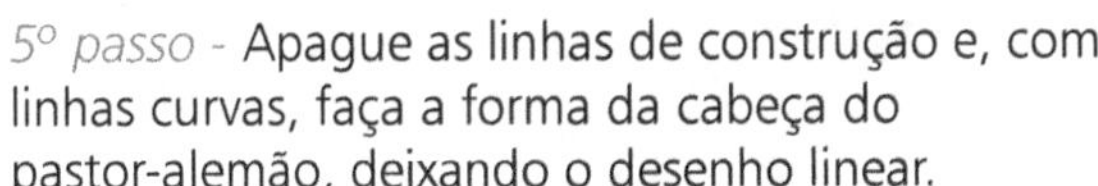

5º passo - Apague as linhas de construção e, com linhas curvas, faça a forma da cabeça do pastor-alemão, deixando o desenho linear.

6º passo - Finalize os elementos do rosto, como olhos e narina, e trabalhe a textura dos pelos, direcionando-os corretamente e concentrando-os nas áreas mais escuras.

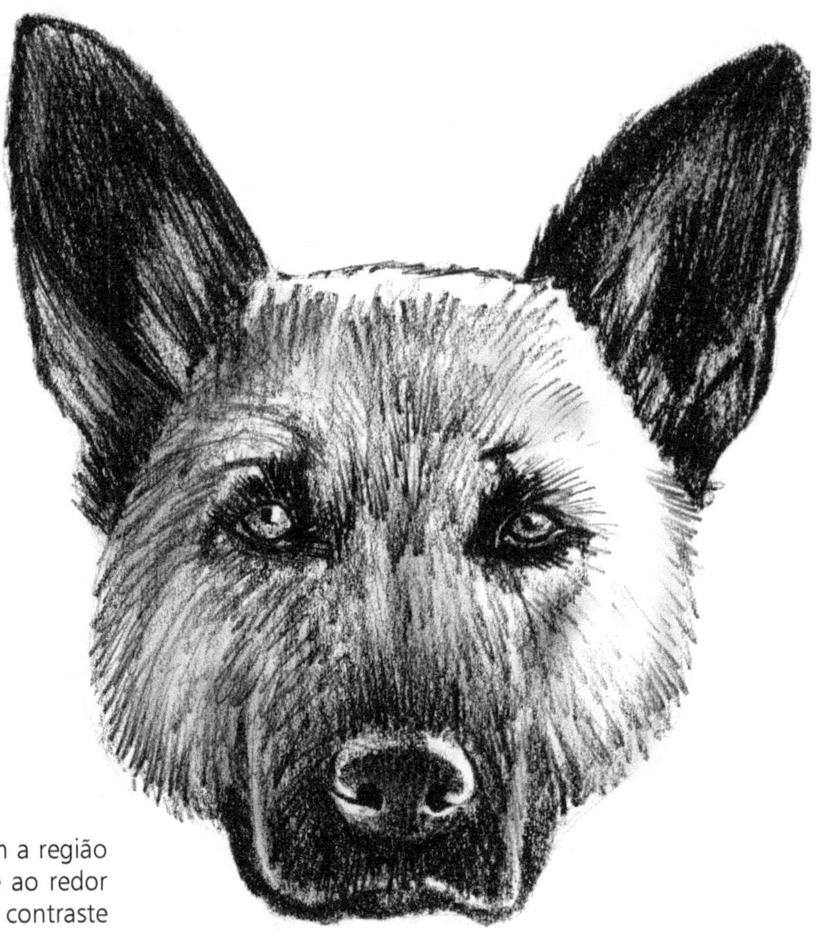

7º passo - Escureça bem a região das orelhas, do focinho e ao redor dos olhos, para dar maior contraste ao desenho.

Golden retriever - corpo vista lateral

Os cães da raça Golden retriever possuem tamanho médio, cuja altura na cernelha dos machos varia entre 56 cm e 61 cm, e das fêmeas, entre 51 cm e 56 cm. Movimentam-se com boa propulsão, passos longos e livres. Os membros posteriores são fortes e musculosos, e as patas são arredondadas. A cauda alcança os jarretes e não possui curvatura na ponta. Possuem o pelo longo, liso ou ondulado.

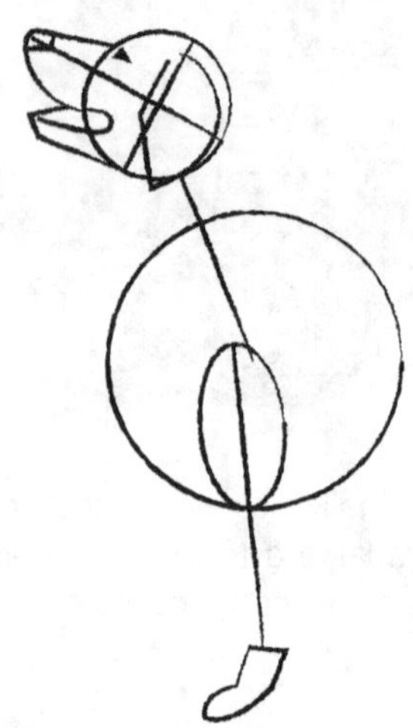

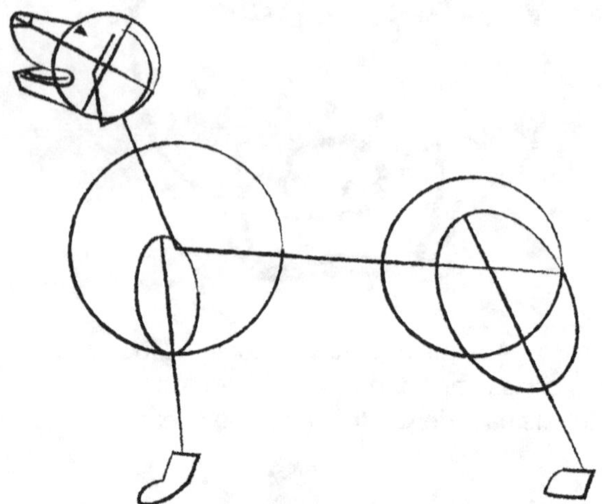

1º passo - Círculos formam a cabeça e o peitoral do golden, sendo o segundo bem maior. Eles são ligados por um eixo diagonal. Uma elipse forma a coxa, e uma linha levemente inclinada direciona o membro dianteiro. Com formas irregulares, marque o pé e a orelha, e com uma forma cônica, faça o focinho.

2º passo - Partindo do centro do círculo, uma linha diagonal marca o comprimento do corpo, e um círculo menor e uma elipse formam, respectivamente, o traseiro e a coxa do cachorro. Outra linha diagonal estrutura o membro traseiro.

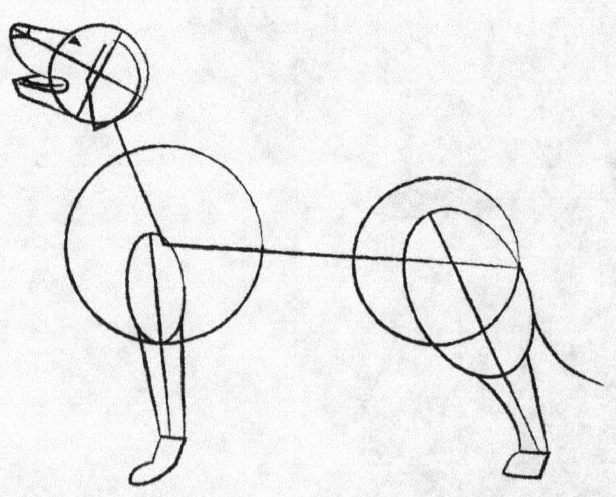

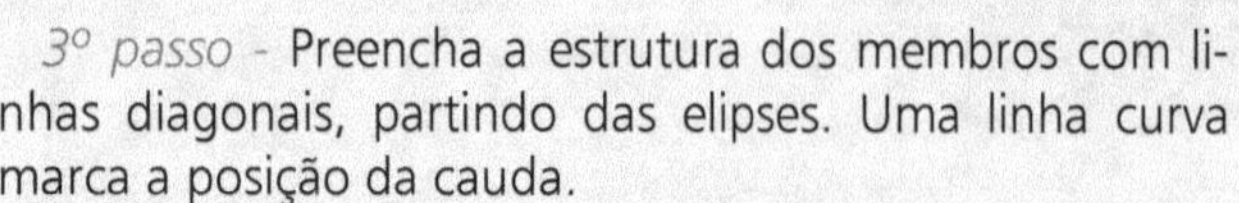

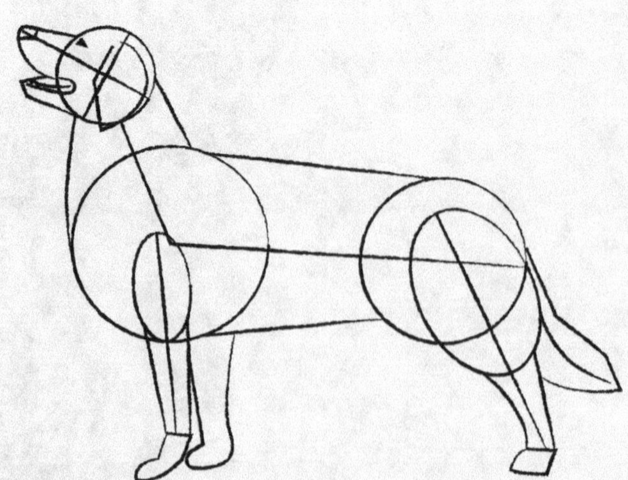

3º passo - Preencha a estrutura dos membros com linhas diagonais, partindo das elipses. Uma linha curva marca a posição da cauda.

4º passo - Faça o preenchimento do esquema aramado, ligando entre si as formas geométricas. Faça também o outro membro dianteiro.

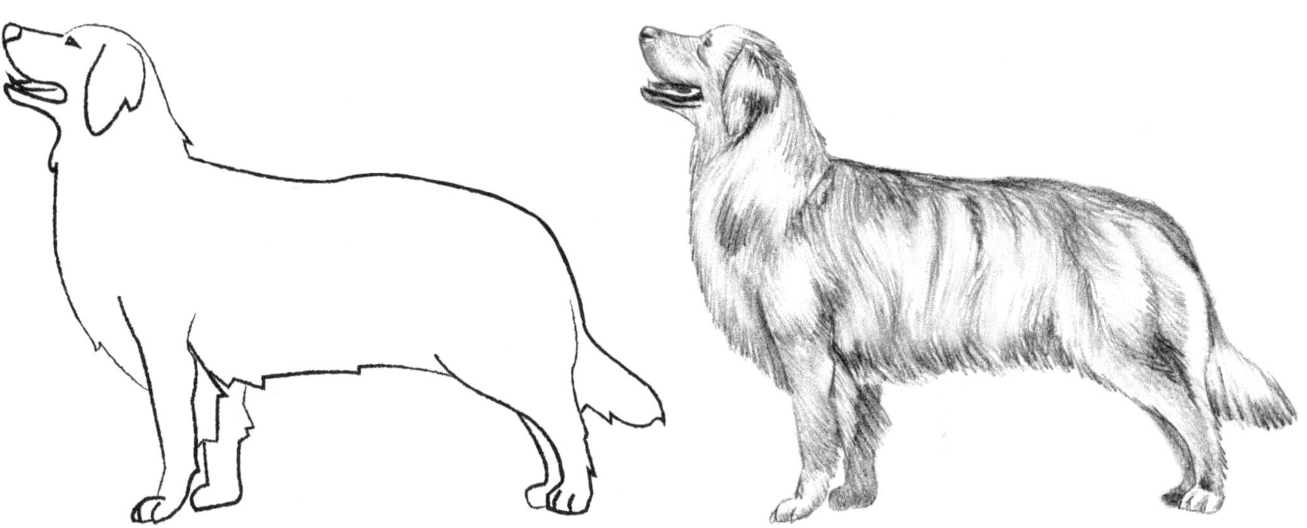

5º passo - Elimine o esquema geométrico, deixando o desenho linear, e reserve as áreas com maior incidência de luz.

6º passo - Com as áreas mais claras e mais escuras determinadas, trabalhe a textura dos pelos, lembrando que os cães da raça golden retriever possuem pelos longos. Por isso, esteja muito atento à direção dos pelos, dando o movimento correto a eles.

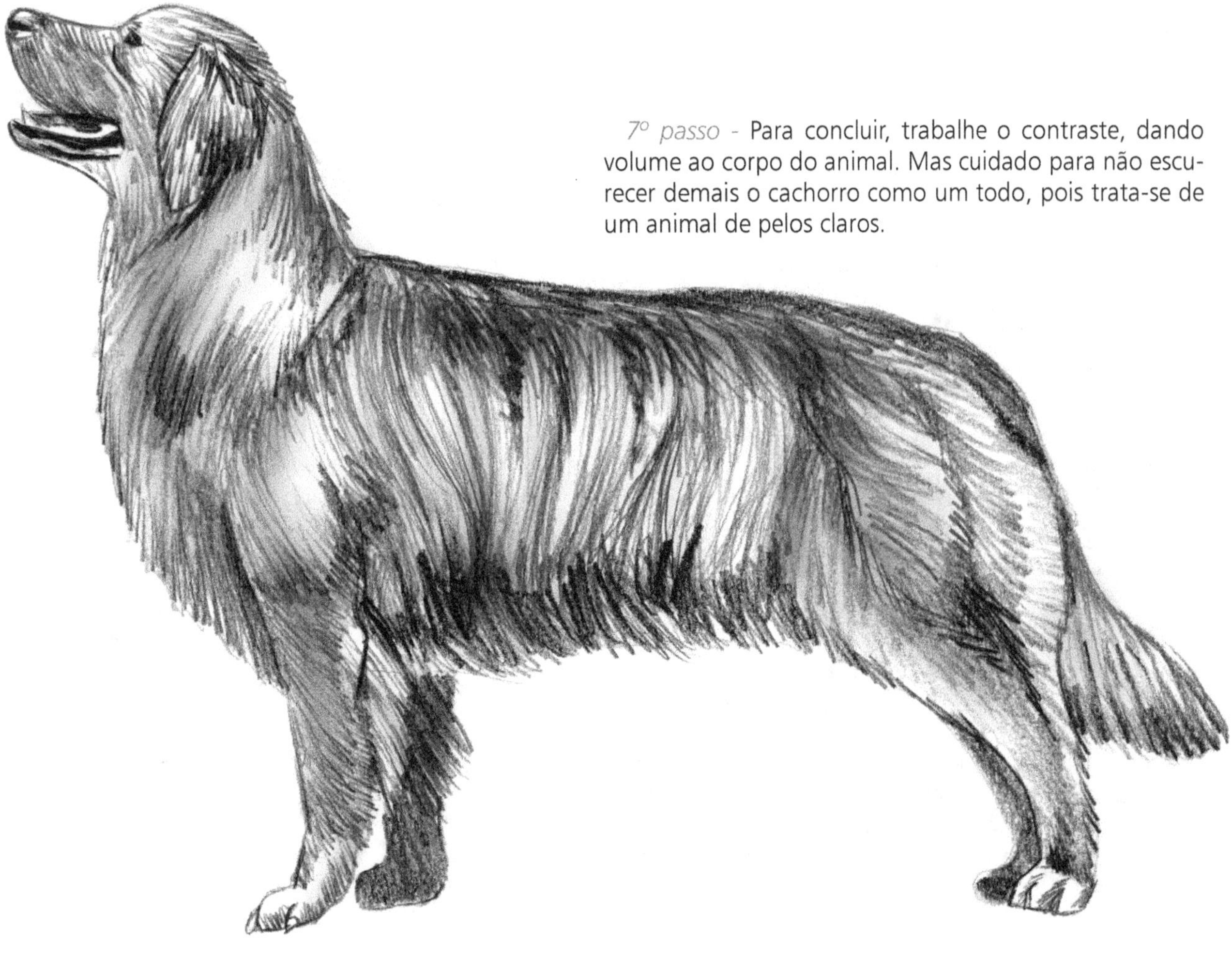

7º passo - Para concluir, trabalhe o contraste, dando volume ao corpo do animal. Mas cuidado para não escurecer demais o cachorro como um todo, pois trata-se de um animal de pelos claros.

Golden retriever - cabeça vista de perfil

O crânio e o focinho do golden retriever são largos, mas não grosseiramente. Possui o stop (angulação entre a testa e o focinho) bem definido, os olhos bem espaçados e escuros, e a trufa nasal preta. As orelhas são pendentes, de tamanho médio, estão inseridas próximas ao nível dos olhos e possuem grande quantidade de pelos.

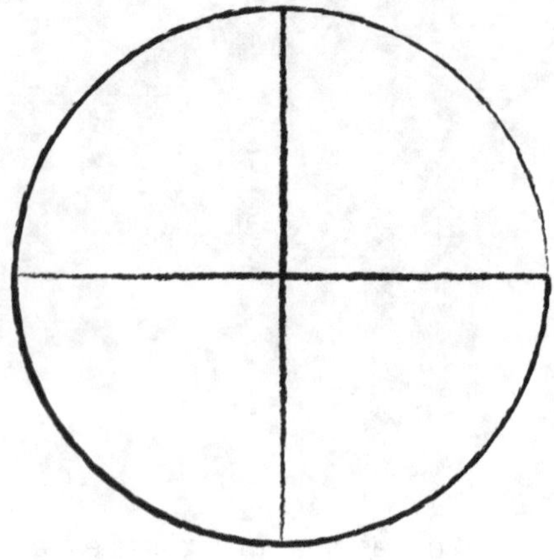

1º passo - Por meio de um eixo horizontal e um vertical, construa a figura de um círculo.

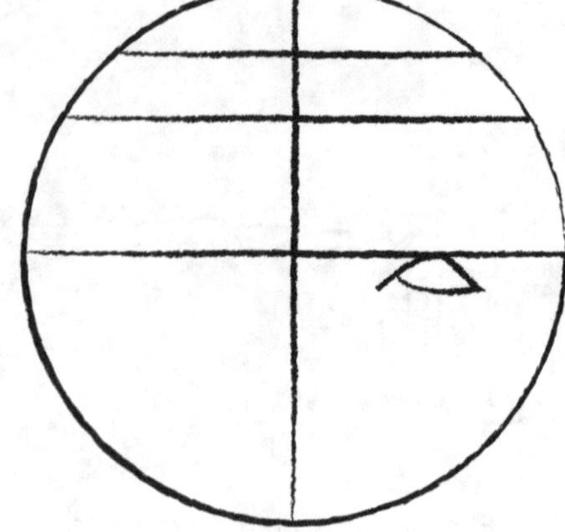

2º passo - Abaixo do eixo horizontal, marque a posição do olho. Divida a parte superior do círculo ao meio e repita o processo com a metade de cima.

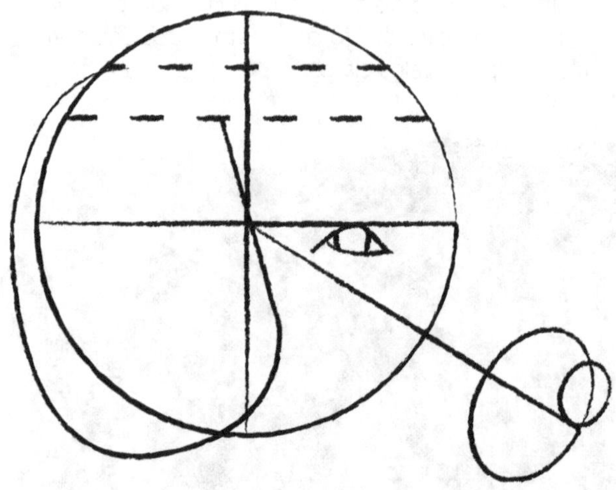

3º passo - Partindo do centro do círculo, trace uma linha diagonal e faça duas elipses na sua extremidade, uma maior e outra menor, marcando a ponta do focinho. Uma linha curva marca a orelha na parte esquerda do círculo.

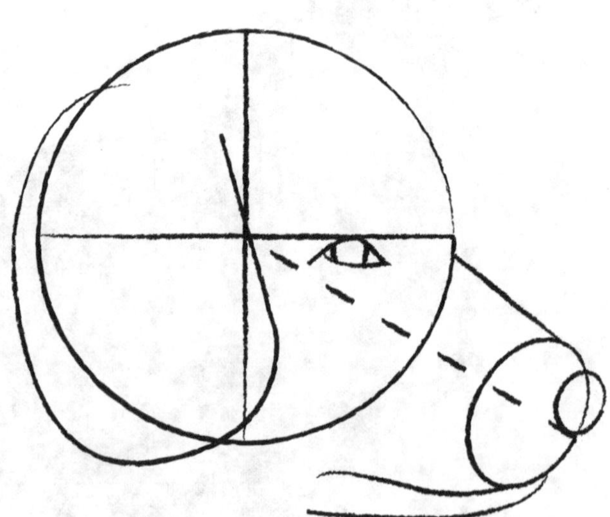

4º passo - Uma forma cônica fecha o focinho.

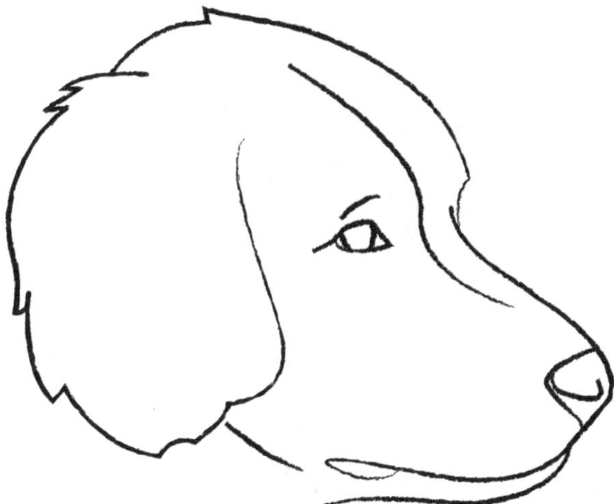

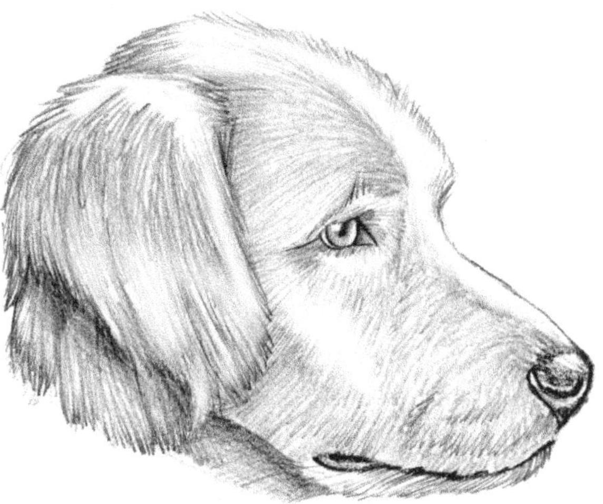

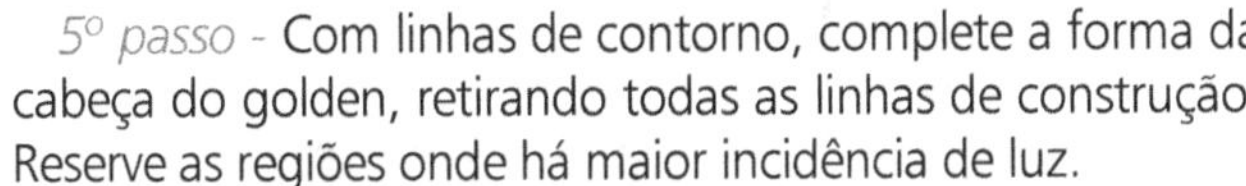

5º passo - Com linhas de contorno, complete a forma da cabeça do golden, retirando todas as linhas de construção. Reserve as regiões onde há maior incidência de luz.

6º passo - Trabalhe nos elementos do rosto, como olhos, nariz e boca, e também faça a textura dos pelos. Note que o comprimento dos fios na região das orelhas é bem maior se comparado ao restante da face.

7º passo - Regiões como o pescoço, abaixo das orelhas e próximas à ponta do focinho têm menor incidência de luz, portanto, trabalhe as regiões mais escuras, dando o devido contraste.

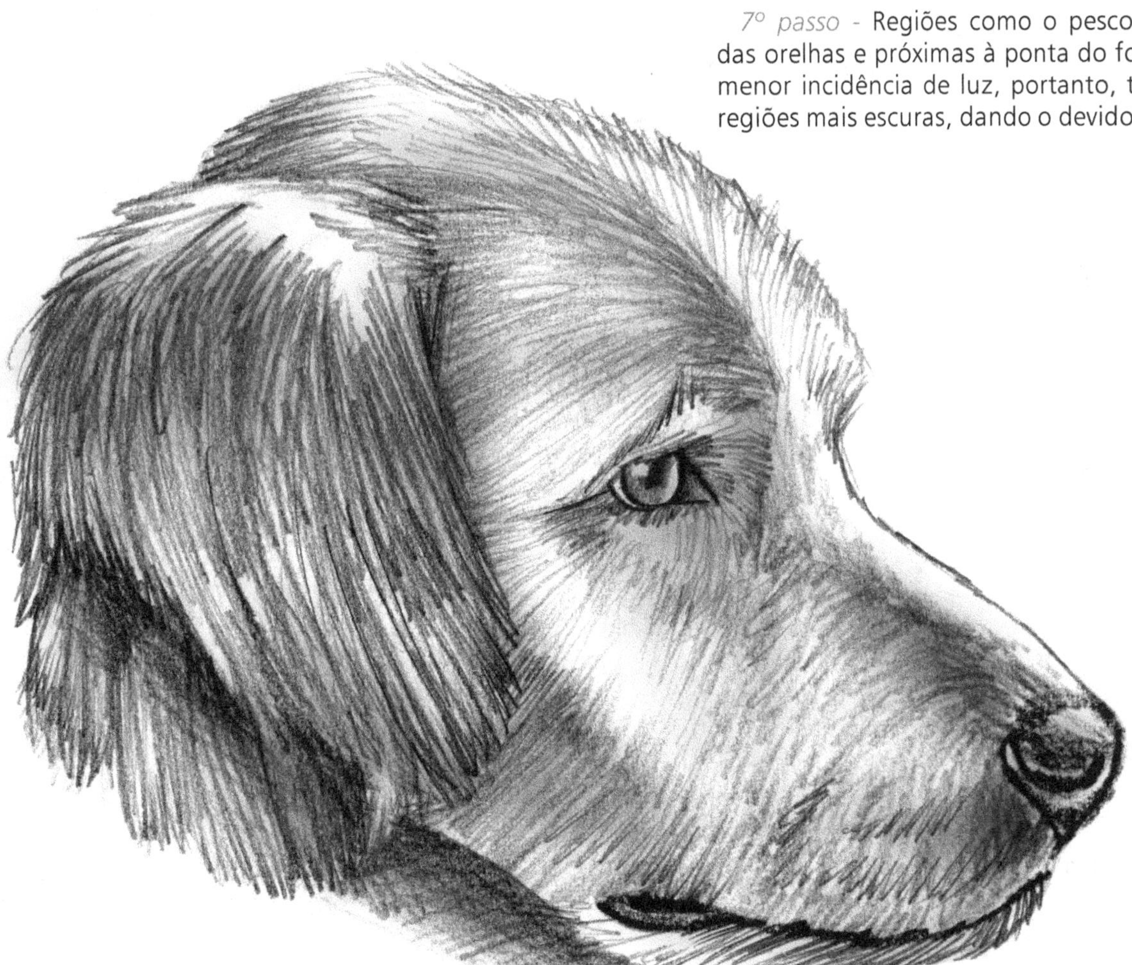

Golden retriever - corpo vista frontal

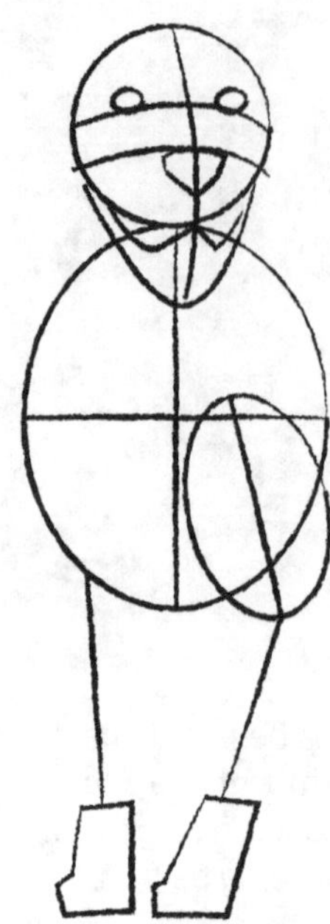

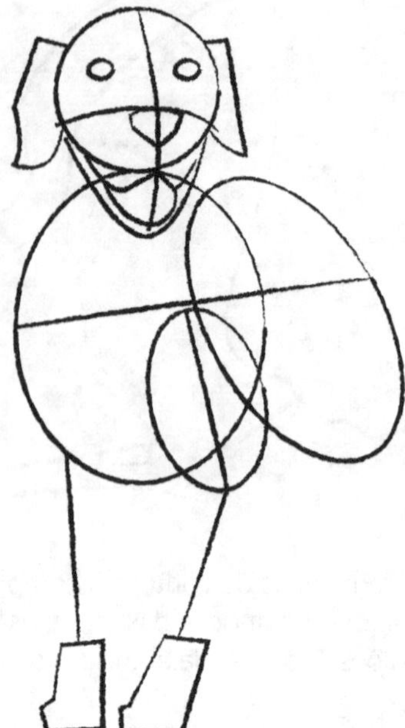

1º passo - A cabeça é representada por um círculo, enquanto o tórax e o músculo do braço são formados por elipses. Linhas diagonais marcam a direção dos membros, e formas semelhantes a losangos compõem os pés dianteiros. Linhas curvas posicionam e direcionam os olhos e o nariz. A parte superior da boca assemelha-se a um "W", e uma parábola forma a parte inferior.

2º passo - Um eixo diagonal, partindo do tórax, posiciona a elipse que dará forma à coxa do animal. Formas irregulares marcam as orelhas, e uma parábola menor reforça a boca.

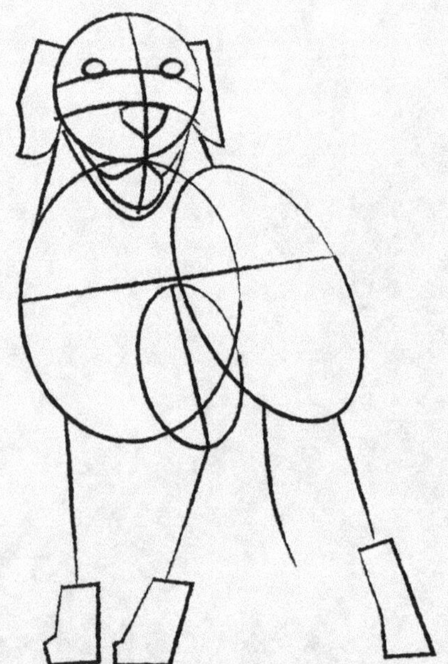

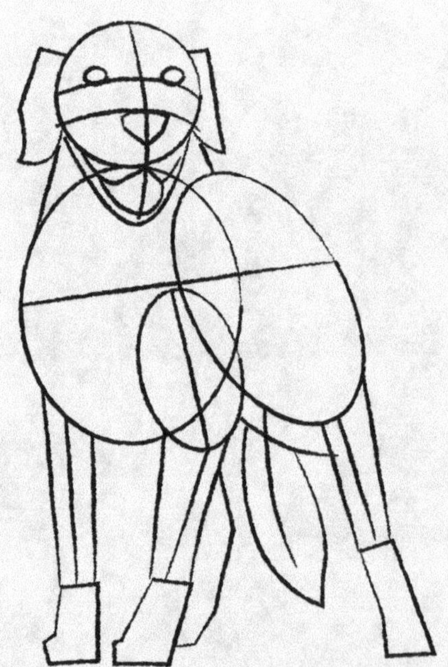

3º passo - Linhas diagonais formam o pescoço e direcionam os membros traseiros.

4º passo - Formas retangulares finalizam a estrutura dos membros, e uma figura semelhante a uma elipse forma a cauda.

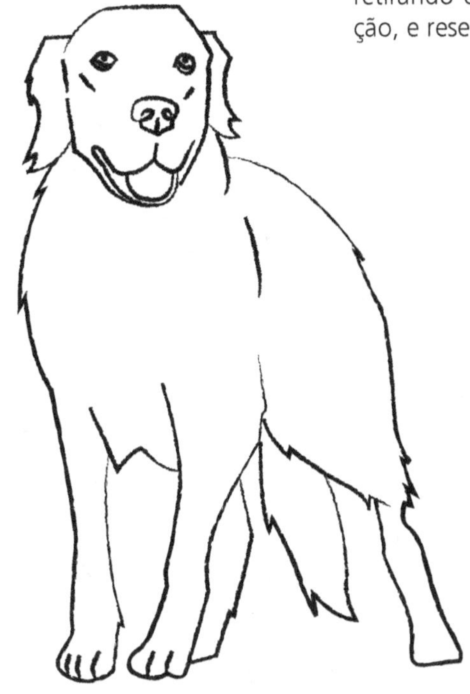

5º passo - Deixe o desenho linear, retirando os elementos de construção, e reserve as áreas claras.

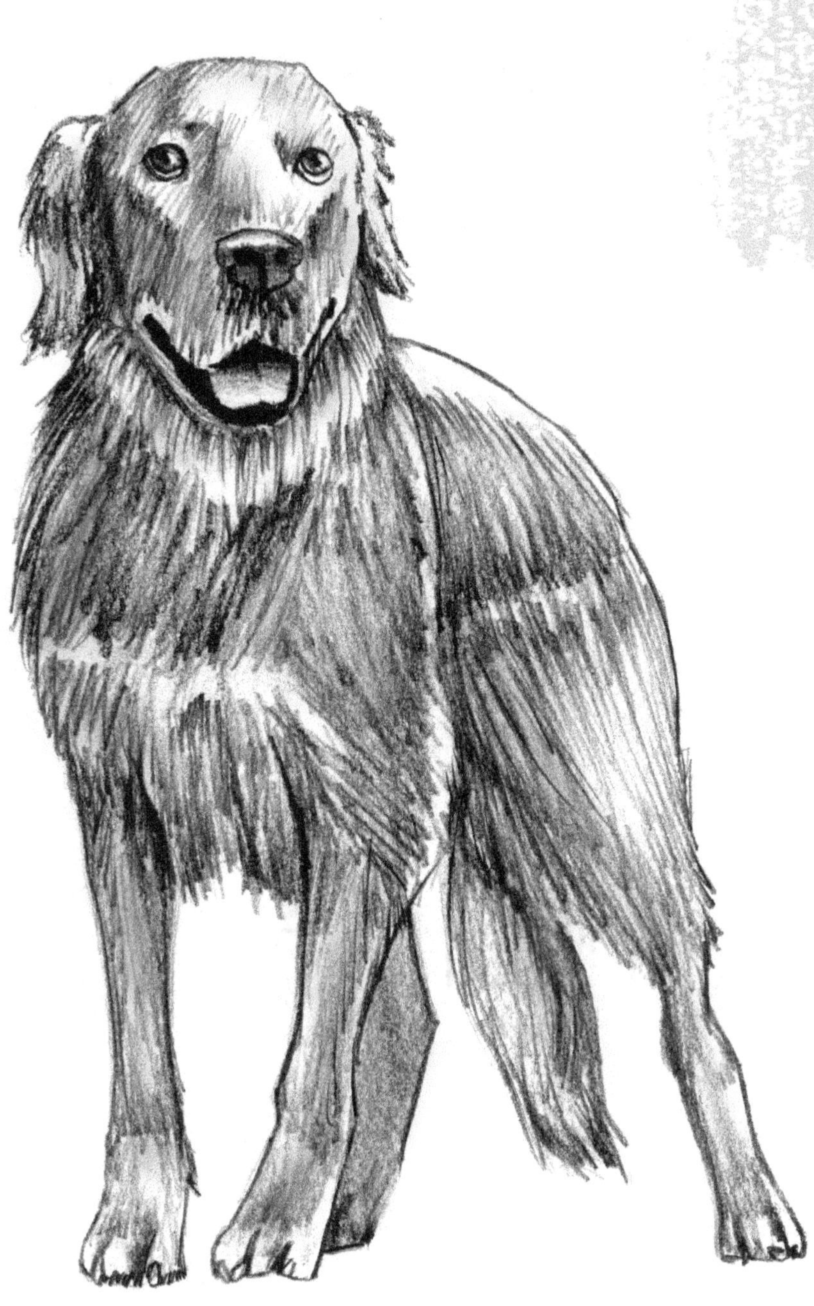

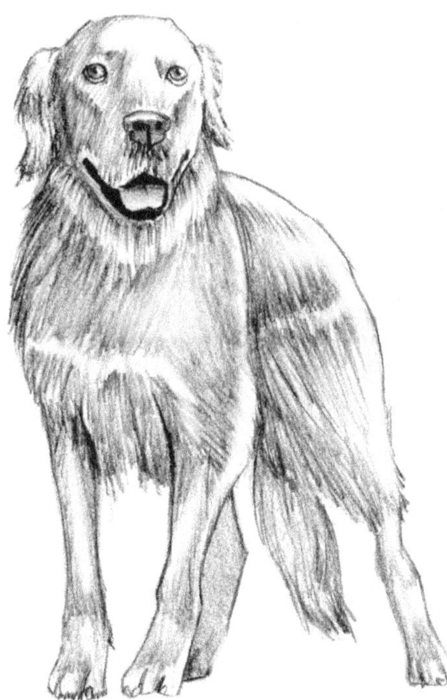

6º passo - Trabalhe a textura dos pelos, dando ênfase às áreas claras e escuras.

7º passo - Para um melhor contraste e definição dos volumes, escureça bem as regiões que ficam ao lado da áreas mais iluminadas.

Golden retriever - cabeça vista frontal

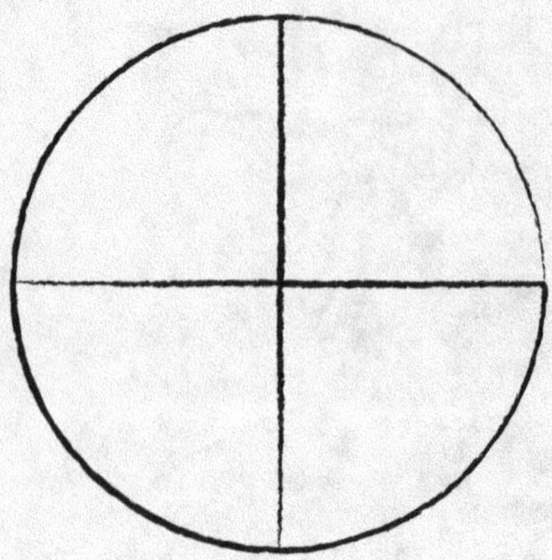

1º passo - **Construa um círculo por meio de um eixo** horizontal e um vertical.

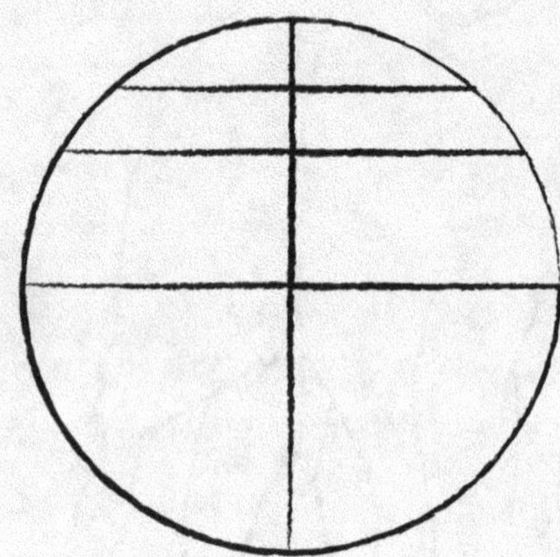

2º passo - Divida ao meio a metade de cima do círculo. Em seguida, divida ao meio também a parte superior.

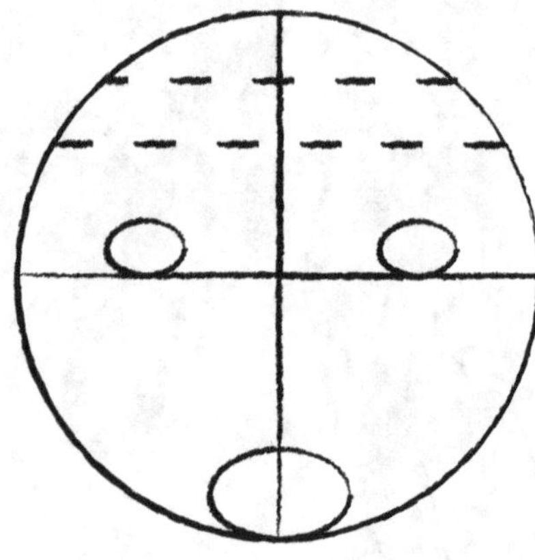

3º passo - Elipses formam os olhos e a trufa nasal. Os olhos estão localizados sobre a linha horizontal, e verticalmente no centro de cada metade do círculo. Já o nariz, fica na parte inferior do círculo.

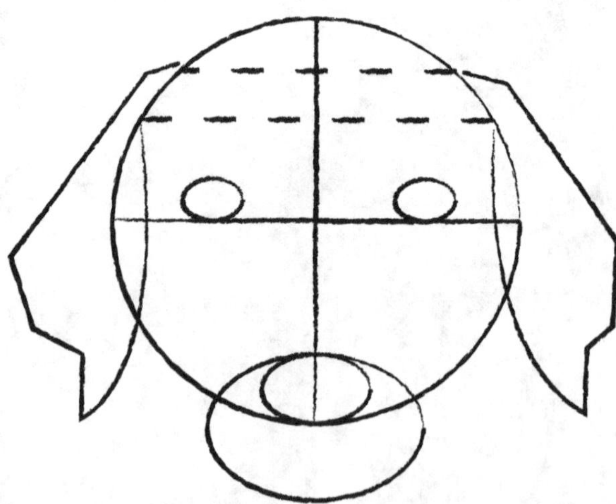

4º passo - As linhas horizontais superiores marcam a altura em que as orelhas se inserem na cabeça, e estas são feitas com formas triangulares. Uma elipse maior posiciona o focinho.

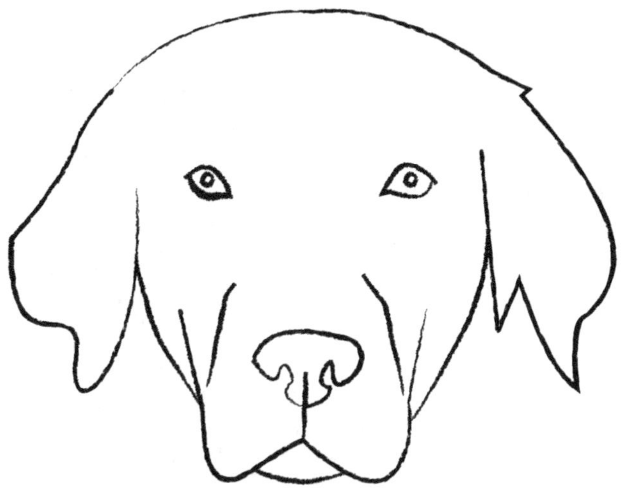 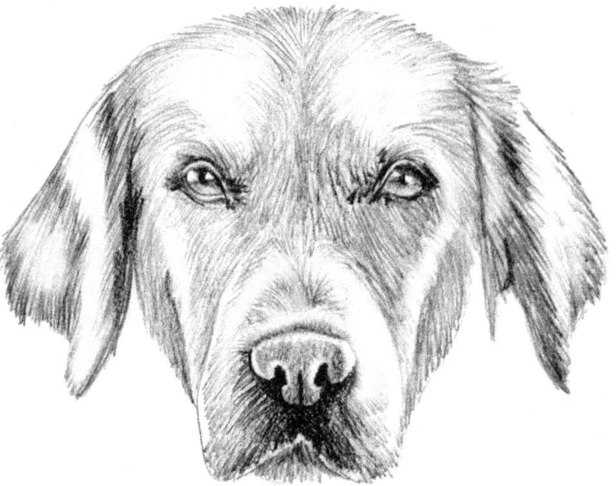

5º passo - Exclua as figuras geométricas, defina os elementos do rosto, como olhos e nariz, e deixe o desenho linear, reservando as áreas mais claras.

6º passo - Trabalhando as áreas mais claras e mais escuras para dar volume à face do animal, faça a textura dos pelos, sempre atento à direção deles.

7 passo - O contraste no desenho realista é essencial. É ele que provoca a impressão de que o focinho está projetado para frente no desenho do rosto frontal dos cães.

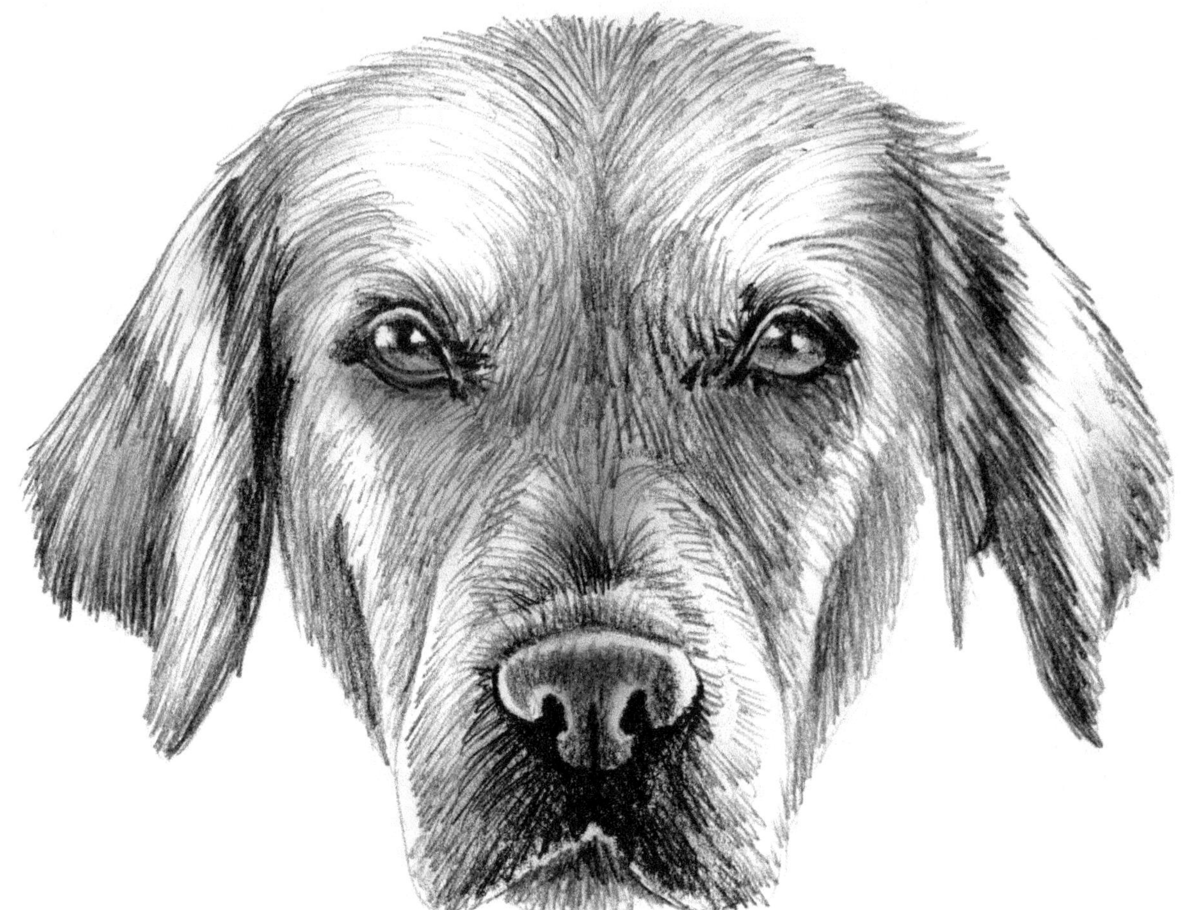

Beagle - corpo vista lateral

Os cães da raça beagle são robustos e de estrutura compacta, em que o nível do peito fica abaixo dos cotovelos, os metacarpos são curtos e a altura na cernelha varia entre 33 cm e 40 cm. São cães farejadores, e possuem o pescoço longo o suficiente para tal função, com pequena barbela. Os pelos que recobrem o corpo são curtos e densos. A cauda é empinada e moderadamente comprida.

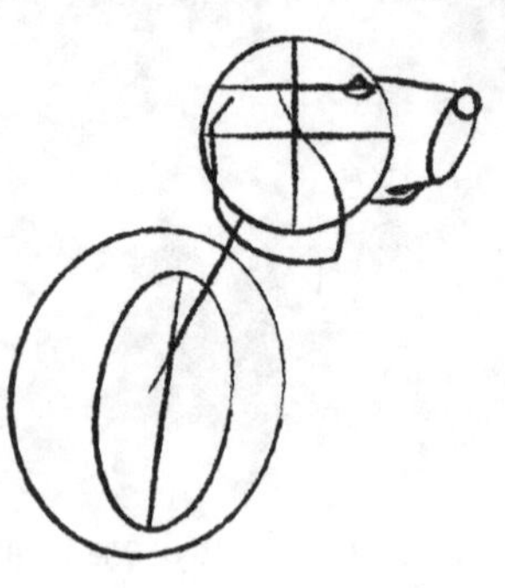

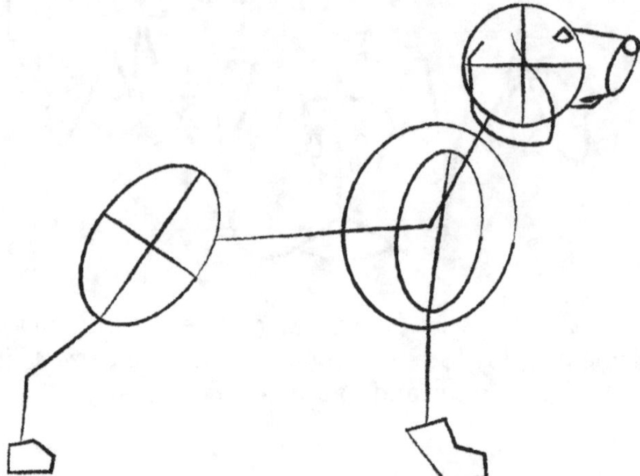

1º passo - A cabeça é formada por um círculo cuja parte de cima é dividida ao meio, marcando a linha dos olhos, a base da orelha e a parte superior do focinho, que tem formato cônico com uma pequena elipse em diagonal na ponta. Uma linha diagonal faz o eixo do pescoço, e duas elipses formam o peitoral e o braço.

2º passo - Um eixo levemente inclinado une a região torácica com a pélvica, onde o músculo da coxa é formado por uma elipse. Linhas verticais e diagonais direcionam os membros, e figuras irregulares formam as patas.

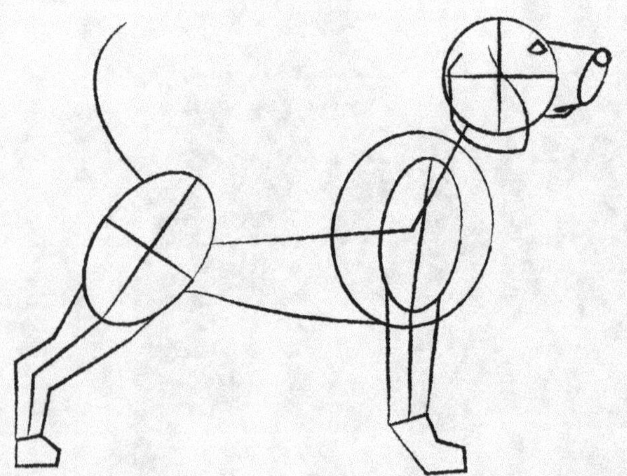

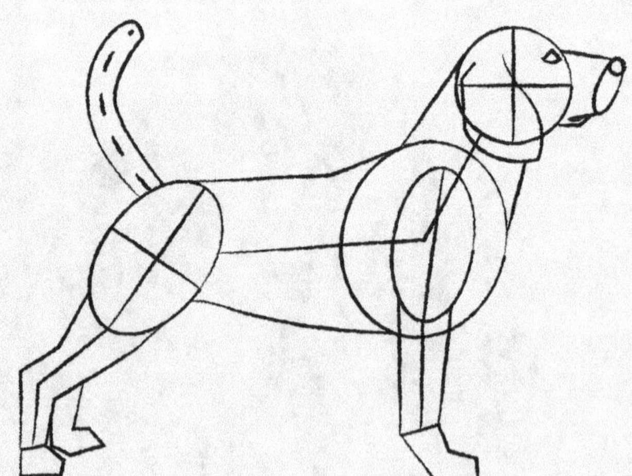

3º passo - Linhas curvas formam a região ventral e a cauda, e figuras retangulares e triangulares fecham a estrutura dos membros.

4º passo - Ligue as formas geométricas, formando a região dorsal e o pescoço. Faça o formato da cauda de maneira uniforme.

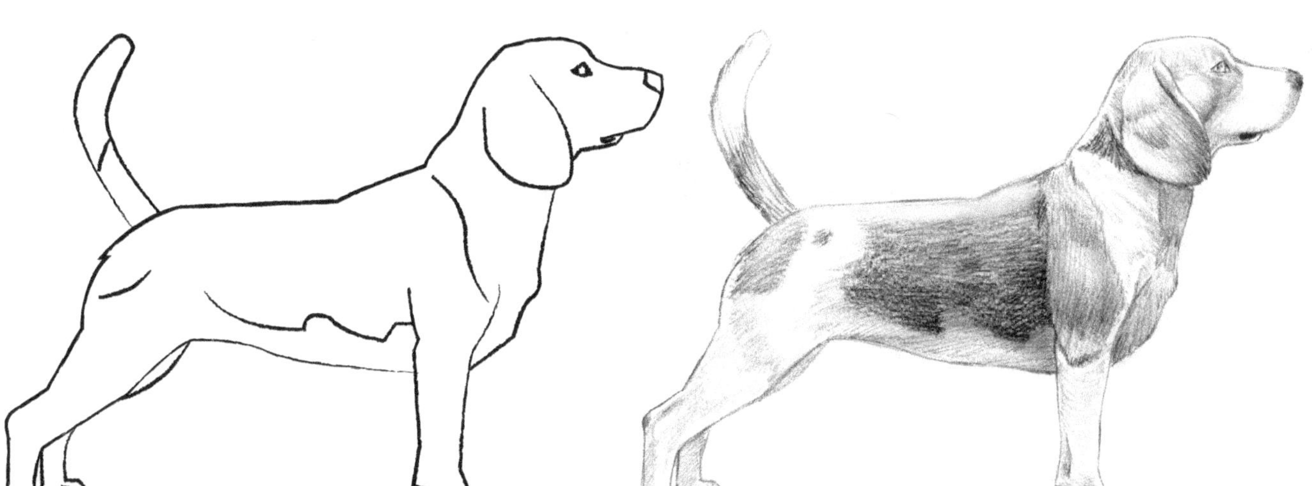

5º passo - Desfaça o esquema geométrico, deixando o desenho linear. Reserve as áreas de maior incidência de luz.

6º passo - Faça o sombreamento, utilizando a escala tonal para dar forma e volume ao corpo do cachorro.

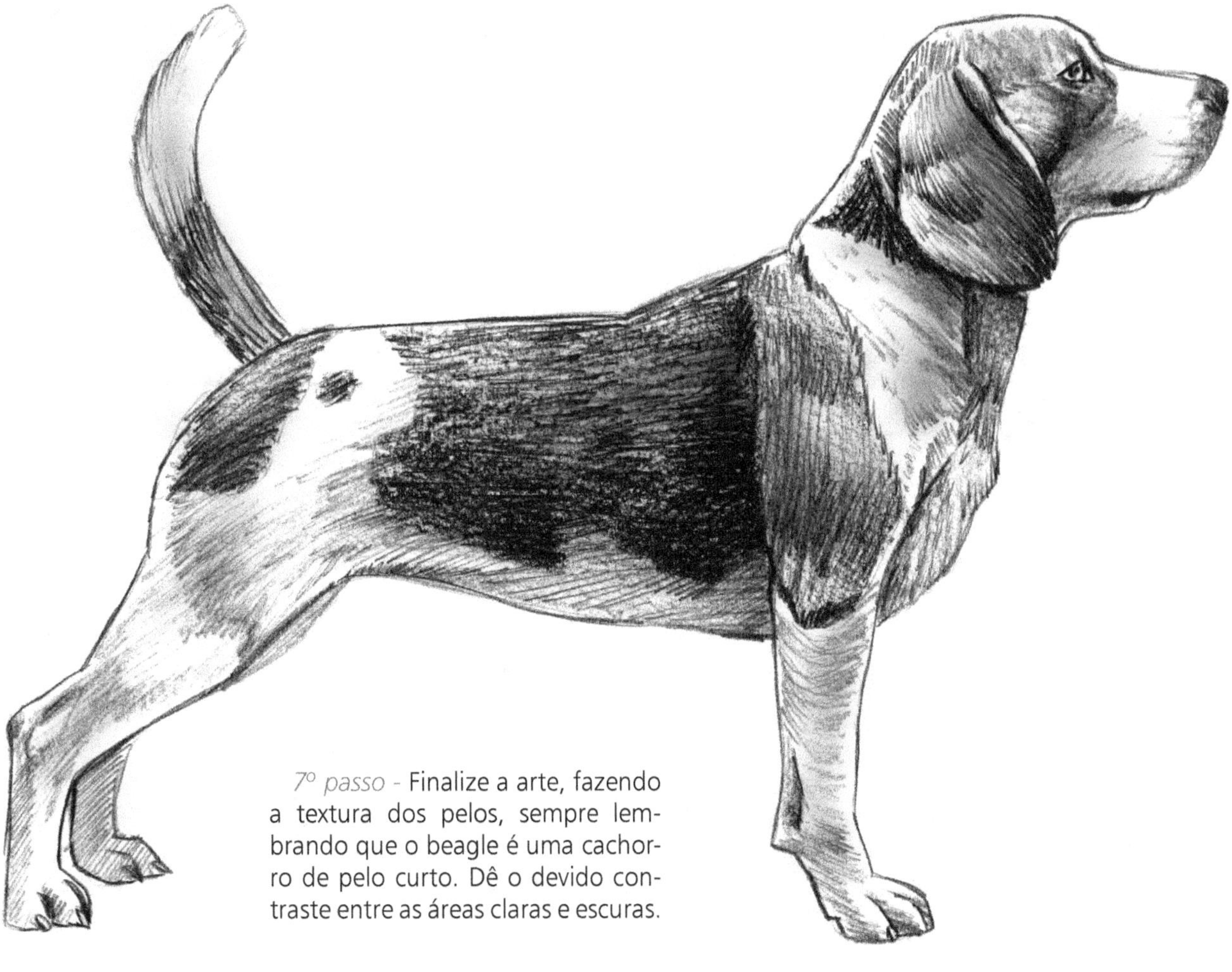

7º passo - Finalize a arte, fazendo a textura dos pelos, sempre lembrando que o beagle é uma cachorro de pelo curto. Dê o devido contraste entre as áreas claras e escuras.

Beagle - cabeça vista de perfil

Em relação à cabeça do beagle, a medida do comprimento do crânio é semelhante à medida do focinho. Possui o stop bem definido, a trufa nasal larga e, geralmente, preta; os olhos são relativamente grandes e bem separados. As orelhas são longas, caídas próximas à face e possuem as extremidades arredondadas.

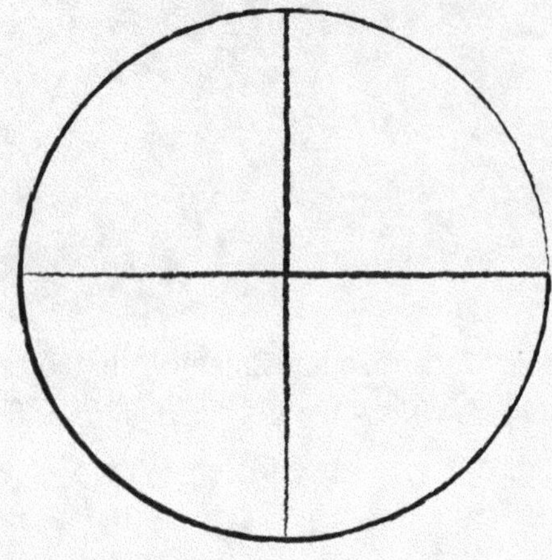

1º passo - Construa um círculo com um eixo vertical e um horizontal.

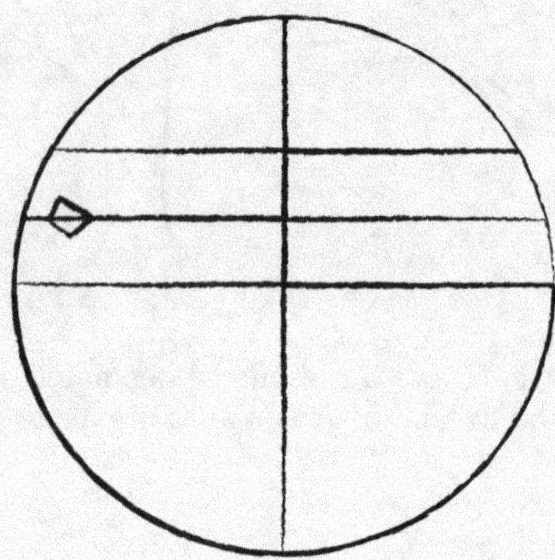

2º passo - Divida ao meio a metade de cima do círculo, formando duas partes. Divida também a segunda parte ao meio para encontrar a linha dos olhos.

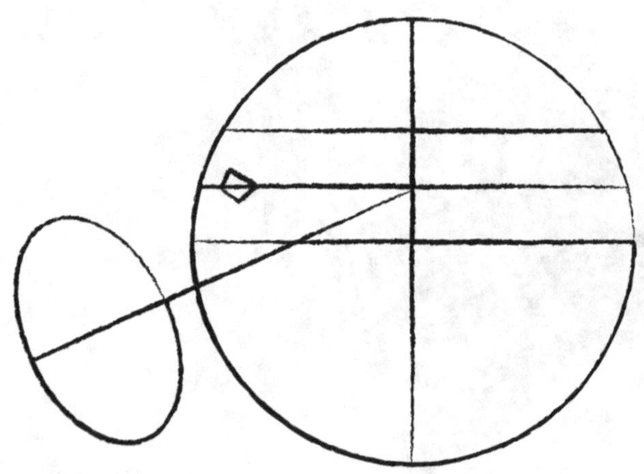

3º passo - Uma linha diagonal, que parte da linha dos olhos, liga a cabeça à extremidade do focinho, formada por uma elipse.

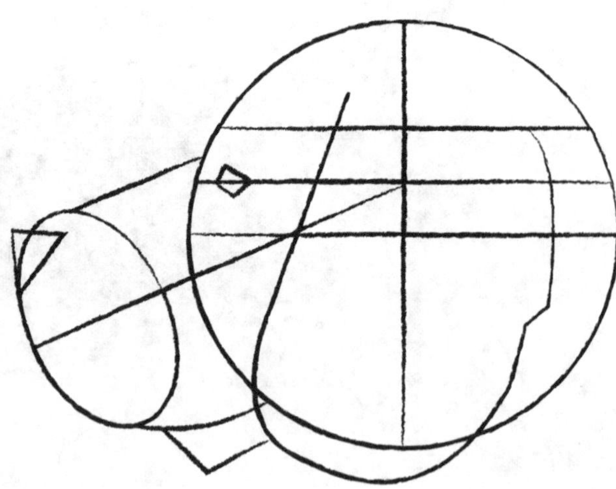

4º passo - Um triângulo forma a trufa nasal, e uma linha curva em forma de "U" forma a orelha. Una a elipse ao círculo, fechando a estrutura do focinho.

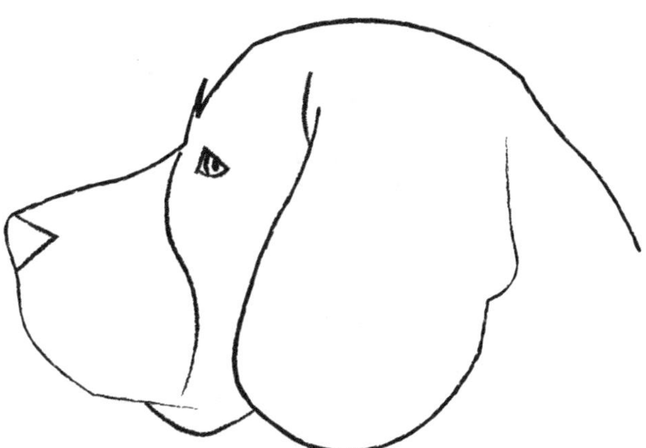

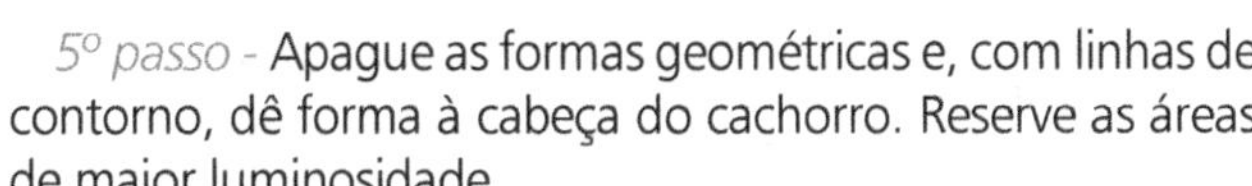

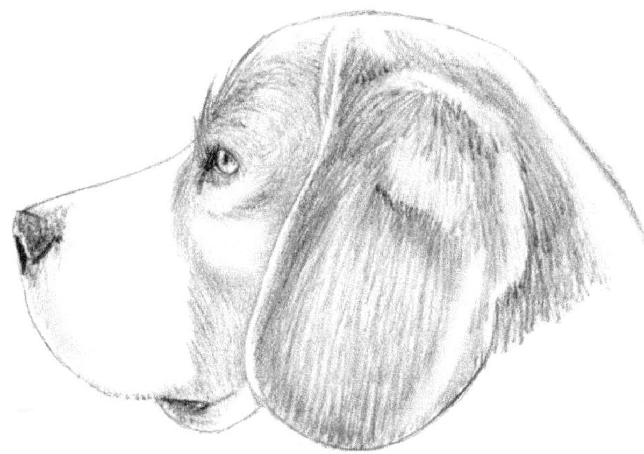

5º passo - Apague as formas geométricas e, com linhas de contorno, dê forma à cabeça do cachorro. Reserve as áreas de maior luminosidade.

6º passo - Defina os olhos e o nariz. Com efeitos tonais, faça o sombreamento, a fim de dar forma e volume à cabeça do animal.

7º passo - Finalize o desenho, trabalhando na textura dos pelos. Nas áreas onde o pelo é branco, como no focinho, não se desenha nada. O volume nesta região é feito acrescentando pelos em pequenas quantidades e somente em alguns pontos.

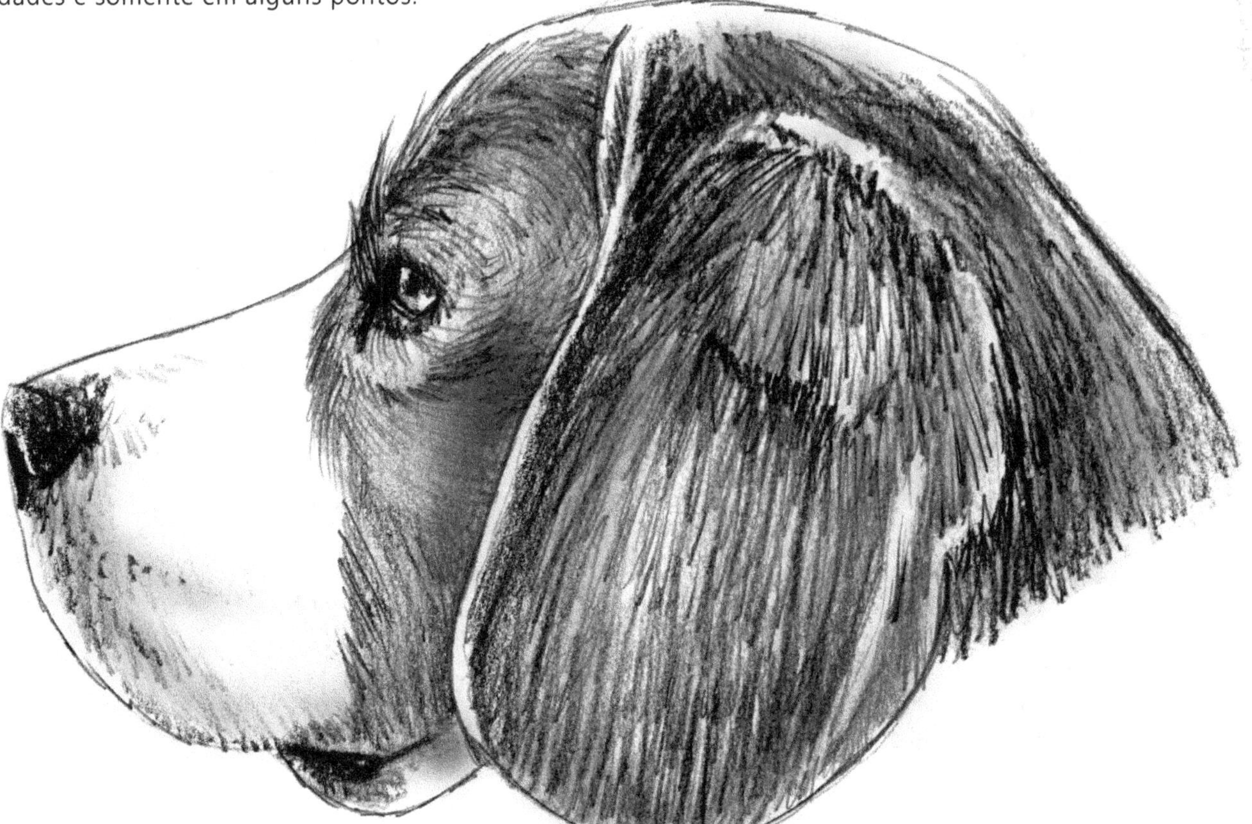

Beagle - corpo vista frontal

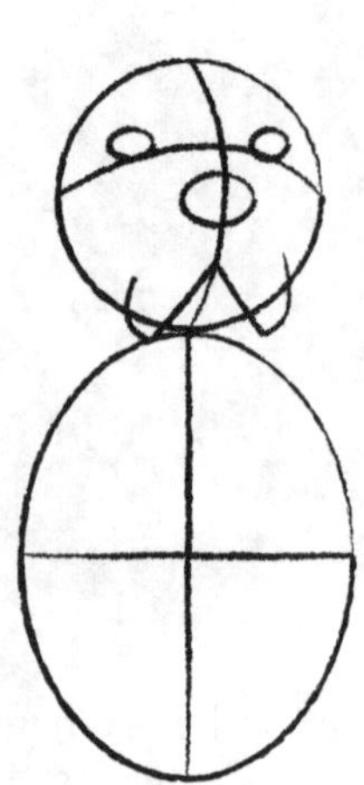

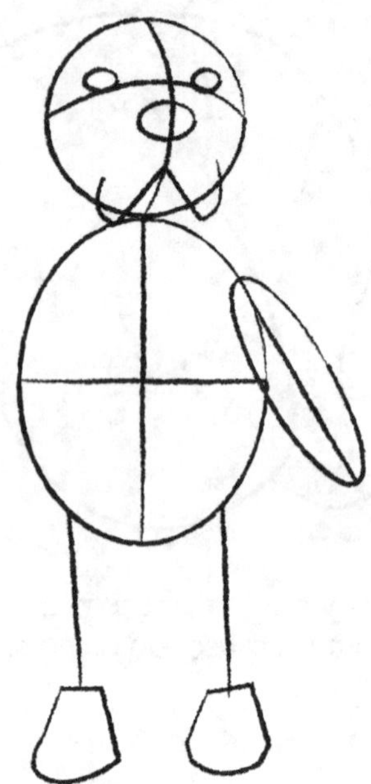

1º passo - Um círculo forma a cabeça, e eixos curvos posicionam e direcionam os olhos, o focinho e a parte superior da boca, formada por uma linha curva semelhante a um "W". Uma elipse forma o peitoral.

2º passo - Posicione uma elipse menor para fazer a coxa. Dois eixos verticais marcam a posição dos membros dianteiros, e formas ligeiramente arredondadas fazem as patas.

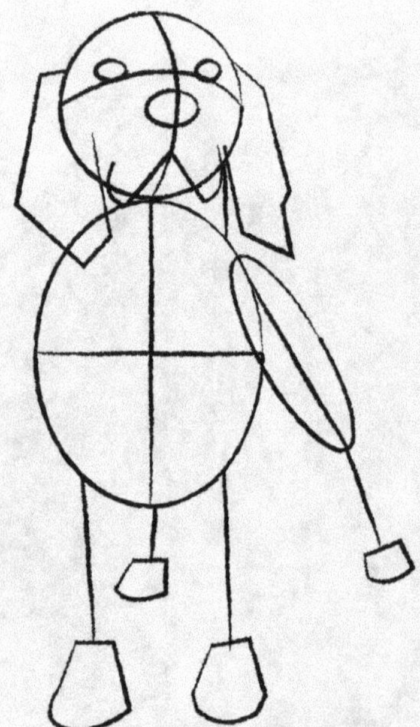

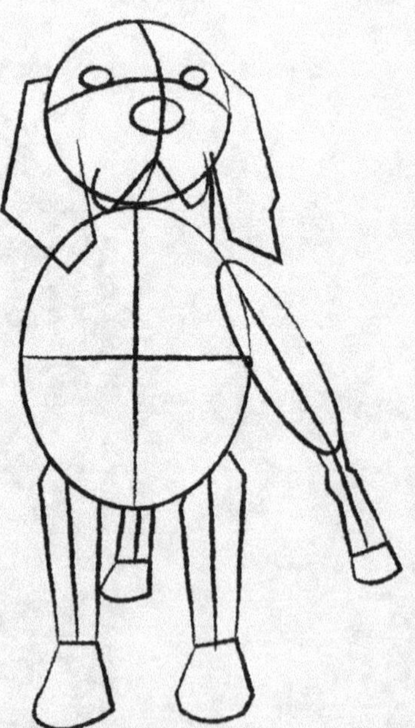

3º passo - Acrescente mais dois eixos para os membros traseiros, e formas semelhantes a quadrados para as patas de trás. A exemplo da figura, faça as orelhas com formas irregulares.

4º passo - Com formas retangulares e triangulares, feche a estrutura dos membros.

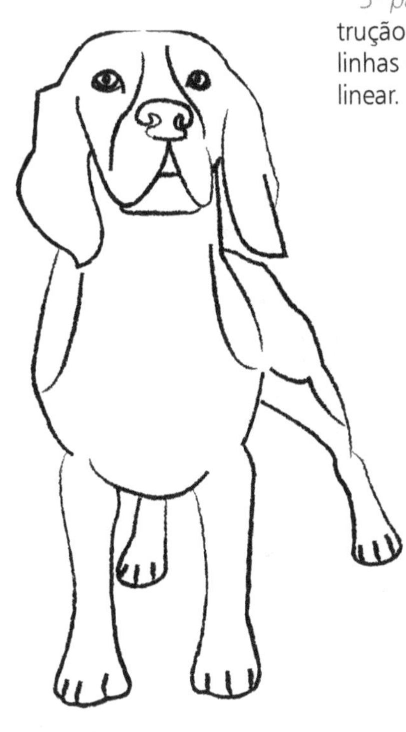

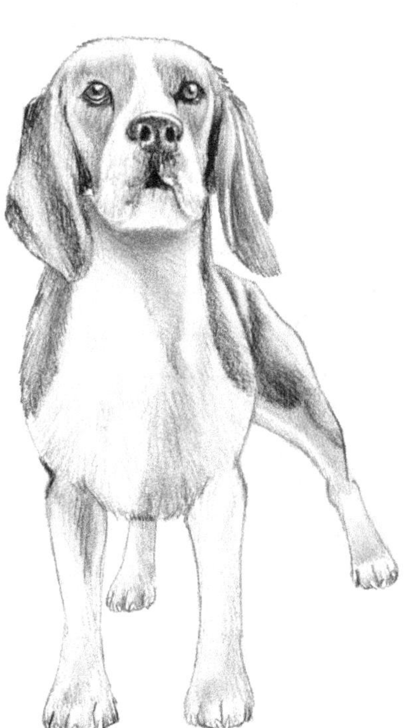

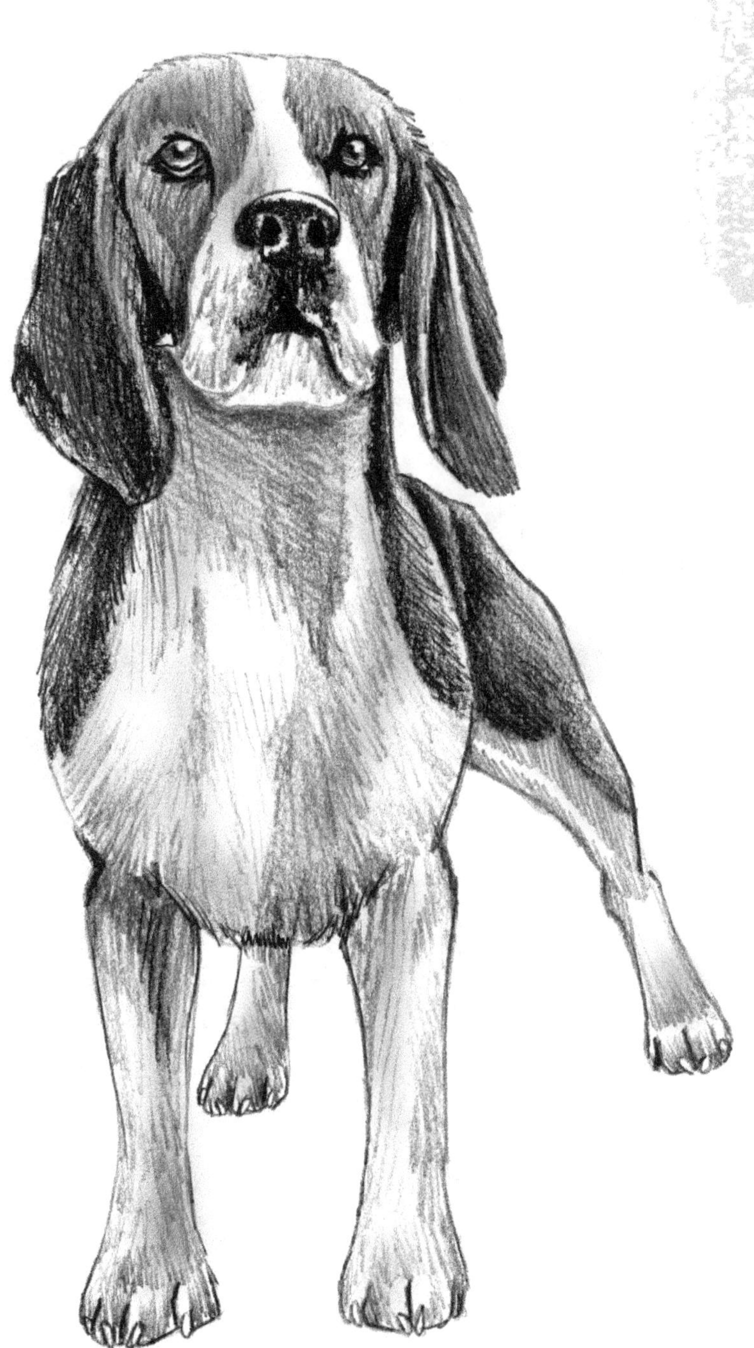

6º passo - Aplique os efeitos tonais para fazer o sombreamento, dando as formas e os volumes necessários.

7º passo - Trabalhe na textura dos pelos, e finalize a arte com bastante contraste entre as regiões claras e escuras.

Beagle - cabeça vista frontal

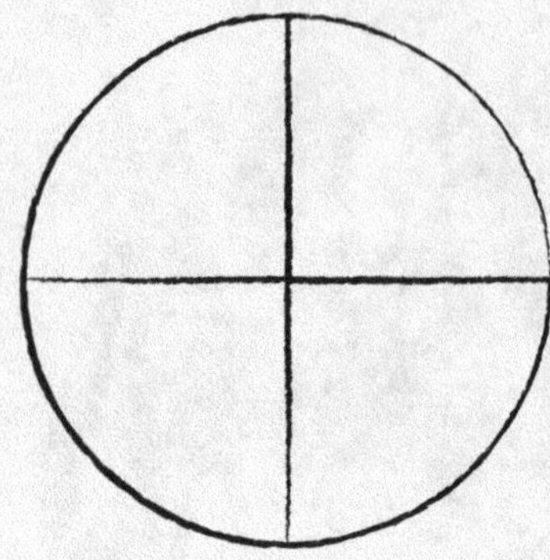

1º passo - Comece o desenho da cabeça com um círculo construído por eixos horizontais e verticais.

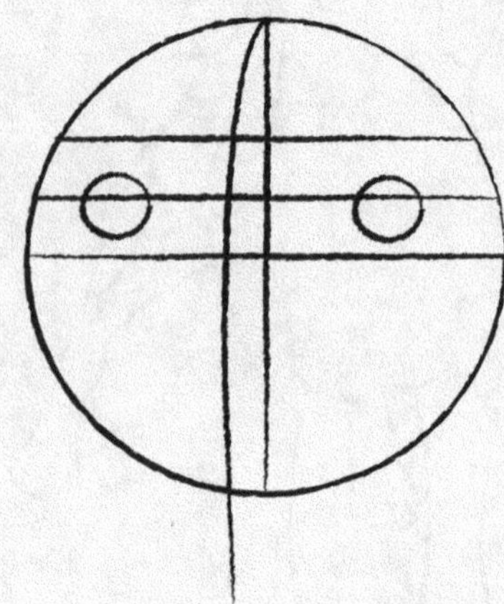

2º passo - Divida ao meio a parte superior do círculo, formando duas partes. Divida, novamente, a segunda parte, marcando a linha dos olhos. Faça uma linha ligeiramente curvada na extremidade superior e deslocada à esquerda do eixo vertical para direcionar o focinho.

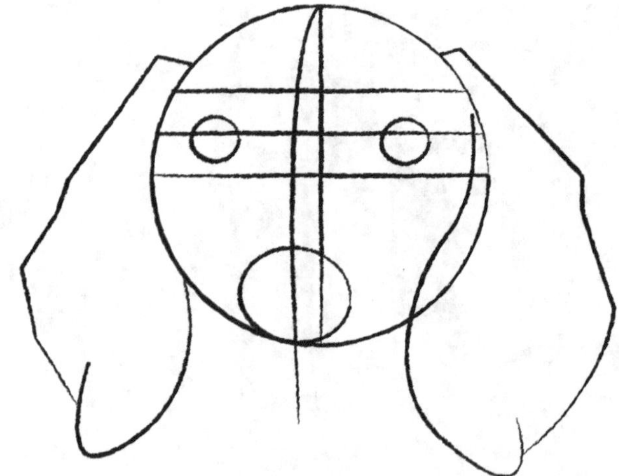

3º passo - Faça uma elipse na parte inferior do círculo, de modo que o centro dela seja a linha do focinho. A exemplo da figura, desenhe as orelhas com formas irregulares.

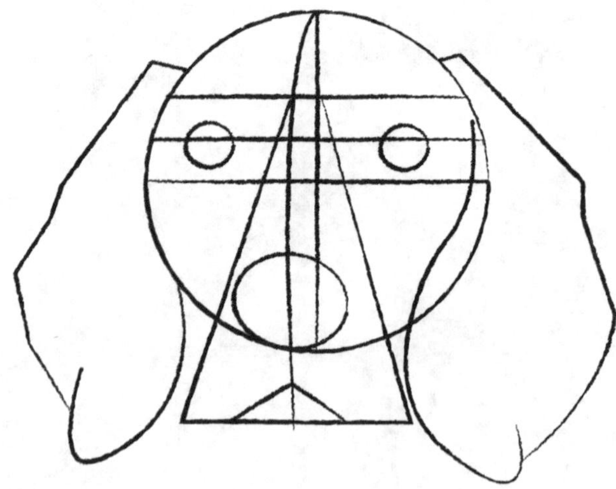

4º passo - Desenhe um grande triângulo, de modo que a linha do focinho passe pelo centro. Na base do triângulo, faça um triângulo menor, marcando a região da boca.

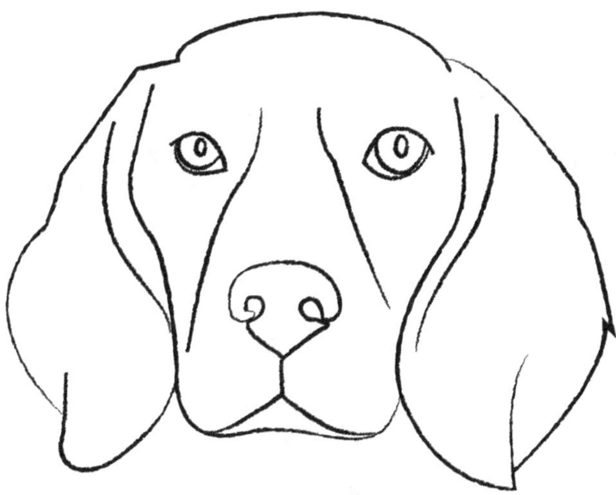

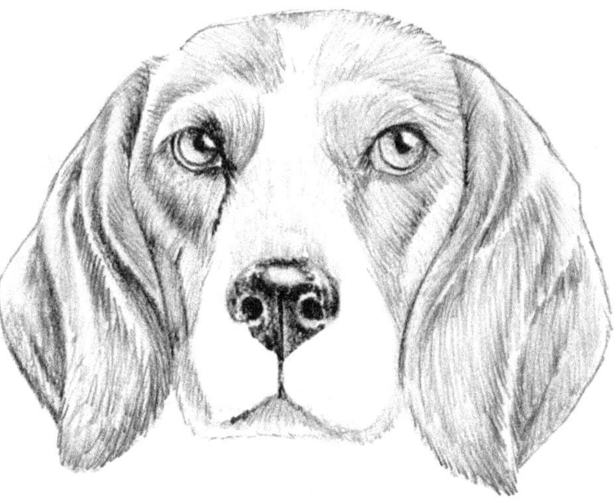

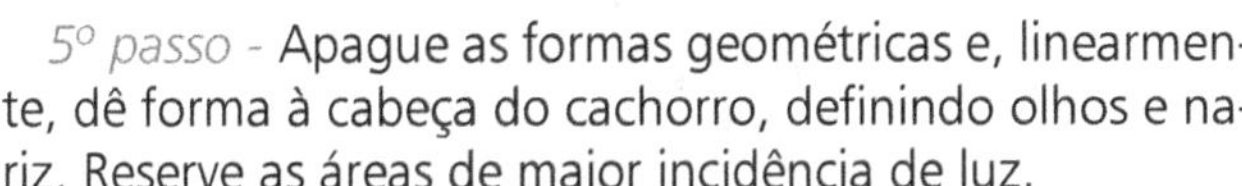

5º passo - Apague as formas geométricas e, linearmente, dê forma à cabeça do cachorro, definindo olhos e nariz. Reserve as áreas de maior incidência de luz.

6º passo - Trabalhe as formas e o volume, utilizando a escala tonal e a textura dos pelos. Esteja sempre atento à direção dos pelos.

7º passo - Para a arte final do desenho, trabalhe o contraste entre regiões claras e escuras. Só se consegue o efeito de dobras nas orelhas, por exemplo, aplicando os contrastes adequados.

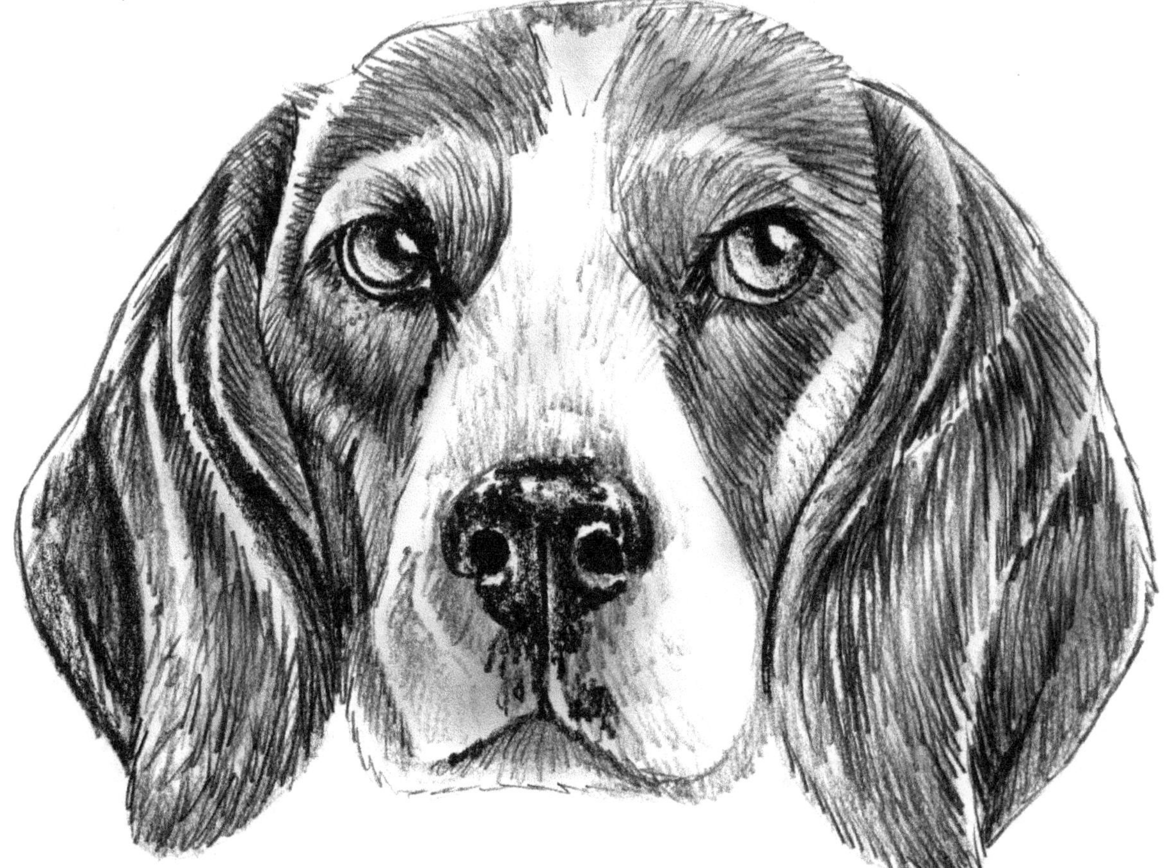

Rottweiler - corpo vista lateral

Os rottweilers são considerados cães de porte médio para grande. São robustos e possuem a estrutura proporcional, forte e resistente. O comprimento do tronco é um pouco maior que a medida da altura na cernelha, que nos machos varia de 61 cm a 68 cm, e nas fêmeas é de 56 cm a 63 cm. Vistos de trás ou de frente, os membros são moderadamente afastados, e os membros traseiros são um pouco mais alongados que os dianteiros. A pelagem é rígida, de comprimento médio e densa.

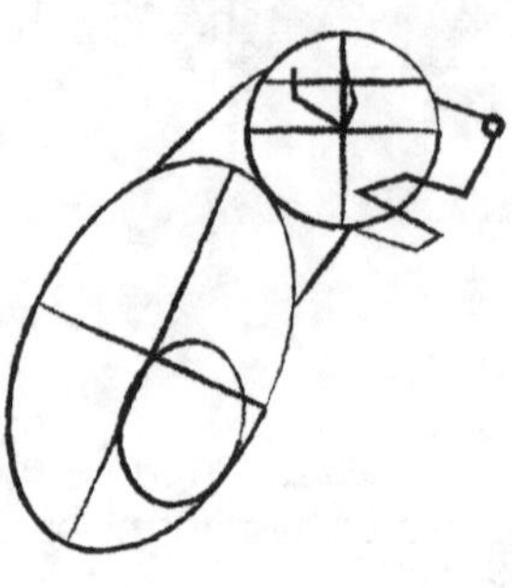

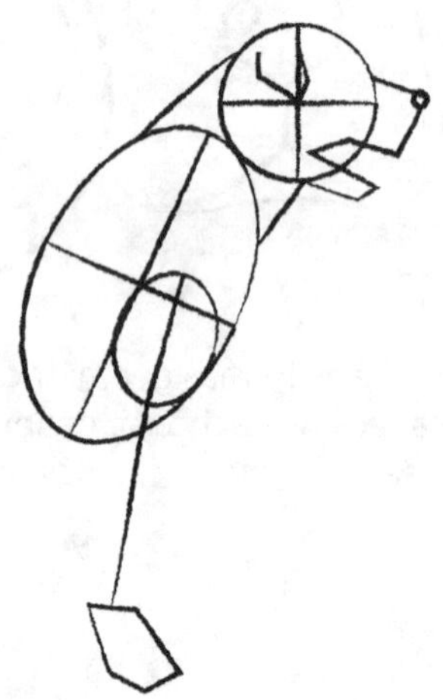

1º passo - Faça a cabeça, utilizando um círculo. Os eixos de construção do círculo servem como referência para posicionar os elementos da cabeça, como focinho, olho e orelha. Duas elipses inclinadas formam o peitoral e o músculo do braço. Una o peitoral à cabeça com linhas diagonais, formando o pescoço.

2º passo - A partir da elipse menor, trace um eixo para direcionar o membro dianteiro. Com uma forma irregular, desenhe a pata, conforme se vê na figura.

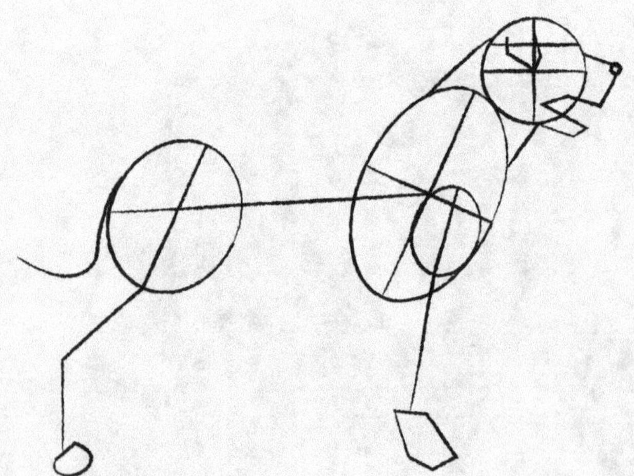

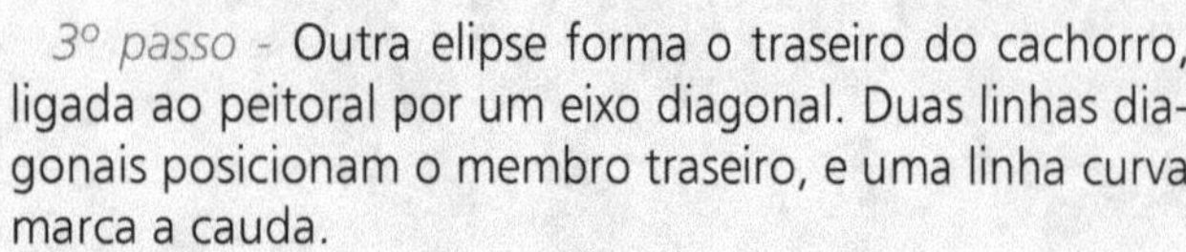

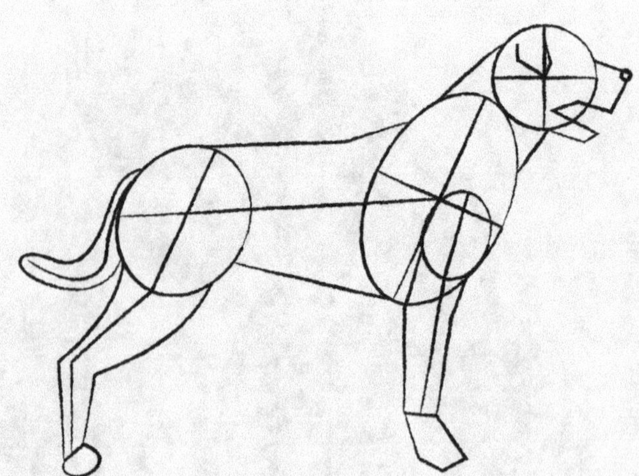

3º passo - Outra elipse forma o traseiro do cachorro, ligada ao peitoral por um eixo diagonal. Duas linhas diagonais posicionam o membro traseiro, e uma linha curva marca a cauda.

4º passo - Feche a estrutura dos membros e da cauda, e una as elipses para formar o tronco.

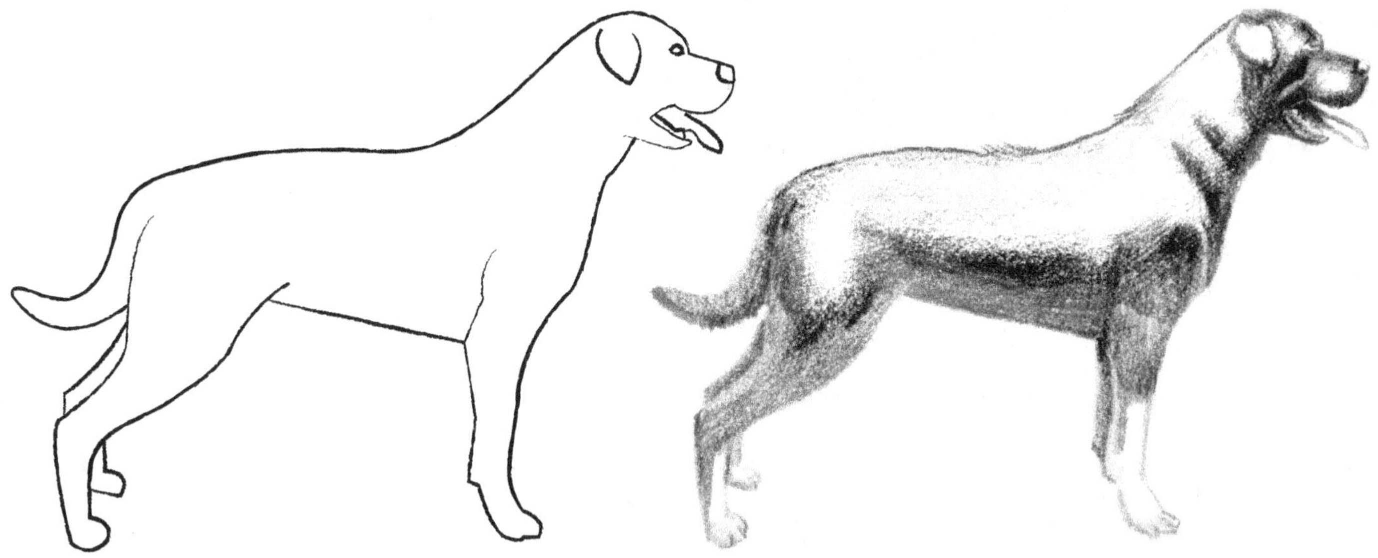

5º passo - Elimine o esquema geométrico e deixe o desenho linear por traço de contorno, dando a real forma ao corpo do cachorro.

6º passo - Utilizando a escala tonal, faça o sombreamento do cachorro, reservando as áreas onde há maior incidência de luz.

7º passo - A arte final é feita pela colocação da textura dos pelos corporais, lembrando que o rottweiler é um cachorro de pelo médio. Como a pelagem é escura, trabalhe com cuidado o contraste nas regiões mais iluminadas e a luz refletida, fazendo as sombras extremamentes escuras para dar o efeito de volume.

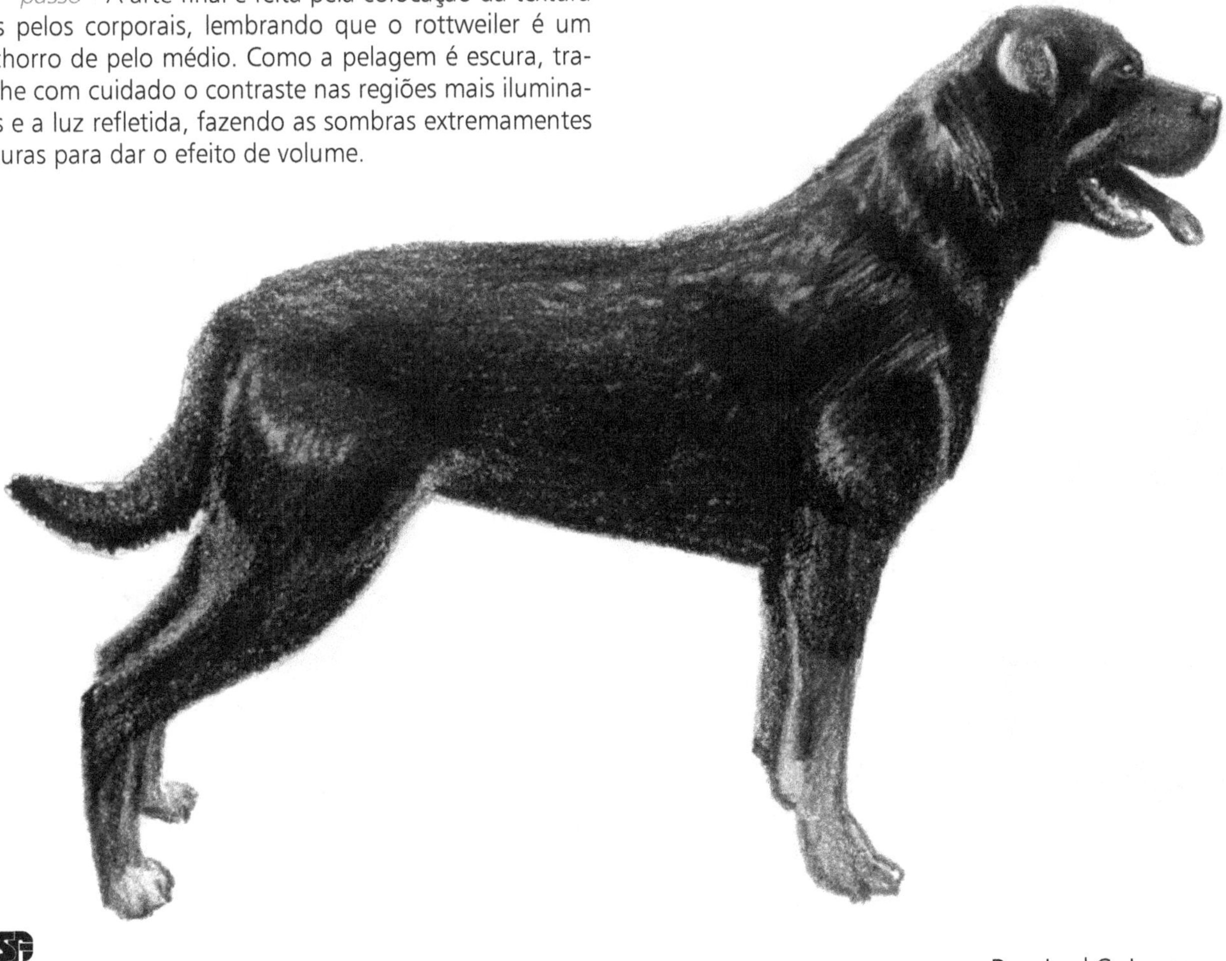

Rottweiler - cabeça vista de 3/4

Em relação à cabeça e os elementos da face do rottweiler, a raça possui o crânio largo entre as orelhas, que são pendentes e triangulares, tem o stop bem definido, a trufa nasal larga e preta, além de lábios e gengiva escuros. Os olhos são amendoados e marrons. O pescoço é bem musculoso e sem barbelas.

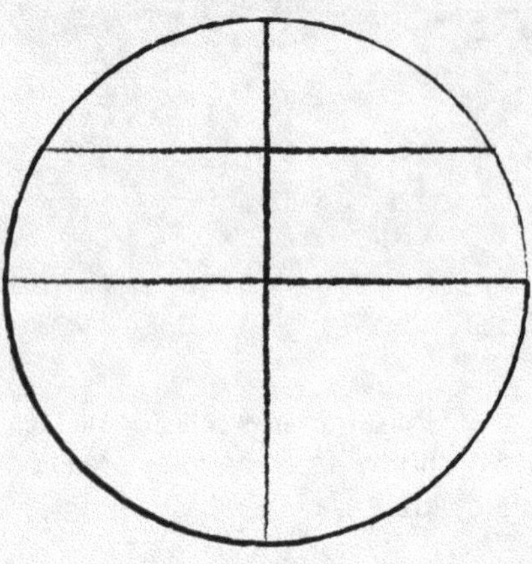

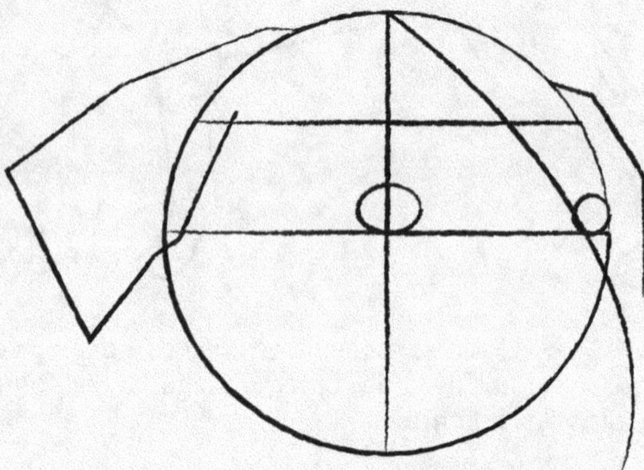

1º passo - Um círculo, construído com um eixo horizontal e um vertical, forma a cabeça. Divida ao meio a parte superior do círculo.

2º passo - Os olhos são elipses e estão posicionados no eixo horizontal central, um no meio e o outro na extremidade direita. Uma linha curva partindo de cima do círculo direciona o focinho, e uma figura triangular e uma linha formam as orelhas.

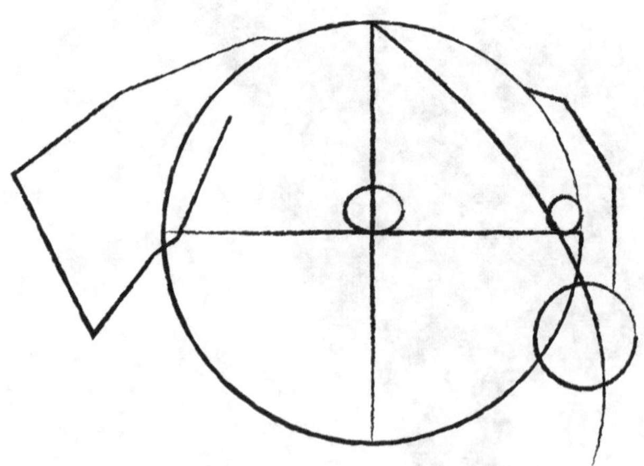

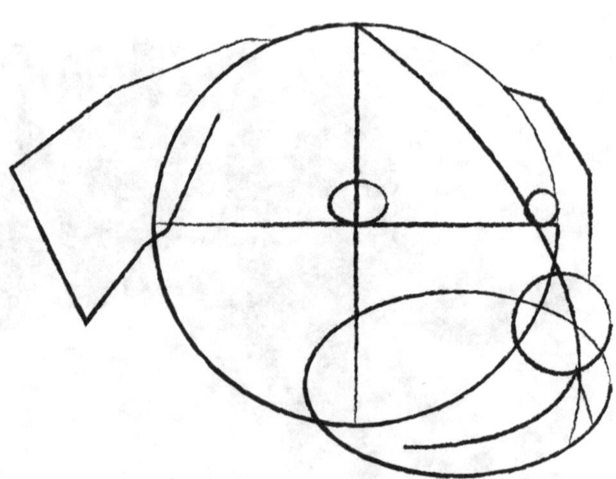

3º passo - Marque a posição da trufa nasal com um pequeno círculo.

4º passo - Uma elipse posiciona o focinho, e duas linhas curvas marcam a abertura da boca.

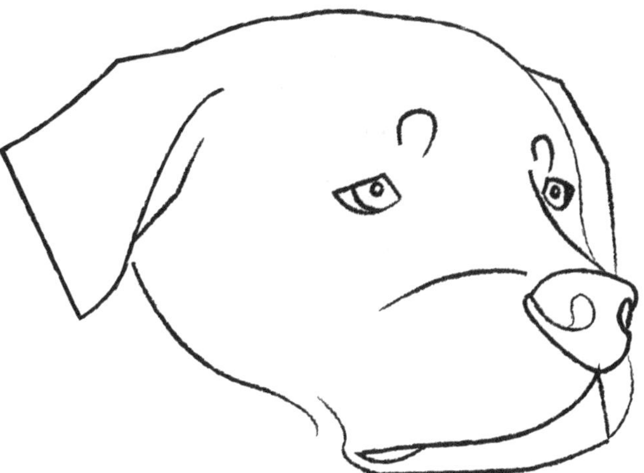

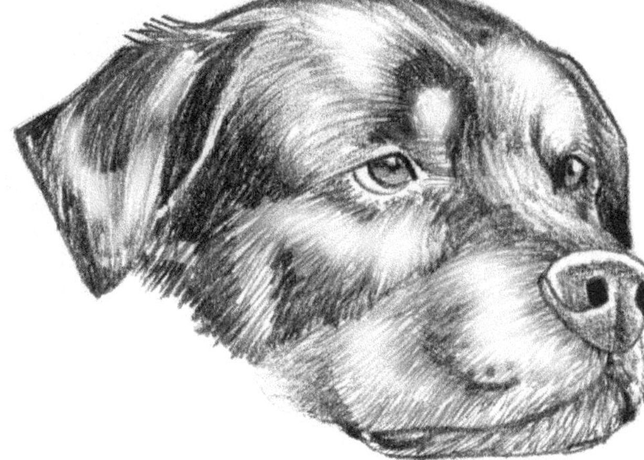

5º passo - Agora, retire todas as linhas de construção e, com linhas de contorno, faça a forma real da cabeça do cachorro. Defina também os olhos e o nariz.

6º passo - Atento às áreas com maior incidência de luz, para desenvolver um bom efeito de volume, aplique a textura dos pelos, direcionando-os corretamente.

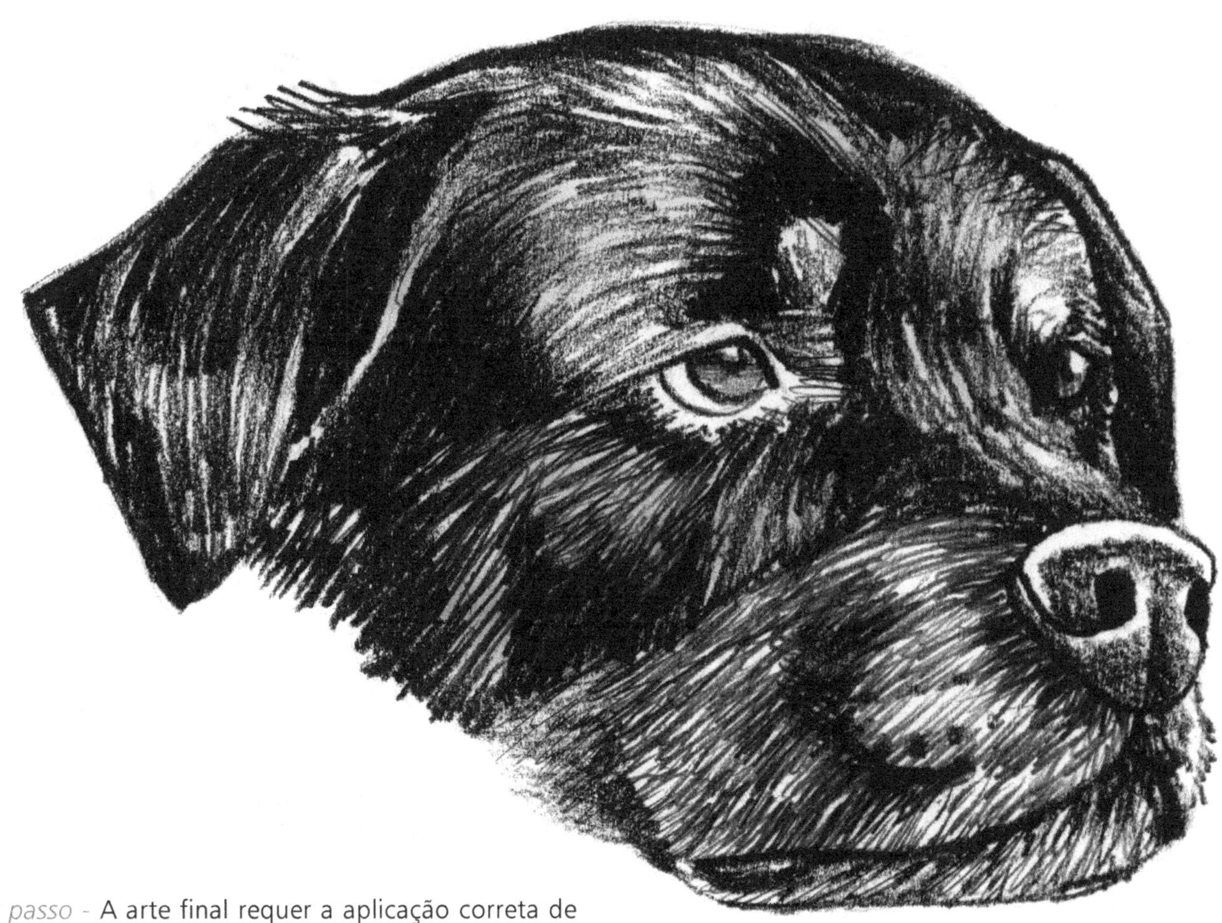

7º passo - A arte final requer a aplicação correta de contrastes, escurecendo bastante as áreas de sombra.

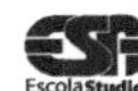

Rottweiler - corpo vista frontal

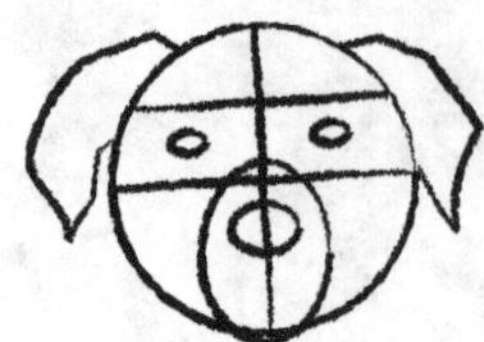

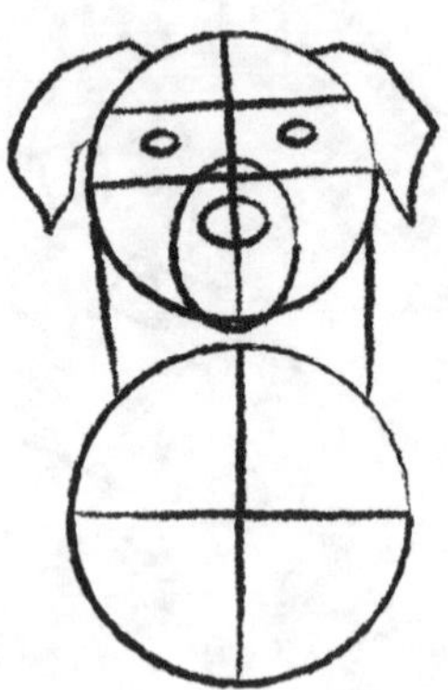

1º passo - Por meio de eixos, construa a cabeça do cachorro com um círculo e divida a parte superior ao meio, para posicionar os olhos. Duas elipses, uma maior na posição vertical e uma menor na posição horizontal, marcam o focinho, e formas irregulares, como na figura, formam as orelhas.

2º passo - Um círculo ligeiramente maior forma o peitoral do cachorro. Una-o à cabeça com linhas verticais, formando o pescoço.

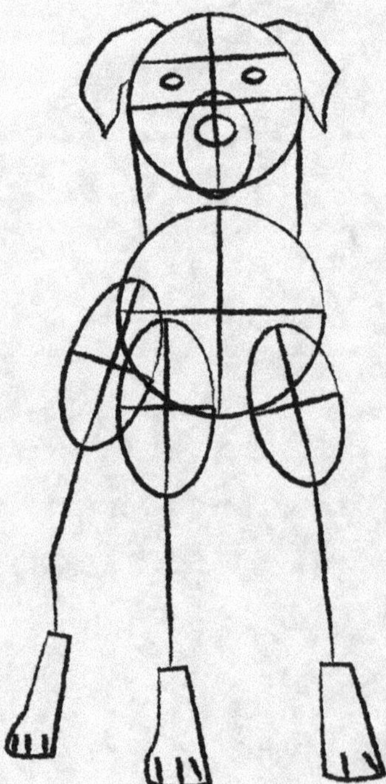

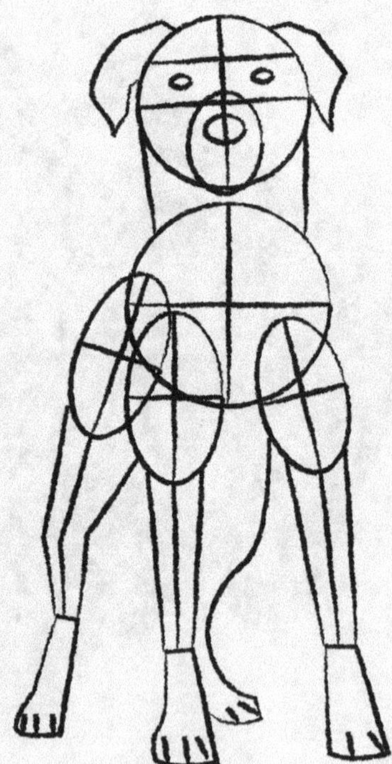

3º passo - Três elipses seguidas de eixos verticais posicionam os membros, e figuras cônicas formam as patas. Marque também a posição dos dedos.

4º passo - Com linhas diagonais, feche a estrutura dos membros, e com uma linha curva, desenhe o outro membro traseiro.

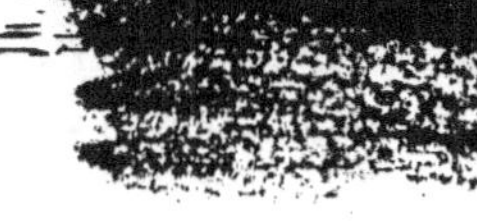

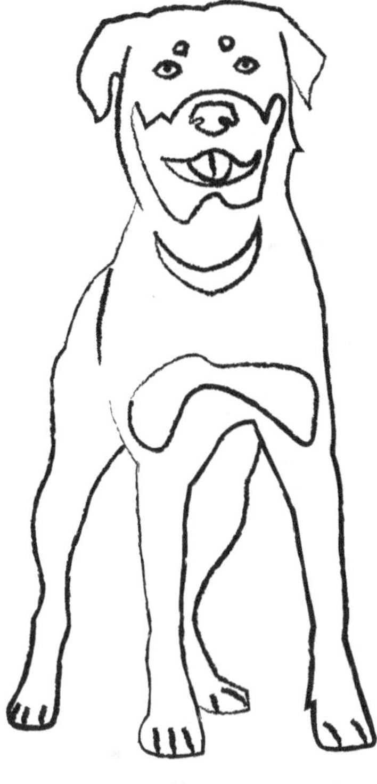

5º passo - Exclua o esquema geométrico e dê as formas reais do animal, utilizando linhas de contorno. Reserve as áreas claras.

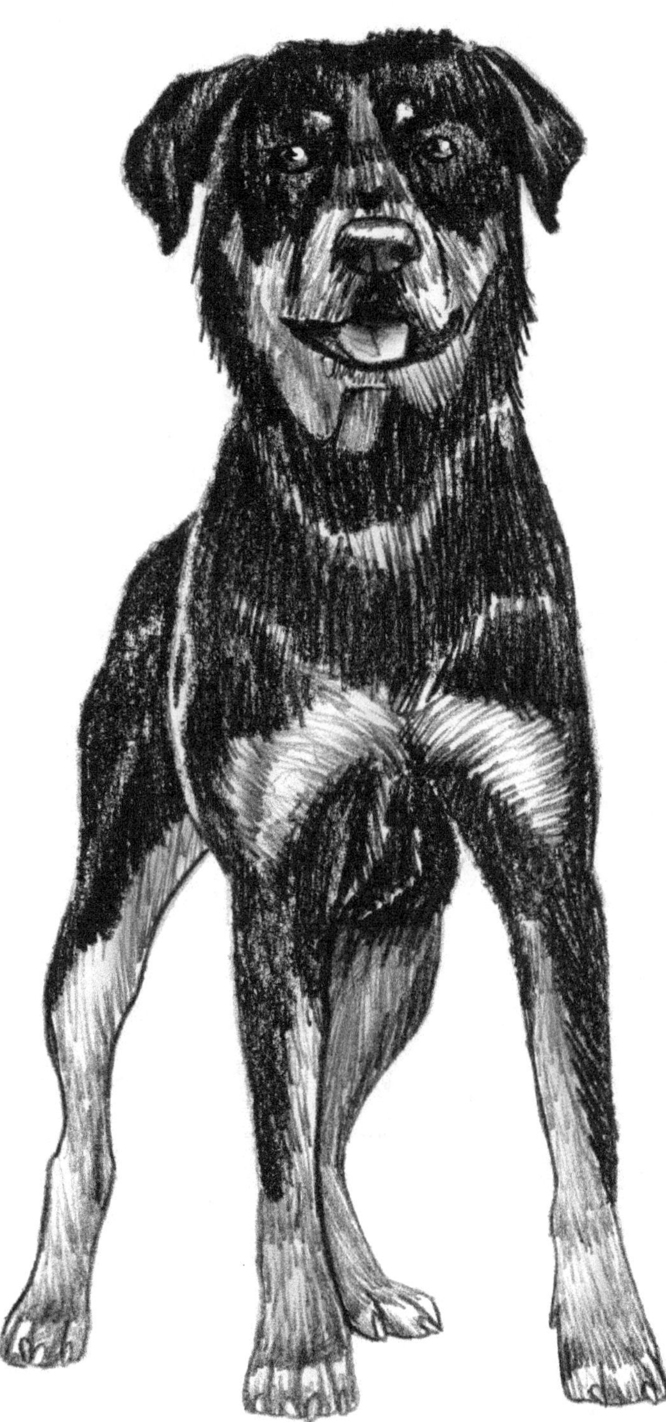

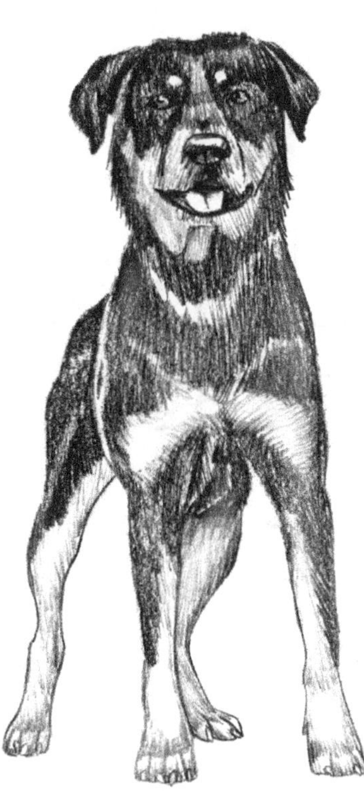

6º passo - Faça a textura dos pelos, concentrando-os nas áreas mais escuras.

7º passo - Para finalizar, trabalhe o contraste, escurecendo bem as áreas de sombra e aplicando aos poucos os pelos nas áreas mais claras, a fim de mostrar os diferentes tons na pelagem do animal.

Rottweiler - cabeça vista frontal

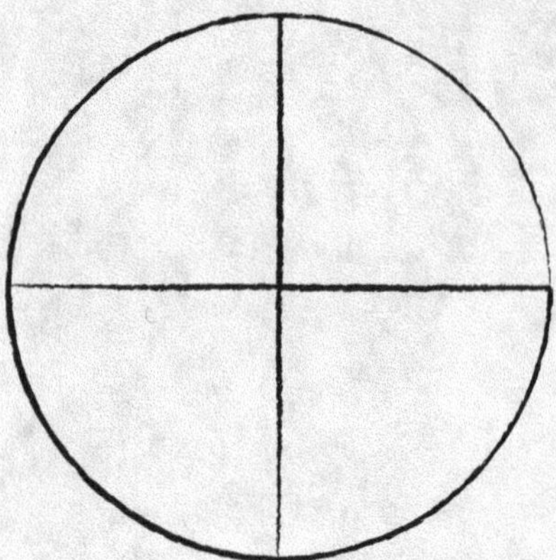

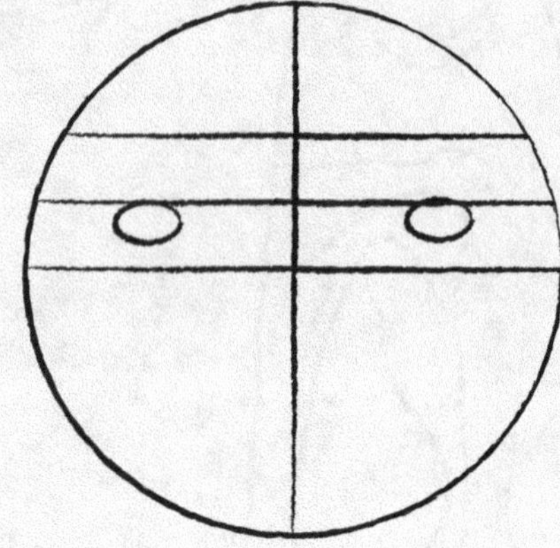

1º passo - Construa a cabeça por meio de um círculo dividido por eixos.

2º Passo - Divida a parte superior do círculo em duas partes. Em seguida, divida ao meio a segunda parte, e, com duas pequenas elipses, posicione os olhos abaixo desta linha.

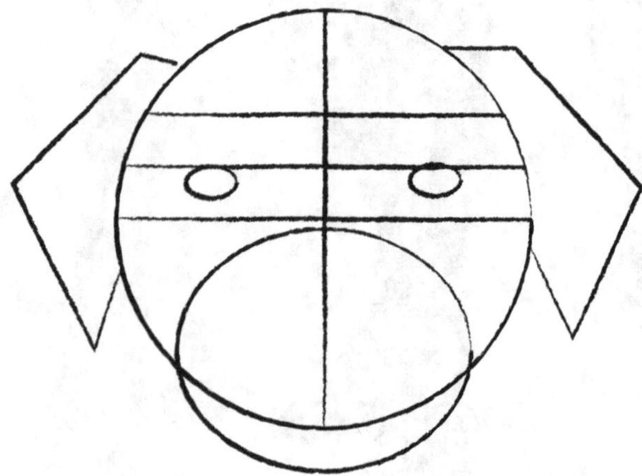

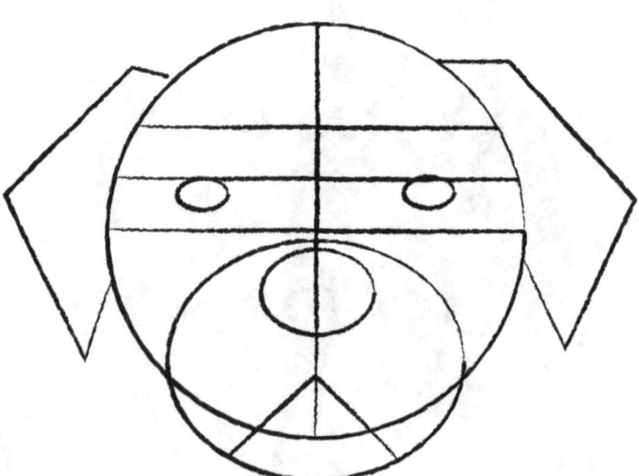

3º passo - Uma grande elipse ultrapassa os limites da parte inferior do círculo e marca a posição do focinho. Figuras semelhantes a trapézios formam as orelhas.

4º passo - Uma elipse e um triângulo formam, respecti- vamente, a trufa nasal e a linha da boca.

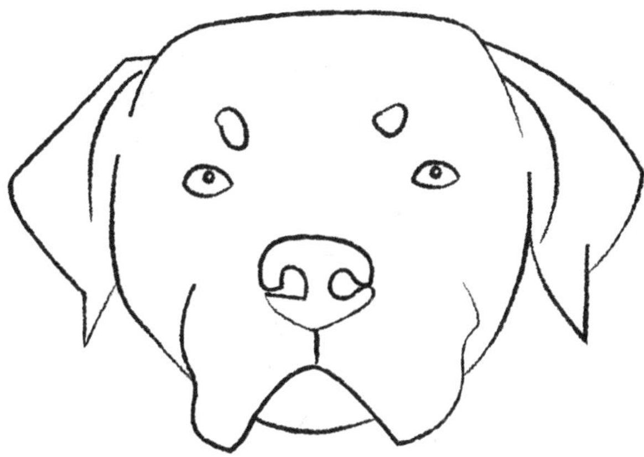

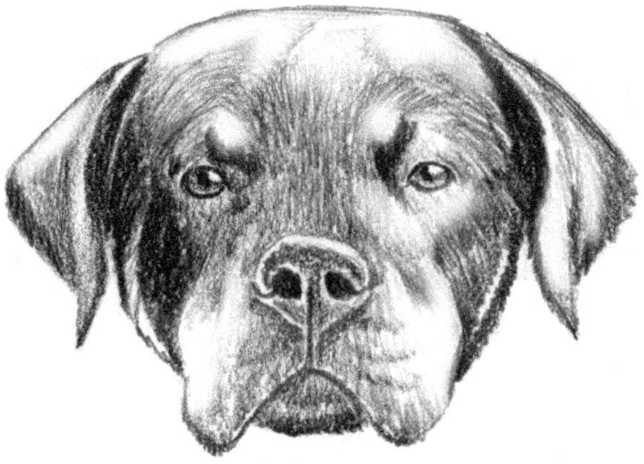

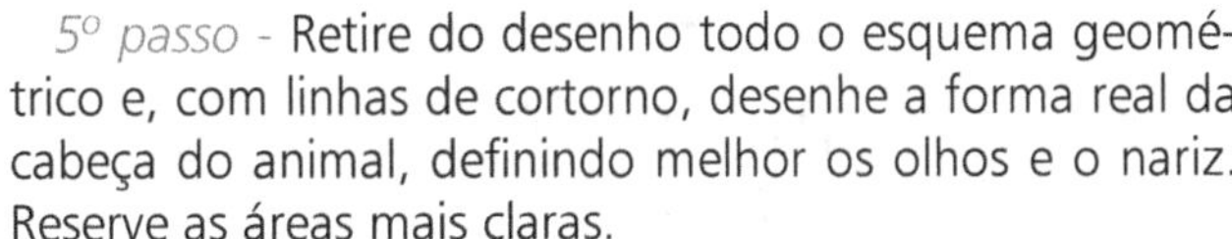

5º passo - Retire do desenho todo o esquema geométrico e, com linhas de cortorno, desenhe a forma real da cabeça do animal, definindo melhor os olhos e o nariz. Reserve as áreas mais claras.

6º passo - Sempre atento ao direcionamento dos pelos, faça a sua textura de modo que a concentração dos pelos seja sempre menor nas áreas mais claras.

7º passo - Para a arte final, trabalhe o contraste entre as regiões de luz e de sombra para dar volume à cabeça do cachorro. Escureça o máximo que puder algumas regiões, como as localizadas embaixo das orelhas, próximas aos olhos e perto da linha da boca.

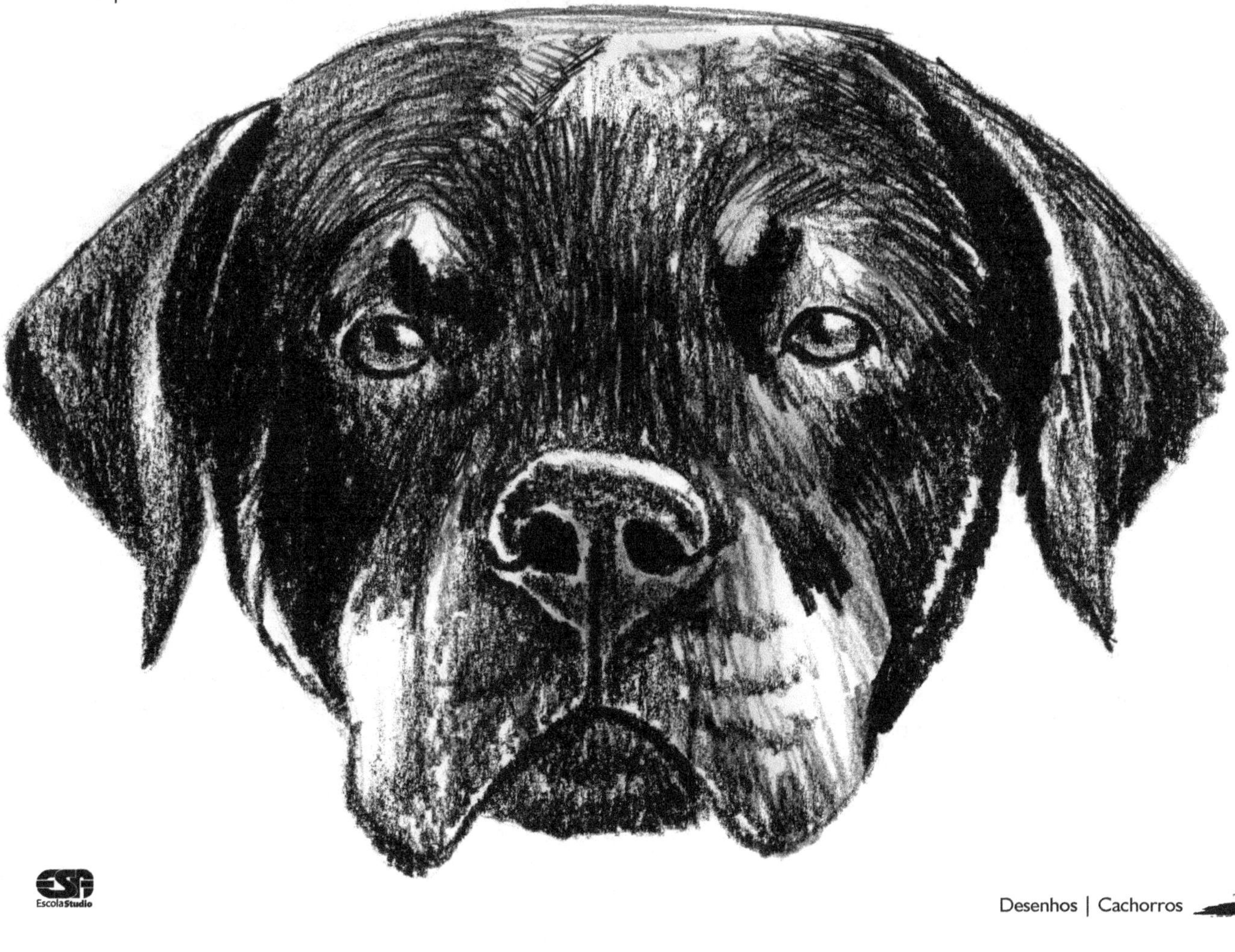

Dachshund - corpo vista 3/4

Os cães da raça dachshund são de altura baixa e têm pernas curtas. Possuem o corpo comprido, compacto e bastante musculoso, com pelagem curta, densa e áspera. A cabeça é alongada e vai afinando conforme se aproxima da trufa nasal. O stop é pouco marcado, as orelhas são longas, arredondadas e possuem inserção alta. Os olhos são ovais e bem afastados um do outro.

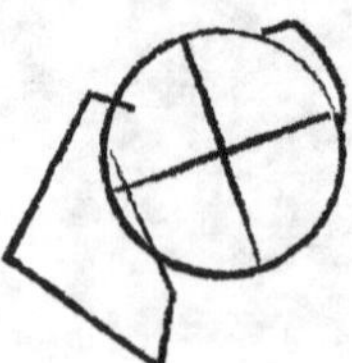

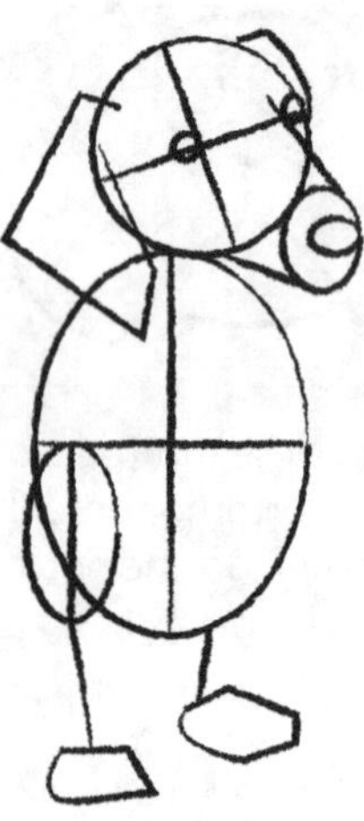

1º passo - Um círculo e uma figura triangular formam, respectivamente, a cabeça e a orelha.

2º passo - Com uma figura cônica partindo do círculo e duas pequenas elipses, faça a estrutura do focinho. Também com duas elipses, faça o peitoral e o músculo do braço. Dois pequenos eixos levemente inclinados marcam a posição dos membros, e formas irregulares compõem as patas.

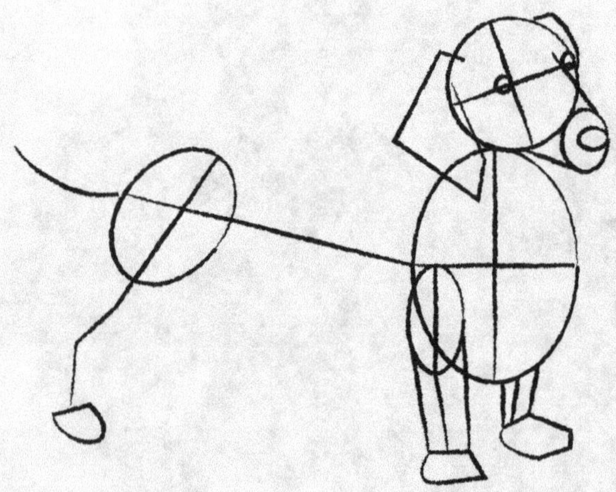

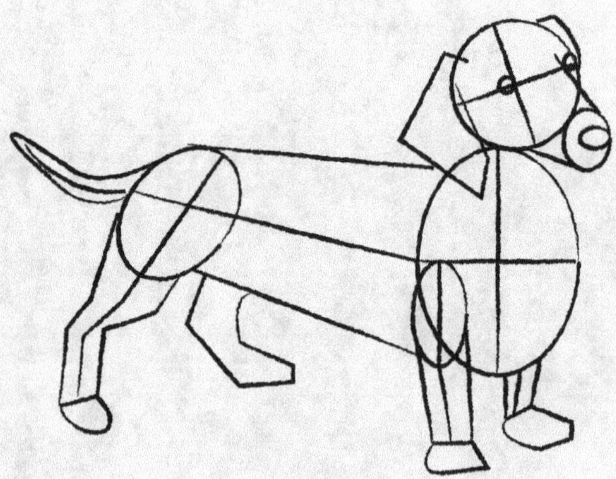

3º passo - Com uma elipse, posicione o traseiro do cachorro, ligando-o ao resto do corpo por um eixo diagonal. Com linhas retas, marque a posição do membro traseiro e feche a estruturas dos membros dianteiros. Com uma linha curva, faça a cauda.

4º passo - Una as elipses com linhas diagonais para formar o tronco, e feche as estrutura das patas traseiras e da cauda.

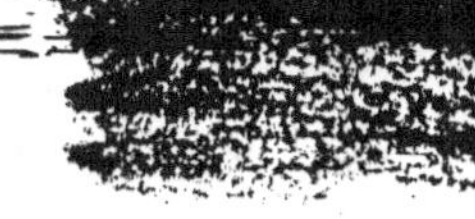

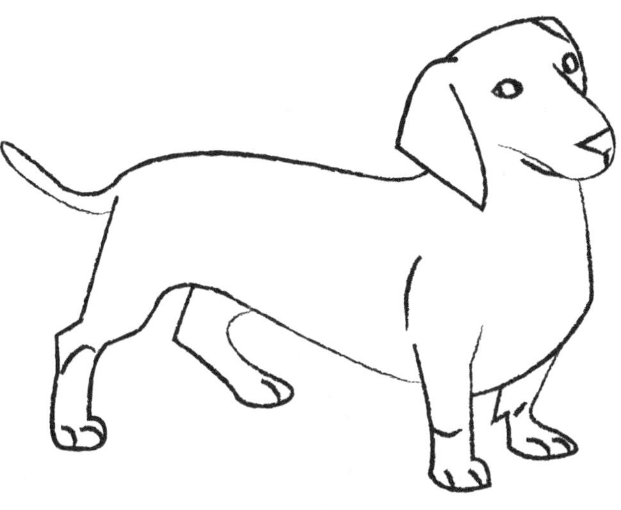

5º passo - Depois de limpar as formas geométricas, a forma linear do desenho define a figura do cachorro.

6º passo - Agora, trabalhe com os planos a fim de dar volume à forma do cachorro, e faça a textura dos pelos. As tonalidades utilizadas para a luz e as sombras complementam a ideia de volume.

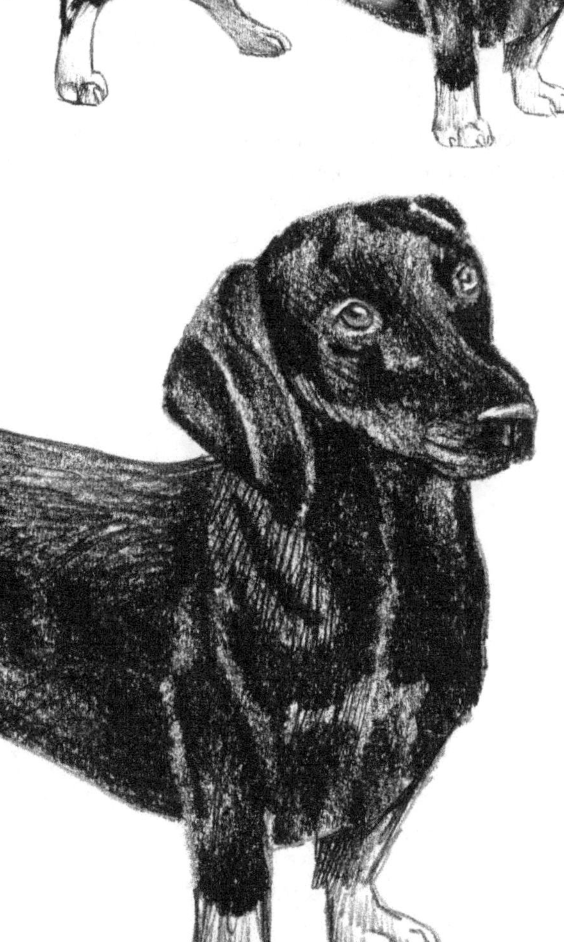

7º passo - A aplicação das texturas e dos contrastes de claros e escuros sobre o desenho faz a arte final.

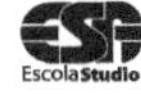

Dálmata - corpo vista frontal

Os dálmatas são cachorros de porte médio, fortes e com musculatura bem definida. A altura na cernelha dos machos varia entre 56 cm e 62 cm, enquanto nas fêmeas varia entre 54 cm e 60 cm. A pelagem desta raça é curta, dura, densa e distintamente marcada por pintas arredondadas. Sua cauda afila em direção à ponta de maneira uniforme, e é bem forte na base.

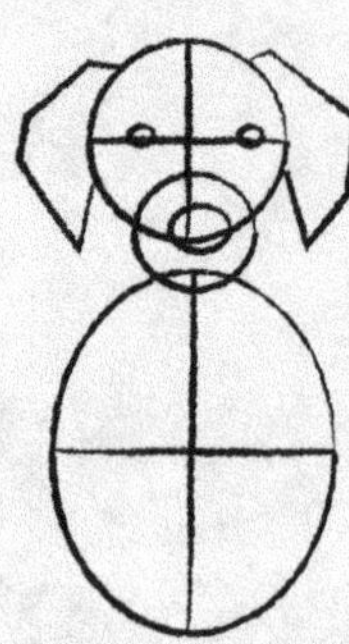

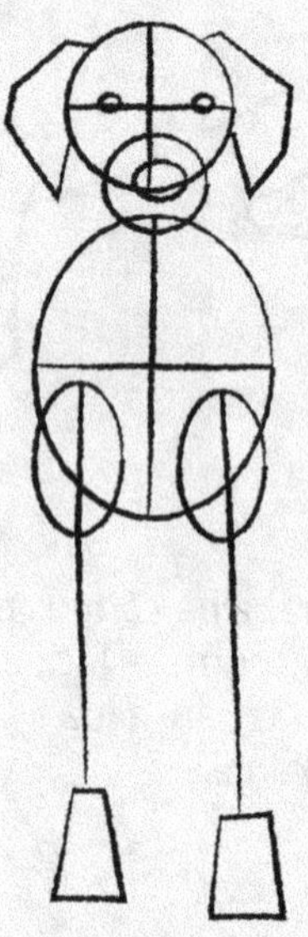

1º passo - **Dois círculos formam a cabeça e o focinho** do cachorro, enquanto duas elipses formam a trufa nasal e o peitoral. Figuras triangulares dão forma às orelhas, e os olhos se posicionam no eixo horizontal do círculo.

2º passo - **Duas elipses ligadas a dois eixos verticais** marcam a posição dos membros dianteiros, enquanto um triângulo e um trapézio formam as patas.

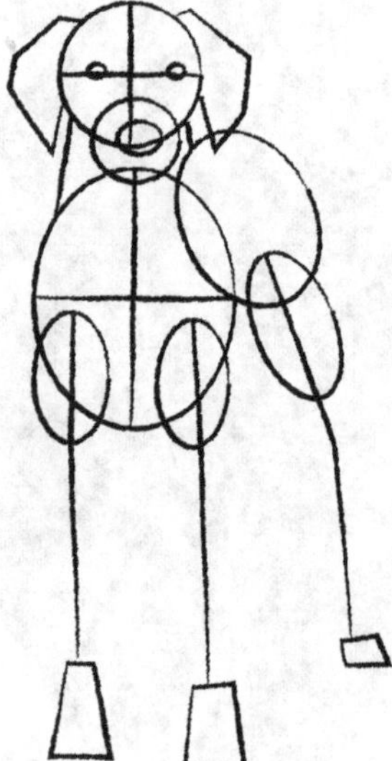

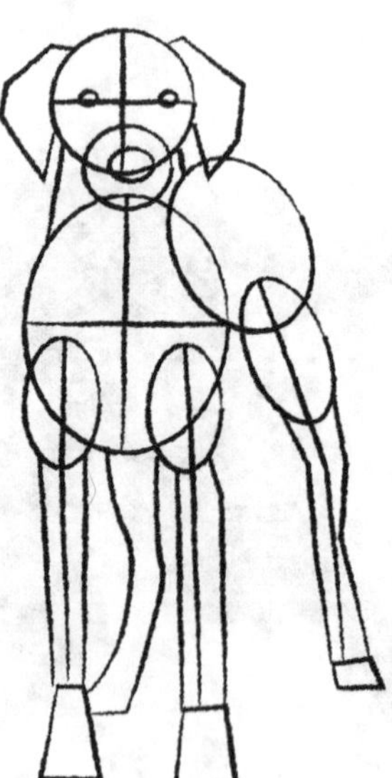

3º passo - A elipse que forma o traseiro do cachorro é mais larga que a que forma a coxa. Um eixo levemente curvado posiciona um dos membros traseiros, e um pequeno losango forma a pata. Feche o pescoço com uma linha diagonal.

4º passo - Com figuras retangulares, feche a estrutura dos membros, e com linhas curvas faça o outro membro traseiro.

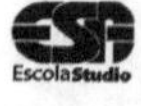

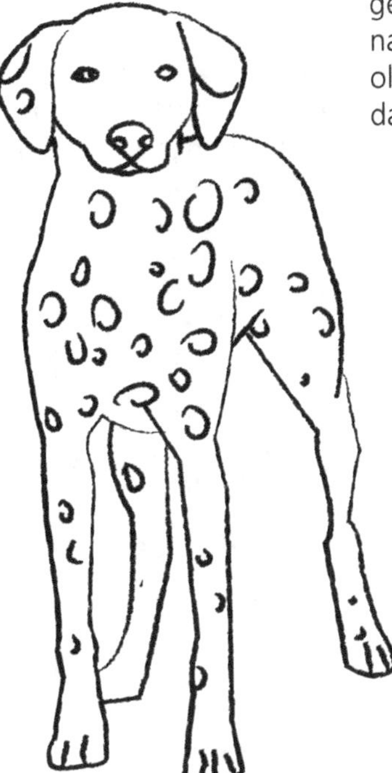

5º passo - Apague o esquema geométrico e trabalhe linearmente na forma do cachorro. Defina os olhos e o nariz, e marque a posição das pintas do cachorro.

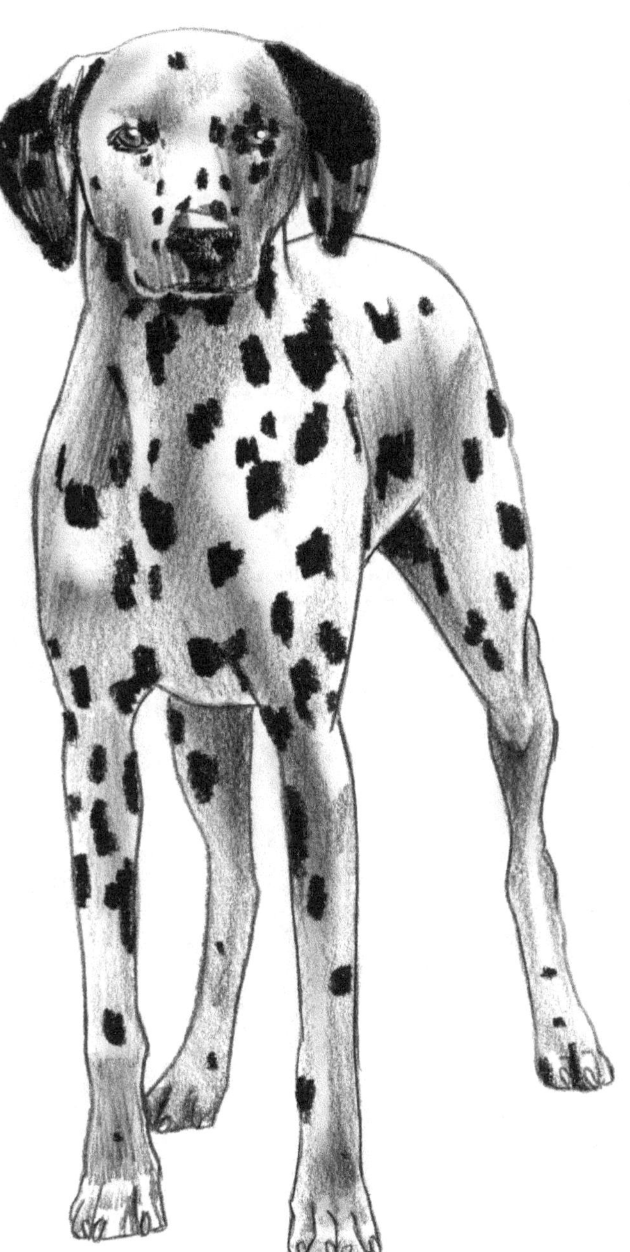

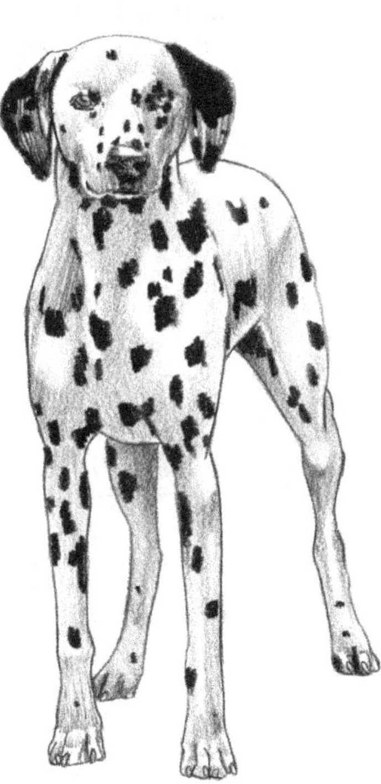

6º passo - Utilizando a escala tonal, trabalhe o sombreamento das áreas claras e escuras de maneira gradual. Escureça todas as pintas e a região das orelhas.

7º passo - Para finalizar, trabalhe no contraste das regiões de luz e de sombra, e faça a discreta textura dos pelos curtos do dálmata.

Dálmata - corpo vista lateral

A cabeça dos dálmatas é proporcional ao corpo, com crânio plano levemente arredondado na lateral. A inserção das orelhas é alta, já que estão localizadas próximas à lateral da cabeça. Possuem forma triangular com a ponta arredondada e devem ser manchadas. Os olhos são ovais, a trufa nasal bem desenvolvida e completamente pigmentada, assim como os lábios.

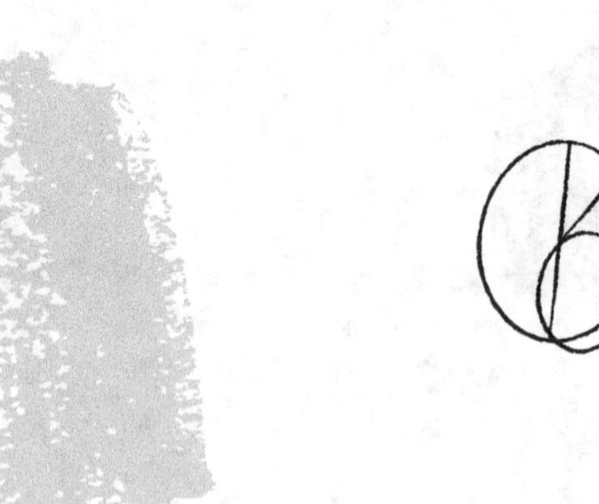

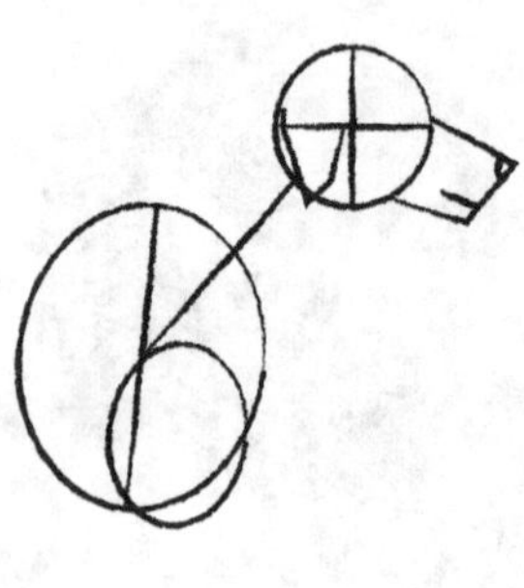

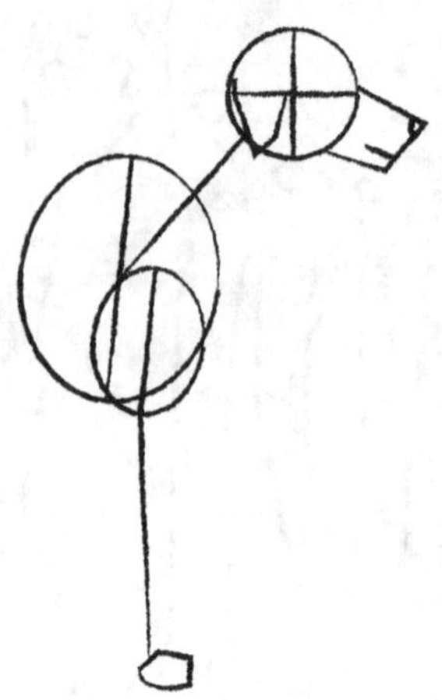

1º passo - Para a cabeça, faça uma estrutura semelhante a um losango acoplado a um círculo e uma figura triangular, marcando a orelha. Ligadas à cabeça por um eixo diagonal, faça duas elipses, representando o peitoral e o músculo do braço.

2º passo - A partir da elipse que forma o braço, prolongue um eixo vertical para o membro dianteiro e uma figura irregular para a pata.

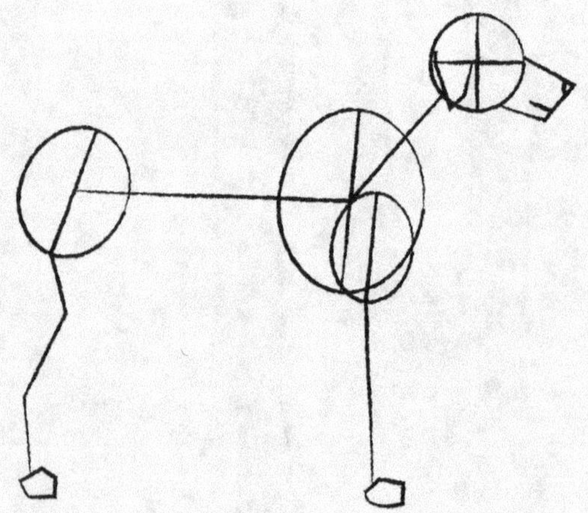

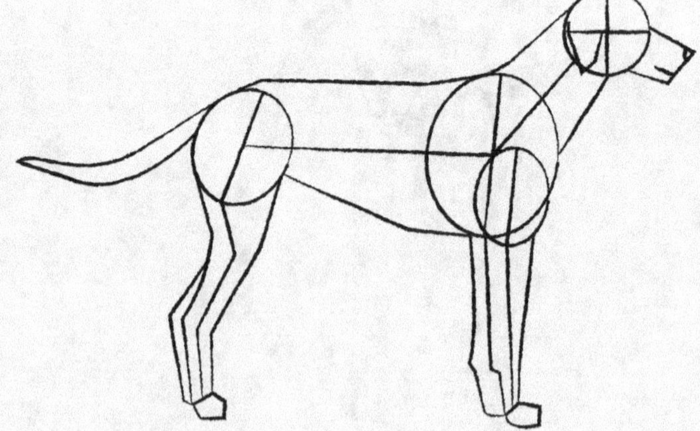

3º passo - Outra elipse forma o traseiro do cachorro, ligada ao peitoral por um eixo horizontal. Linhas diagonais formam a angulação do membro traseiro.

4º passo - Una as formas geométricas com linhas diagonais e curvas para formar o pescoço e o tronco. Formas triangulares e retangulares estruturam os membros, e linhas curvas formam a cauda.

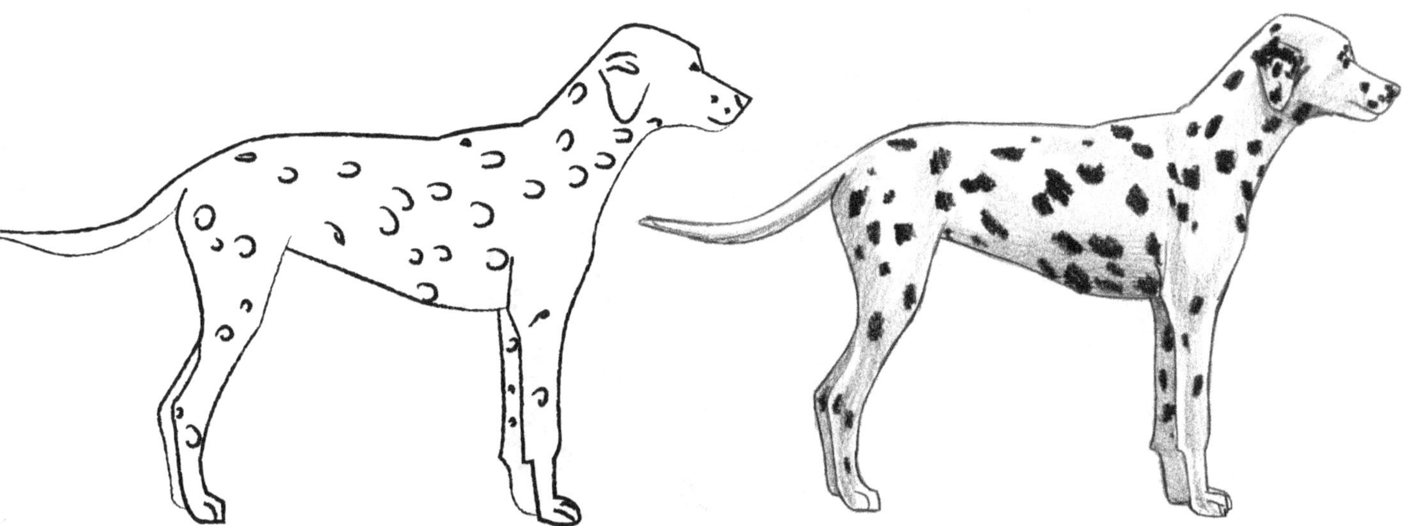

5º passo - Ao retirar o esquema geométrico, faça a forma do animal com linhas de contorno. Marque a posição e o formato de todas as pintas.

6º passo - Faça o sombreamento, utlilizando a escala tonal e a técnica de degradê, determinando as áreas de maior ou menor incidência de luz, definindo os volumes. As pintas do dálmata devem ser todas pretas.

7º passo - A forma e o volume do animal são bem definidos quando há a aplicação correta de luz e sombra. Para a arte final, trabalhe no contraste e na textura dos pelos, que no caso do desenho do dálmata deve ser feita de maneira bem sutil.

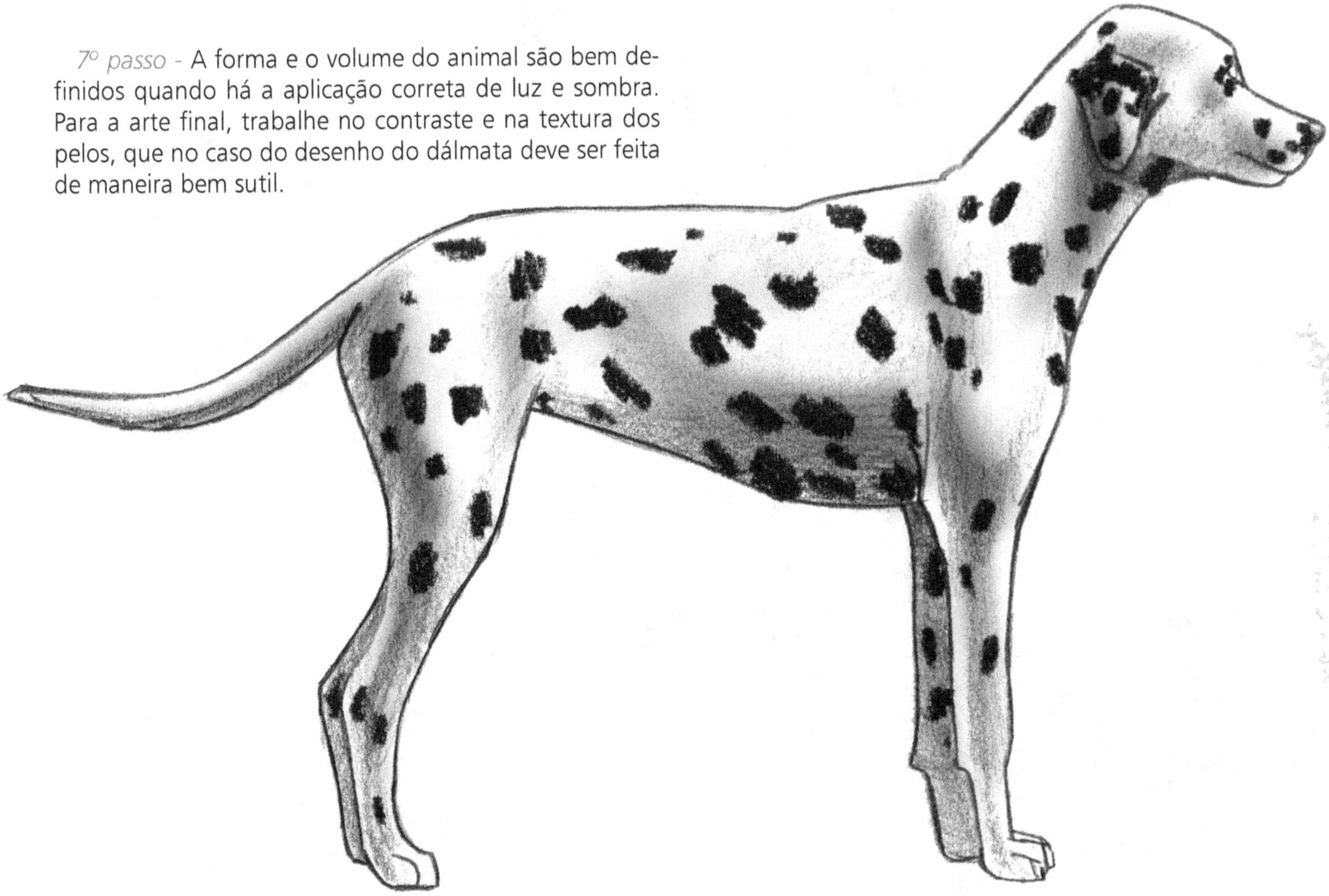

Sempre que possível, procure trabalhar com modelos vivos. Porém a referência fotográfica é um bom recurso para os primeiros estudos, sobretudo em tomadas de medidas de proporção.

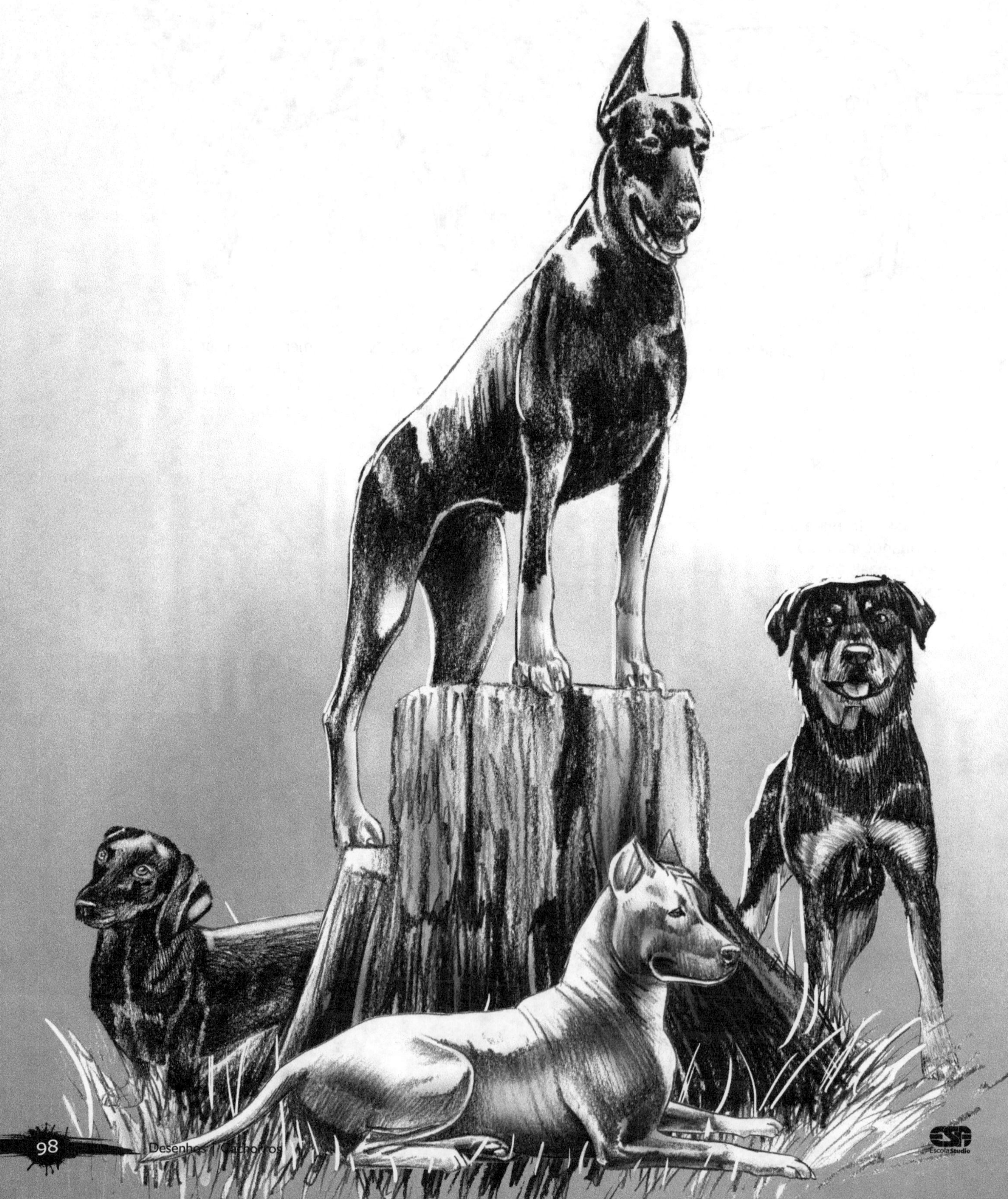

Desenhos / Cachorros